Der Christ und sein Äußeres

Heinrich Töws

W0041316

Der Christ und sein Äußeres

Eine biblische Analyse

Heinrich Töws

Die Bibeltexte sind, soweit nicht anders vermerkt, der *Schlachter-Übersetzung, Version 2000* entnommen.

ISBN: 978-3-86701-504-2
Best.-Nr.: 701.504

1. Auflage 2012
Herausgeber: Christlicher Missions-Verlag e.V. Bielefeld
Printed in Germany

Inhaltsverzeichnis

Teil 3 Fragen und Einwände

3.3 Einwände aufgrund unterschiedlicher Auffassungen unter den Christen

3.4 Frage bezüglich unserer Verantwortung für die verlorene Welt

Wozu ein solches Buch?

„Das ist ja nun wirklich nicht das Wichtigste!" – So hört man manche Christen reden, wenn es in der Gemeinde um „Äußerlichkeiten" wie korrekte Kleidung, Haartracht oder Schmuck geht. Und wirklich – es gibt Themen von größerer Bedeutung. Allem voran soll es in unserem Leben und in unserer Verkündigung um die Liebe Gottes gehen, dann um unsere Antwort darauf – um unsere Liebe zu ihm und zu anderen, von ihm ebenfalls geliebten, Menschen.

Unsere Liebe soll ganz besonders denen gelten, die ebenso wie wir „von Christus angenommen" sind. Diese Liebe äußert sich darin, dass wir sie ebenso annehmen (Röm 15,7): *„Darum nehmt einander an, gleichwie auch Christus uns angenommen hat, zur Ehre Gottes!"*

Im Kapitel vorher (Röm 14) spricht Paulus über Meinungsverschiedenheiten unter Christen, die zwar alle aufrichtig dem Herrn dienen wollen, aber in gewissen Dingen so unterschiedlich geprägt sind, dass sie – menschlich geurteilt – gar nicht in der Lage sein dürften, miteinander auszukommen. Was tut man nun, wenn man so unterschiedlich ist? Kann man da noch zusammen in einer Gemeinde bleiben? Menschlich gesehen wäre es einfacher, sich zu trennen. Doch in dem Wissen, dass der Andere von Christus angenommen worden ist, soll und kann ich ihn – bedingungslos – annehmen.

An dieser Liebe untereinander soll die Welt erkennen, dass wir Jesu Jünger sind (vgl. Joh 13,35).

Doch wird nicht gerade diese Liebe wie eine „Perle vor die Schweine" geworfen, wenn man darüber diskutiert, welches Äußere für einen Christen angebracht sei? Welchen Sinn hat es denn, sogar ein Buch zu diesem Thema zu veröffentlichen? Schürt man damit nicht nur noch zusätzlich die heißen Kohlen?

Nun, die Frage nach gültigen, biblischen Maßstäben für das Äußere eines Christen hat leider tatsächlich schon manche Uneinigkeit, manchen Streit und manche Trennung unter Christen hervorgebracht. Aus diesem Grund wird sie in vielen Gemeinden gar nicht mehr zur Sprache gebracht. Man schreibt ihr einen untergeordneten Charakter zu, um die Harmonie und Einigkeit unter Christen nicht zu gefährden.

Dabei gerät man jedoch leicht in das andere Extrem und erklärt jede bestehende Meinung für richtig. Biblische Aussagen werden dabei leider nicht selten als „kulturell bedingt" abgetan, als unbedeutend dargestellt und nicht näher untersucht. Bestimmte Teile der Bibel haben dann offensichtlich nichts mehr zu sagen – oder dürfen von jedem beliebig verstanden werden. Die Liebe zueinander wird dann so verstanden, dass man in Bezug auf das Äußere einander gar nichts mehr sagen darf. Leider bleibt dabei die Liebe zum Wort Gottes (und damit zu Christus selbst) auf der Strecke. Und gerade deshalb möchte dieses Buch die so häufig vernachlässigten Aussagen der Bibel, die unser Äußeres betreffen, „auf den Leuchter" stellen.

Die Frage nach dem „biblischen Äußeren" mag zwar wirklich einen untergeordneten Charakter haben – doch mal ehrlich: Wer von uns begnügt sich denn im übrigen Leben mit dem „Wichtigsten"? Wer ernährt sich denn nur von Brot und Wasser? Wer hat denn nur *einen* Satz an Kleidung zum Wechseln? Wer wohnt in einem Haus ohne Gardinen? ... Es gibt unglaublich viele Dinge in unserem materiellen Leben, die „nicht das Wichtigste" sind und uns doch so viel bedeuten. Warum wollen wir dann unsere geistliche Sicht auf das „Wichtigste" beschränken?

Außerdem dürfen wir noch eine andere Sicht der Dinge nicht außer Acht lassen: Was ist, wenn unsere Haltung zur Kleidung und zum Schmuck etwas mit dem wichtigsten und höchsten Gebot Gottes zu tun hat – mit der Liebe zu IHM? Was ist, wenn Gott, unser Schöpfer, Erlöser und Herr, uns in seinem heiligen Wort zu diesen Themen etwas zu sagen hat? Ist es dann nicht an der Zeit, dass wir uns auch über diese Fragen Gedanken machen?

In unserer hektischen Zeit neigen wir dazu, möglichst schnell zum Kern der Sache zu kommen, doch es ist von großer Bedeutung, dass wir zunächst gemeinsam die Grundlagen erläutern. Wir wollen zuallererst darüber nachdenken, welche einzigartige Stellung wir Christen vor Gott haben und in welcher Weise wir von ihm (und voneinander) zum Gehorsam aufgefordert werden. Erst dann wollen wir uns einen Überblick über das biblische Gedankengut bezüglich Kleidung, Schmuck und Haartracht verschaffen – und zuletzt noch einige Fragen und Einwände klären.

Wir legen los...

Teil 1: Grundlagen:
Was bedeutet es, ein Christ zu sein –
und welche Bedeutung hat das
Äußere im Leben eines Christen?

Im ersten Teil unserer Betrachtung wollen wir zunächst alle auf „einen gemeinsamen Nenner" kommen und das Thema ausführlich definieren. „Der Christ und sein Äußeres" – da sind zwei Grundbegriffe zu klären:

1. „Der Christ" – was verstehen wir unter Christ sein?
2. „sein Äußeres" – warum ist es überhaupt von Bedeutung, darüber nachzudenken?

1.1 „Der Christ" – Unsere einzigartige Stellung im Zeitalter der Gnade

Die Bezeichnung „Christen" entstand ursprünglich im syrischen Antiochia (siehe Apg 11,26). Es war ein Name, den die außenstehenden Heiden den an Christus glaubenden Juden und Heiden gaben[1]. Heutzutage hat die Bezeichnung „Christ" eine breitere Bedeutung, denn es gibt viele „Namens-Christen", die rein offiziell zu einer christlichen Kirche oder Organisation gehören, aber im Herzen keine Beziehung zu Christus haben. Wenn wir aber hier von Christen reden, dann sind nur solche gemeint, die durch den Glauben an Christus ein neues Leben aus Gott haben und in einer persönlichen Beziehung mit ihm durchs Leben gehen.

Ein Christ sein zu dürfen, ist etwas Einzigartiges in der Heilsgeschichte dieser Welt, was wir zu schätzen wissen sollten. Es war nicht immer möglich, ein Christ zu werden – und es wird auch nicht immer möglich bleiben: Wenn die Gemeinde erst einmal entrückt worden ist und unser Herr das Tausendjährige Reich auf Erden aufgerichtet hat, wird es zwar durchaus möglich sein, ihm die Treue zu

---

1   Gaebelein schreibt dazu: „*Die Juden gaben ihnen diesen Namen sicher nicht; vielmehr erfanden ihn die Heiden. Antiochien war für seine Sticheleien und seine Bereitwilligkeit, Namen zu geben, berühmt; es war für seine geistreichen Epigramme bekannt. So schufen die Antiochier ein neues Wort: „Christianoi" – Christen. Es wurde ausschließlich von Außenstehenden gebraucht, wie man im Falle Agrippas sieht; vgl. auch 1. Petrus 4,16. Juden und Heiden wurden gleichermaßen mit diesem Namen ,Christen' betitelt, so dass er die Einheit von Juden und Heiden in Christus bezeugt.*"

halten, dennoch werden diese Menschen nie das Vorrecht haben, zu der Brautgemeinde Jesu gehören zu dürfen.

Und denken wir erst an die Menschen, die vor dem Zeitalter der Gnade gelebt haben: Nachdem Adam und Eva aus dem Garten Eden vertrieben worden waren, lebten sie und ihre Nachkommen in einer traurigen Gottesferne. Wir lesen, dass ihre Söhne Kain und Abel durch Opfergaben die Gemeinschaft mit Gott suchten. Ebenso war es bei Abraham, der Altäre baute und Gott Opfer darbrachte. Nachdem Gott dem Volk Israel durch Mose das Gesetz gab und die Stiftshütte gebaut wurde, gehörten Opfer zum täglichen Leben des Volkes. Wer Gemeinschaft mit Gott suchte, kam mit einer Opfergabe zum Altar und war auf die Vermittlung durch einen Priester angewiesen.

Wie ganz anders ist doch das Leben der Christen – im Zeitalter der Gnade, wo das Opfer für unsere Sünden ein für alle Mal durch Christus vollbracht worden ist (Heb 10,10): *„Aufgrund dieses Willens sind wir geheiligt durch die Opferung des Leibes Jesu Christi, [und zwar] ein für alle Mal."* Einige Verse weiter heißt es (V. 14): *„Denn mit einem einzigen Opfer hat er die für immer vollendet, welche geheiligt werden."*

Durch das Blut des Herrn Jesus sind wir nun „vollendet", wir sind „geheiligt", unsere Sünden sind vergeben und wir brauchen keine weiteren Opfer mehr zur Vergebung unserer Sünden darzubringen (V. 18): *„Wo aber Vergebung für diese ist, da gibt es kein Opfer mehr für Sünde."*

Was ist nun die Folge davon für unser weiteres Leben? Der Verfasser des Hebräerbriefes drückt es so aus (V. 19-25): *„Da wir nun, ihr Brüder, kraft des Blutes Jesu Freimütigkeit haben zum Eingang in das Heiligtum, den er uns eingeweiht hat als neuen und lebendigen Weg durch den Vorhang hindurch, das heißt, durch sein Fleisch, und da wir einen großen Priester über das Haus Gottes haben, so lasst uns hinzutreten mit wahrhaftigem Herzen, in völliger Gewissheit des Glaubens, durch Besprengung der Herzen los vom bösen Gewissen und am Leib gewaschen mit reinem Wasser. Lasst uns festhalten am Bekenntnis der Hoffnung, ohne zu wanken – denn er ist treu, der die Verheißung gegeben hat –, und lasst uns aufeinander achtgeben, damit wir uns gegenseitig anspornen zur Liebe und zu guten Werken, indem wir unsere eigene Versammlung nicht verlassen, wie es einige zu tun pflegen, sondern* *einander ermahnen, und das umso mehr, als ihr den Tag herannahen seht!"*

Während das Leben der Menschen in der Gesellschaft durch Gesetze geregelt wird und der Gehorsam durch Strafandrohung eingefordert wird, sind wir Christen zu einem ganz anderen Lebensstil aufgerufen, wir sollen *„aufeinander Acht geben, damit wir uns gegenseitig anspornen zur Liebe und zu guten Werken"*. Die alte Lutherübersetzung drückt es so aus: *„und lasset uns untereinander unser selbst wahrnehmen mit Reizen zur Liebe und guten Werken"*. Das „aufeinander Acht geben" ist kein gegenseitiges Bespitzeln und Verklagen; Es ist ein liebevolles, aufmerksames „Wahrnehmen" des Anderen und seines geistlichen Standpunktes. Unser eigenes Verhalten soll für andere ein Ansporn sein, (ebenso wie wir selbst) zu lieben und Gutes zu tun.

Wir wollen uns als Nächstes noch fünf Dinge klar machen:

1. Gott betrachtet uns als seine geliebten Kinder,
2. die sich untereinander zum Gehorsam ermutigen sollen.
3. Als Kinder stehen wir nicht unter der Knechtschaft des Gesetzes, wir wissen aber, dass alles, was unser himmlischer Vater uns schriftlich anvertraut hat, zu unserer Belehrung geschrieben worden ist.
4. Darüber hinaus gab er uns seinen Heiligen Geist,
5. der uns zum Wachstum in der Heiligung befähigt und herausfordert.

1.1.1 Geliebte Kinder

Eph 5,1-2: *„Werdet nun Gottes Nachahmer als geliebte Kinder und wandelt in der Liebe, gleichwie auch Christus uns geliebt und sich selbst für uns gegeben hat als Darbringung und Schlachtopfer, zu einem lieblichen Geruch für Gott."*

Ein Kind Gottes zu sein ist ein unvergleichliches Privileg. Zugleich ist es aber auch ein enormer Anspruch: Gott fordert uns als seine „geliebten Kinder" dazu heraus, „seine Nachahmer" zu werden und in der Liebe zu wandeln, ganz nach dem Vorbild seines „eingeborenen" Sohnes Jesus Christus. So wie Gott sich in Christus für uns gab, genauso sollen wir uns selbst aus Liebe an Gott ausliefern.

Wir *sind* Gottes geliebte Kinder! Das drückt nicht in erster Linie unsere Herkunft, sondern vor allem unsere Beziehung zu ihm aus.

Wir sind nicht Sklaven und auch keine willenlosen Marionetten, sondern Kinder – geliebte Kinder. Daran ändert auch unser Versagen nichts. Wenn Kinder Gottes versagen, so bleiben sie dennoch seine Kinder. Wenn sie in Sünde fallen, stehen sie nicht unter Gottes richtendem Zorn, sondern unter seinem väterlichen Missfallen, er straft und züchtigt sie (vgl. Heb 12,4-11). Das Ziel seiner Züchtigung ist, dass wir *„seiner Heiligkeit teilhaftig werden"* (Heb 12,10).

Der Aspekt der Züchtigung ist ein häufig vergessener Bestandteil der Liebe. Ein geliebtes Kind Gottes zu sein bedeutet keinesfalls, dass Gott an allem, was wir tun und lassen, Gefallen hat. Zu diesem Ziel erzieht er uns – liebevoll, aber oft durch Schmerzen (vgl. Heb 12,11). Er liebt uns, aber nicht, weil wir alles richtig machen, sondern obwohl wir noch sehr viel falsch machen. Und weil er uns trotz allem liebt, *wollen* wir „alles richtig" machen und ihm in allem gefallen. Gottes Liebe ist der Ansporn zu unserer Heiligung.

Ebenso ist auch die Hoffnung auf das Endziel – das „Christus-Gleichgestaltet-Sein" – ein Ansporn für uns, bereits in diesem Leben so rein wie möglich zu sein, weil er rein ist (1Joh 3,1-3): *„Seht, welch eine Liebe hat uns der Vater erwiesen, dass wir Kinder Gottes heißen sollen! Darum erkennt uns die Welt nicht, weil sie Ihn nicht erkannt hat. Geliebte, wir sind jetzt Kinder Gottes, und noch ist nicht offenbar geworden, was wir sein werden; wir wissen aber, dass wir ihm gleichgestaltet sein werden, wenn er offenbar werden wird; denn wir werden ihn sehen, wie er ist. Und jeder, der diese Hoffnung auf ihn hat, reinigt sich, gleichwie auch Er rein ist."*

Wer die Liebe Gottes als eine Begründung dazu anführt, sich in keinerlei Weise verändern zu müssen, beweist damit im Grunde nur, dass er diese Liebe sehr gering schätzt und verwechselt das „Lieben" mit dem „Mögen". Wir Menschen lieben gewöhnlich das, was wir mögen. Mögen wir jemanden nicht, dann fällt es uns schwer, ihn zu lieben. Wir können das Lieben vom Mögen oft kaum unterscheiden. Im Blick auf unsere Gotteskindschaft müssen wir aber sagen: Es gibt sehr vieles an unserem Verhalten, was Gott überhaupt nicht mag – und dennoch liebt er uns. Genau das macht seine Liebe so unbegreiflich groß: Gott liebt das Nichtliebenswürdige!

Wenn ich mir nun dessen bewusst bin, dass es an mir gar nichts gibt, was Gott „mag" – dass er mich aber dennoch liebt, dann kann meine Reaktion darauf doch nicht darin bestehen, dass ich sage:

„Dann kann ich ja genauso weitermachen!" Die einzig richtige Antwort auf Gottes Liebe ist, zu sagen: „Wenn du mich liebst, obwohl ich deinem Anspruch überhaupt nicht genüge, dann bin ich bereit, alles zu tun, was *dir* gefällt!"

1.1.2 Aufgerufen zum Gehorsam

Wie bereits betrachtet ruft Gott uns als seine geliebten Kinder zur Veränderung (zur Heiligung) auf. Dieser Gedanke ist kennzeichnend für das gesamte Neue Testament, für das Zeitalter der Gnade. Gott hat alles zu unserer Errettung getan und erwartet jetzt eine entsprechende, dankbare Reaktion auf seine Liebe.

Im Brief an die Römer drückt Paulus das besonders deutlich aus (Röm 12,1-2): *„Ich ermahne euch nun, ihr Brüder, angesichts der Barmherzigkeit Gottes, dass ihr eure Leiber darbringt als ein lebendiges, heiliges, Gott wohlgefälliges Opfer: Das sei euer vernünftiger Gottesdienst! Und passt euch nicht diesem Weltlauf an, sondern lasst euch [in eurem Wesen] verwandeln durch die Erneuerung eures Sinnes, damit ihr prüfen könnt, was der gute und wohlgefällige und vollkommene Wille Gottes ist."*

Achten wir auf folgende Wahrheiten in diesen Versen:

a) Paulus „ermahnt" – er richtet kein „neues Gesetz" auf

Das „Ermahnen" hat in der deutschen Sprache einen ganz anderen Charakter als im griechischen Grundtext. Wir reden vom Ermahnen, wenn jemand etwas Verkehrtes getan hat oder es immer noch tut und nun zurechtgewiesen und getadelt werden muss. Daher hat „Ermahnen" in unseren Ohren einen negativen Klang. Das meint das biblische „Ermahnen" (*parakaleo*) aber nicht. Herbert Jantzen übersetzt Röm 12,1 daher so: *„Ich rufe euch also auf, Brüder..."* Das „Aufrufen" ist sozusagen das neutestamentliche Mittel, mit dem wir uns gegenseitig dazu bewegen sollen, dem Ziel Gottes in unserem Leben nachzueifern.

An dieser Stelle gilt es zu beachten, dass wir im Neuen Testament nicht einfach nur ein „neues Gesetz" haben, etwa weil das alte für uns ungültig geworden ist. Es ist vielmehr so, dass wir im Neuen Testament ein total anderes, neues Lebens*prinzip* vorfinden. Unser Leben ist nicht mehr nach gesetzlichen Strukturen ausgerichtet, es ist *kein* Leben „strikt nach Vorschrift". Gott behandelt uns als erwachsene Kinder, denen er seinen guten Weg vorlegt und von denen er erwartet, dass sie aus Liebe zu ihm diesen Weg gehen.

Wenn Paulus nun seine Leser dazu aufruft, ihr Leben Gott hinzugeben, so benutzt er das „Aufrufen" (also das „Ermahnen" im biblischen Sinne) als Mittel dazu, sie zum Gehorsam zu motivieren. Das ist zugleich ein verbindlicher Maßstab für unsere Verkündigung und für die Gemeindeleitung schlechthin. Während die Vorschrift des Gesetzes die Menschen unter Druck setzt und (bei Nichtbefolgen) Strafe androht, sieht das neutestamentliche „Aufrufen" ganz anders aus. Es geschieht ohne jegliche Druckausübung[2] und stützt sich vor allem darauf, demjenigen, der zum Gehorsam aufgerufen werden soll, die Barmherzigkeit Gottes groß zu machen:

b) Die Ermahnung geschieht „angesichts der Barmherzigkeit Gottes"

Paulus hat den Römern in den ersten elf Kapiteln in aller Ausführlichkeit die Barmherzigkeit Gottes beschrieben, nicht nur, dass sie durch die Gnade gerechtfertigt werden durften, sondern dass sie durch die Gnade auch mit vielen weiteren Segnungen überschüttet worden sind. Rückblickend kann er jetzt sagen: Schaut euch das an, welche große Barmherzigkeit Gott euch erwiesen hat. Und wenn ihr das anschaut, rufe ich euch auf, richtig darauf zu reagieren. Seid nicht undankbar, sondern gebt euren Körper und euren Sinn Gott hin. Weil er euch so reich beschenkt hat, sollt ihr fortan für ihn und seinem Willen entsprechend leben!

2　Was nicht bedeutet, dass Tadel ausgeschlossen ist und dass das Aufrufen nicht manchmal mit sehr ernsten, dringlichen Worten geschehen kann und muss, siehe 2Tim 4,2: „*Verkündige das Wort, tritt dafür ein, es sei gelegen oder ungelegen; überführe, tadle, ermahne mit aller Langmut und Belehrung!*" Dies ist vor allem dort nötig, wo Christen sich von der Wahrheit abwenden (vgl. 2Tim 4,3-4). Das darf jedoch nicht als Rechtfertigung für Härte gelten, denn bedenken wir, dass da, wo Paulus Zurechtweisung ausüben musste, dies „unter Tränen" geschah (Apg 20,31): „*Darum wacht und denkt daran, dass ich drei Jahre lang Tag und Nacht nicht aufgehört habe, jeden Einzelnen unter Tränen zu ermahnen [o. zurechtzuweisen; anderes Wort als in Röm 12,1].*" Als er sich um die fleischlichen Korinther sorgte, schrieb er ihnen „unter vielen Tränen" einen Brief (2Kor 2,4): „*Ich habe euch nämlich aus viel Bedrängnis und Herzensnot heraus geschrieben, unter vielen Tränen, nicht damit ihr betrübt werdet, sondern damit ihr die Liebe erkennt, die ich in besonderer Weise zu euch habe.*" Jemand formulierte sehr treffend: „*Niemand ist dazu geschickt die Rute des Paulus anzuwenden, bis er weiß, wie er diese mit den Tränen des Paulus salben kann.*"
　　Das alles ändert aber nichts daran, dass wir nicht mehr unter dem Prinzip des Gesetzes stehen (auch nicht unter dem eines neuen Gesetzes), und dass wir deshalb Gesetze nicht als „Druckmittel" gebrauchen sollen, um einander zum Gehorsam zu bewegen.

c) Die Ermahnung betrifft zuerst die Opferung des Leibes

Die Ermahnung des Paulus lässt sich prinzipiell in zwei Bereiche gliedern: die „Opferung des Leibes" und die „Verwandlung des Wesens durch Erneuerung des Sinnes". Die Opferung des Leibes steht dabei an erster Stelle.

Wir werden also – „angesichts der Barmherzigkeit Gottes" – zuallererst dazu aufgerufen, unseren irdischen Körper Gott als ein Opfer darzubringen, und zwar *„als ein lebendiges, heiliges, Gott wohlgefälliges Opfer"*. Paulus fügt hinzu: *„Das sei euer vernünftiger Gottesdienst!"* Was bedeutet diese Aufforderung? Um das besser zu verstehen, werfen wir zunächst einen Blick in das Alte Testament. Dort gab es viele Opfer, die wir – ganz grob gesehen – in zwei Gruppen unterteilen können: (1.) Opfer, die von Sünde reinigen sollten und (2.) Opfer, die eine Gabe des Menschen an Gott bildeten. Die ersten Opfer sind durch das vollkommene Opfer des Herrn Jesus erfüllt worden. Die zweite Gruppe der Opfergaben dagegen erfährt – wie wir hier sehen – im Neuen Testament eine Umwandlung in eine völlig neue Form.

Im Alten Testament gebot Gott dem Volk Israel, strengstens darauf zu achten, ihm bestimmte Opfergaben täglich darzubringen: *„Und sprich zu ihnen: Das ist das Feueropfer, das ihr dem HERRN darbringen sollt: täglich zwei einjährige, makellose Lämmer als beständiges Brandopfer. Das eine Lamm sollst du am Morgen opfern, und das andere Lamm sollst du zur Abendzeit opfern; ..."* (4Mo 28,3-4)

Die jüdischen Priester mussten jeden Morgen und jeden Abend ein einjähriges, fehlerfreies Lamm nehmen und es dem Herrn als Opfer darbringen. Diese Opfer sind ein Vorbild für das Opfer in Römer 12,1. So wie im Alten Testament will Gott auch von uns Tag für Tag ein „heiliges, Gott wohlgefälliges" Opfer haben. Er möchte allerdings von uns ein „lebendiges" Opfer. Das ist zunächst ein Widerspruch, denn ein Opfer muss geschlachtet werden, sonst ist es kein Opfer. So muss auch unser Leib jeden Tag aufs Neue „geschlachtet" werden, dabei aber lebendig bleiben; das ist nicht schwer zu verstehen, wenn wir an den Vers in Römer 6,11 denken: *„Also auch ihr: Haltet euch selbst dafür, dass ihr für die Sünde tot seid, aber für Gott lebt in Christus Jesus, unserem Herrn!"* Oder auch an Galater 5,24: *„Die aber Christus angehören, haben das Fleisch gekreuzigt samt den Leidenschaften und Lüsten."*

Unseren Leib Gott als ein Opfer darzubringen bedeutet also zunächst, uns selbst dem Tod preiszugeben: Wir sollen unseren sündigen, eigensüchtigen Wünschen sterben. Das ist die eine Seite. Die andere Seite aber ist: Wir sollen für Gott leben; es ist also ein lebendiges Opfer. Das entspricht auch der Aufforderung in Römer 6,13b: *„… gebt euch selbst Gott hin als solche, die lebendig geworden sind aus den Toten, und eure Glieder Gott als Werkzeuge der Gerechtigkeit!"*

So wie die Priester jeden Morgen an das Feueropfer denken mussten, sollten auch wir jeden neuen Tag mit einem Opfer beginnen, indem wir jeden Morgen alle eigenen Wünsche zur Seite schieben und unseren Körper – Glied für Glied – Gott zur Verfügung stellen. Er soll den ganzen Tag lang bestimmen, was dieser „geschlachtete und doch lebendige" Körper tut. Das tote Feueropfer des Alten Testaments ist also durch ein lebendiges Opfer ersetzt worden – und wir sind Priester und Opfer zugleich.

Solch ein Opfer ist „unser vernünftiger Gottesdienst". Was bedeutet das? In der hellenistischen (altgriechischen) Literatur bedeutete dieser Ausdruck das Dank*gebet* im Gegensatz zum Dank*opfer* – dieses Wort bezeichnete also einen Gottesdienst, der nicht durch das Töten eines Tieres geschah, sondern einen „Gottesdienst der Vernunft". Wir dienen Gott also „mit Vernunft", wenn wir unseren Körper ihm ganz und gar hingeben.

Denken wir daran: Die Grundlage für die Aufforderung zur Opferung des Leibes ist die Barmherzigkeit Gottes. Unsere einzige wirklich vernünftige Antwort auf die uns erwiesene Barmherzigkeit kann nur ganze Hingabe sein. Alles andere ist „unvernünftig".

Im Hinblick auf unser Thema sollten wir schon mal eines im Hinterkopf festhalten: Der wahre Gottesdienst beginnt damit, dass wir unseren Körper – als Dank für Gottes große Barmherzigkeit – als ein lebendiges Opfer an Gott ausliefern. Da die „Äußerlichkeiten", über die wir noch reden wollen, unmittelbar mit unserem Körper zu tun haben, sind sie somit ebenfalls betroffen. Wir können keinesfalls einfach pauschal behaupten, dass es Gott gar nicht interessiert, was wir mit unserem Körper machen, wie wir ihn kleiden, schmücken etc.

d) Die Ermahnung betrifft die Veränderung des Wesens von innen heraus

Der zweite Teil der Ermahnung lautet: *„Und passt euch nicht diesem Weltlauf an, sondern lasst euch [in eurem Wesen] verwandeln durch* *die Erneuerung eures Sinnes...*" Die Hauptaussage ist hier: Wir sollen verwandelt werden – und zwar hinweg von der Gleichförmigkeit mit „diesem Weltlauf", hin zu einem von Gott erneuerten Wesen. Herbert Jantzen übersetzt: *„und formt euch nicht nach dieser Welt, sondern werdet umgestaltet durch Erneuerung eures Denksinnes".* Unser Wesen, unsere gesamte Persönlichkeit soll nicht nach den Normen „dieser Welt" beschaffen sein, sondern soll beständig in ein anderes Bild verwandelt bzw. umgestaltet[3] werden. Diese Umgestaltung (unseres Wesens) geschieht dabei von innen her, und zwar dadurch, dass unser Denken erneuert wird. Alte, d.h. sündige Denkstrukturen werden beiseite gelegt und wir lernen Schritt für Schritt, so zu *denken,* wie es Gott gefällt. Im weiteren Verlauf des Kapitels zeigt Paulus konkret, was das bedeutet (V. 3): *„Denn ich sage kraft der Gnade, die mir gegeben ist, jedem unter euch, dass er nicht höher von sich **denke**, als sich zu **denken** gebührt, sondern dass er auf Bescheidenheit **bedacht** sei..."*

Wiederum erkennen wir hier, worauf es Gott ankommt: Nicht auf das bloße äußerliche Einhalten von Vorschriften und Gesetzen, sondern auf eine echte Wesensverwandlung, die zunächst im Denken beginnt. Er will uns nicht einfach nur in ein bestimmtes Bild „pressen". Er will uns in das Bild seines lieben Sohnes umgestalten – und das kann nicht durch das stupide Einhalten von Vorschriften geschehen, sondern nur durch eine gründliche, im Denken beginnende Umwandlung.

Dass es hier um eine Wesensverwandlung geht und *nicht* etwa darum, ein altes Gesetz gegen ein neues einzutauschen, merken wir auch daran, dass wir uns nicht „diesem Weltlauf" oder „dieser Welt" (wörtlich: Zeitalter) anpassen sollen. Dazu müssen aber wir näher betrachten, was hier mit „diesem Weltlauf" gemeint ist.

Am besten lässt sich der Begriff „diese Welt" erklären, wenn wir das Bindewort „sondern" beachten: Vor und hinter „sondern" müssen zwei Gegensätze stehen. Auf der einen Seite des „sondern" steht „diese Welt", auf der anderen Seite die „Erneuerung unseres Denkens". Damit wird klar, dass mit „Welt" nicht irgendwelche gegenständlichen Dinge gemeint sein können, sondern „alte", *verkehrte Denkweisen.* Die „Welt" ist gewissermaßen der geistige Gegenpol zum „Reich Gottes". So wie das „Reich Gottes" überall dort ist, wo Menschen Gott aus Liebe gehorchen, so ist die „Welt" überall dort,

---

3   Die Form (Impv. Präs.) des Verbs deutet auf eine fortwährende Handlung hin: „werdet ‹stets› umgestaltet"; o.: „lasst euch ‹stets› umgestalten".

wo die Menschen dem Feind Gottes gehorchen, der ja bekannterweise der „Fürst dieser Welt" ist (vgl. Joh 12,31; 14,30; 16,11; 2Kor 4,4).

Mit „diesem Weltlauf" sind also verkehrte Denkweisen gemeint, deren Ursprung letztlich der „Fürst dieser Welt" – Satan selbst ist. Die Bibel nennt uns einige dieser Denkweisen, dazu gehören beispielsweise Fleischeslust, Augenlust und Hochmut (1Joh 2,16): *„Denn alles, was in der Welt ist, die Fleischeslust, die Augenlust und der Hochmut des Lebens, ist nicht von dem Vater, sondern von der Welt."* Auch alle Formen von Bosheit kennzeichnen letztlich das „alte" (weltliche) Denken, wie in Kol 3,5-10 beschrieben: *„Tötet daher eure Glieder, die auf Erden sind: Unzucht, Unreinheit, Leidenschaft, böse Lust und die Habsucht, die Götzendienst ist; um dieser Dinge willen kommt der Zorn Gottes über die Söhne des Ungehorsams; unter ihnen seid auch ihr einst gewandelt, als ihr in diesen Dingen lebtet. Jetzt aber legt auch ihr das alles ab – Zorn, Wut, Bosheit, Lästerung, hässliche Redensarten aus eurem Mund. Lügt einander nicht an, da ihr ja den alten Menschen ausgezogen habt mit seinen Handlungen und den neuen angezogen habt, der **erneuert** wird zur Erkenntnis, nach dem Ebenbild dessen, der ihn geschaffen hat..."*

Fernerhin erklärt Paulus den Galatern, dass die Menschen im Zeitalter des Gesetzes – also vor der Offenbarung des Evangeliums – ebenfalls den „Grundsätzen der Welt" unterworfen waren (Gal 4,3): *„Ebenso waren auch wir, als wir noch unmündig waren, den Grundsätzen der Welt als Knechte unterworfen."* Unsere neue Stellung in Christus ist nun eine andere (Gal 4,4-5): *„Als aber die Zeit erfüllt war, sandte Gott seinen Sohn, geboren von einer Frau und unter das Gesetz getan, damit er die, welche unter dem Gesetz waren, loskaufte, damit wir die Sohnschaft empfingen."* Wir sind nun Söhne Gottes – und damit nicht mehr den „Grundsätzen der Welt als Knechte" unterworfen.

Über diese „Grundsätze der Welt" redet Paulus auch im Kolosserbrief. Paulus hat große Sorge, dass die Christen in Kolossä sich von ihrem Reichtum in Christus abwenden zu den „Grundsätzen der Welt" (Kol 2,8): *„Habt Acht, dass euch niemand beraubt durch die Philosophie und leeren Betrug, gemäß der Überlieferung der Menschen, gemäß den Grundsätzen der Welt und nicht Christus gemäß."*

Die „Grundsätze der Welt" stehen im Widerspruch zu Christus – und sind sehr heimtückisch. Ja, sie sind so heimtückisch, dass sie auf den ersten Blick gar nicht als „weltlich" oder sündig, sondern sogar als besonders „strenggläubig" erscheinen. Um besser zu verstehen, um welche „Grundsätze" es hier geht, sollten wir Kolosser 2,16-23 lesen:

„So lasst euch von niemand richten wegen Speise oder Trank, oder wegen bestimmter Feiertage oder Neumondfeste oder Sabbate, die doch nur ein Schatten der Dinge sind, die kommen sollen, wovon aber der Christus das Wesen hat. Lasst nicht zu, dass euch irgendjemand um den Kampfpreis bringt, indem er sich in Demut und Verehrung von Engeln gefällt und sich in Sachen einlässt, die er nicht gesehen hat, wobei er ohne Grund aufgeblasen ist von seiner fleischlichen Gesinnung, und nicht festhält an dem Haupt, von dem aus der ganze Leib, durch die Gelenke und Bänder unterstützt und zusammengehalten, heranwächst in dem von Gott gewirkten Wachstum. Wenn ihr nun mit Christus den **Grundsätzen der Welt** *gestorben seid, weshalb lasst ihr euch* **Satzungen** *auferlegen,* **als ob ihr noch in der Welt lebtet?** *‚Rühre das nicht an, koste jenes nicht, betaste dies nicht!' – was doch alles durch den Gebrauch der Vernichtung anheimfällt – [Gebote] nach den Weisungen und Lehren der Menschen, die freilich einen Schein von Weisheit haben in selbst gewähltem Gottesdienst und Demut und Kasteiung des Leibes, [und doch] wertlos sind und zur Befriedigung des Fleisches dienen."*

Als „Grundsätze der Welt" bezeichnet Paulus in diesem Abschnitt sämtliche religiöse Rituale (*Speise, Trank, Feiertage, Neumondfeste, Sabbate, „Rühre das nicht an, koste jenes nicht, betaste dies nicht!", Demut und Kasteiung des Leibes*), durch die ein Mensch sich erhofft, aufgrund eigener Leistung bei Gott irgendetwas zu verdienen.

Es geht in diesem Abschnitt also nicht darum, dass ein Christ aus Liebe zu Gott Verzicht übt und Gottes Gebote einhält, sondern darum, dass ein Christ vergisst, dass er durch Gottes unverdiente Gnade in Christus bereits „die Fülle der Gottheit leibhaftig" (V. 9) innewohnen hat und nun wieder in den „alten Trott" verfällt und versucht, sich bei Gott Gerechtigkeit zu verdienen, indem er sich selbst Regeln und Gesetze auferlegt. Solche Regeln und Gesetze haben „freilich einen Schein von Weisheit", denn diese Christen scheinen es ja ganz besonders ernst zu meinen. Dennoch sind alle ihre Mühen vergeblich, denn sie sind ein „selbst gewählter Gottesdienst" und daher „wertlos". Mit ihren Bemühungen, sich selbst Gerechtigkeit zu verdienen, befriedigen sie lediglich ihr „Fleisch", ihre sündige

Natur, die darauf aus ist, durch eigene Leistung etwas zu beweisen. Ganz so, wie es in einem alten Lied heißt: *„Aller eigner Wert nur den Hochmut nährt."* Das Schrecklichste daran ist, dass diese Menschen „das Haupt nicht festhalten" – Christus verliert in ihrem Denken an Bedeutung. Ganz drastisch drückt Paulus es den Galatern gegenüber aus (Gal 5,4): *„Ihr seid losgetrennt von Christus, die ihr durchs Gesetz gerecht werden wollt; ihr seid aus der Gnade gefallen!"*

Die „Welt" hat also zwei Gesichter, die auf den ersten Blick miteinander gar nicht vereinbar zu sein scheinen – und dennoch beide von einem Fürsten stammen und das Ziel haben, die Menschen von Christus abzulenken. Die Einen fängt der Teufel in der Verstrickung in sündige Lust, die anderen in ihrer eigenen Selbstgerechtigkeit:

Das „sündige Gesicht" der Welt	Das „religiöse Gesicht" der Welt
Fleischeslust	*Speise[vorschriften]*
Augenlust	*Trank[vorschriften]*
Hochmut des Lebens	*Feiertage*
Unzucht	*Neumondfeste*
Unreinheit	*Sabbate*
Leidenschaft	*„Rühre das nicht an,*
böse Lust	*koste jenes nicht,*
Habsucht, die Götzendienst ist	*betaste dies nicht!"*
Zorn, Wut, Bosheit	*[falsche] Demut*
Lästerung, hässliche Redensarten	*Kasteiung des Leibes*
Lüge	*...*
...	

Fazit: Zusammenfassend können wir „die Welt" als ein teuflisches Denksystem mit zwei Seiten bezeichnen. Die eine Seite umstrickt die Menschen in der sündigen Lust und verspricht ihnen in der Sünde Erfüllung und grenzenlose Freiheit. Die andere Seite hält die Menschen in gesetzlichen Zwängen gefangen, indem sie ihnen vorgaukelt, sie könnten durch das eigene Tun besser werden als andere Menschen und somit etwas dazu beitragen, sich Gottes Gunst zu verdienen. Beides ist gleicherweise „diese Welt" und wir müssen unser Denken von *allen* diesen verkehrten, „alten" Denkstrukturen reinigen.

Unser neues Denkmuster ist nicht ein Leben frei nach unserer Lust, auch nicht ein Leben „strikt nach Vorschrift", es ist ein Leben von Kindern, die ihren Vater lieben und aus Dankbarkeit begehren, *seinen* Willen in ihrem eigenen Leben zu verwirklichen. Denn...

e) Die Ermahnung zielt auf die Erkenntnis und Umsetzung des Willens Gottes ab

„Ich ermahne euch nun, ihr Brüder, angesichts der Barmherzigkeit Gottes, dass ihr eure Leiber darbringt als ein lebendiges, heiliges, Gott wohlgefälliges Opfer: Das sei euer vernünftiger Gottesdienst! Und passt euch nicht diesem Weltlauf an, sondern lasst euch [in eurem Wesen] verwandeln durch die Erneuerung eures Sinnes, <u>damit</u> ihr prüfen könnt, was der gute und wohlgefällige und vollkommene Wille Gottes ist."

Sehr bemerkenswerte Kriterien, wenn es darum geht, wie man den Willen Gottes für die aktuelle Situation erkennen kann. Das Neue Testament legt uns nicht etwa eine mehrbändige Gesetzestextausgabe vor, in der zu jeder Lebenslage ein Paragraph aufgeführt ist. Paulus legt uns hier zwei einfache Schritte vor, die uns persönlich dazu befähigen, Gottes Willen zu erkennen. Der erste Schritt ist die vorbehaltlose Auslieferung (Opferung) unseres Körpers an Gott. Der zweite Schritt ist eine fortwährende Umwandlung, die dadurch geschieht, dass unser Denken stets mit „neuen" (heiligen) Inhalten gefüllt wird. Für diesen zweiten Schritt ist die beständige Beschäftigung mit dem Wort Gottes unumgänglich. Woher sonst sollte unser Denken mit „neuen" Inhalten gefüllt werden? Woher sollten wir wissen, was Gott angenehm ist, wenn nicht durch seine inspirierte Selbstoffenbarung?

Dieser Vers gibt uns daher auch einen ernüchternden Prüfstein für unser Leben. Jeder von uns sollte sich bewusst sein: Ich bin nur insofern in der Lage, zu prüfen, was Gottes Wille für mein Leben ist, wie ich meinen Körper Gott vorbehaltlos zur Verfügung stelle und wie mein Denken bereits (von seinem Wort) erneuert worden ist.

Die richtige Erkenntnis des göttlichen Willens ist wiederum notwendig, um sich Gott in richtiger Weise hinzugeben. Wir sehen hier sozusagen eine Spirale, die sich immer höher hinauf windet: Je mehr ich mich Gott hingebe, desto mehr bin ich in der Lage, seinen Willen für mein Leben zu erkennen. Je mehr ich seinen Willen erkenne, desto mehr kann ich mich ihm hingeben. Usw...

1.1.3 Stellenwert des Gesetzes (Röm 15,4/Mt 5,17-19)

Wie im Abschnitt zuvor bereits betrachtet, benötigen wir Gottes Wort für die Erneuerung unseres Denkens. Dazu gehört auch das Alte Testament. Es ist für uns aber kein richtendes Gesetzbuch mehr, sondern ein Lehrbuch über Gott und seinen Willen.

Paulus sagt im Blick auf das Alte Testament (Röm 15,4): *„Denn alles, was zuvor geschrieben worden ist, wurde zu unserer Belehrung zuvor geschrieben, damit wir durch das Ausharren und den Trost der Schriften Hoffnung fassen."* In seinem Brief an Timotheus schärft er eindringlich ein (2Tim 3,14-17): *„Du aber bleibe in dem, was du gelernt hast und was dir zur Gewissheit geworden ist, da du weißt, von wem du es gelernt hast, und weil du von Kindheit an die heiligen Schriften kennst, welche die Kraft haben, dich weise zu machen zur Errettung durch den Glauben, der in Christus Jesus ist. Alle Schrift ist von Gott eingegeben und nützlich zur Belehrung, zur Überführung, zur Zurechtweisung, zur Erziehung in der Gerechtigkeit, damit der Mensch Gottes ganz zubereitet sei, zu jedem guten Werk völlig ausgerüstet."*

Zu der Zeit, als Timotheus ein Kind war, gab es von der Bibel nur die Schriften des Alten Testaments. Paulus sagt hier also, dass das Alte Testament „Kraft" hat, „weise zu machen zur Errettung durch den Glauben". Außerdem ist „alle Schrift" (sowohl das Neue als auch das Alte Testament, einschließlich der Gebote) für den „Menschen Gottes" nützlich.

- Es ist nützlich zur *Belehrung* (vgl. Röm 15,4), also um notwendiges Wissen über Gott und seinen Willen zu erlangen.
- Außerdem ist es nützlich zur *Überführung*, also um Sünde aufzudecken.
- Es ist nützlich zur *Zurechtweisung*, also um einem Menschen den richtigen Weg zu zeigen, den er gehen soll.
- Und schließlich ist es auch nützlich zur *Erziehung*. Das heißt mit anderen Worten: Das Alte Testament dient im Leben eines neutestamentlichen Gläubigen als ein „Erzieher" oder „Trainer", der ihn auf Schritt und Tritt begleitet, belehrt, überführt und zurechtweist – mit dem Ziel, Fortschritte zu erzielen und ihn an ein Gott wohlgefälliges Leben zu gewöhnen.

All das macht uns das Alte Testament unersetzlich wertvoll und zeigt uns, dass wir auch seine Gebote keineswegs verachten dürfen.

Auch Jesus selbst beteuerte, dass es nie seine Absicht gewesen sei, das Alte Testament überflüssig zu machen (Mt 5,17-19): *„Ihr sollt nicht meinen, dass ich gekommen sei, um das Gesetz oder die Propheten aufzulösen. Ich bin nicht gekommen, um aufzulösen, sondern um zu erfüllen! Denn wahrlich, ich sage euch: Bis Himmel und Erde vergangen sind, wird nicht ein Buchstabe noch ein einziges Strichlein vom Gesetz vergehen, bis alles geschehen ist. Wer nun eines von diesen kleinsten Geboten auflöst und die Leute so lehrt, der wird der Kleinste genannt werden im Reich der Himmel; wer sie aber tut und lehrt, der wird groß genannt werden im Reich der Himmel."*

Unser Herr verurteilt es aufs Schärfste, wenn wir „eines dieser kleinsten Gebote" (des Alten Testaments) auflösen. Was bedeutet „auflösen"[4]? Es geht hier letztlich darum, dass jemand eines der „kleinsten Gebote" des Alten Testaments für völlig unbedeutend erklärt und damit sagt, wir könnten es weder für uns direkt anwenden noch irgendeine Lehre daraus ziehen.[5]

Jedes göttliche Gebot hat – in seinem heilsgeschichtlichen Zusammenhang – eine Bedeutung und ist auch zu unserer Belehrung nützlich (vgl. Röm 15,4 und 2Tim 3,16-17). Nun gibt es aber viele Gebote, die wir nicht erfüllen müssen und dies auch auch gar nicht können, wie zum Beispiel die Opfervorschriften. Es gibt Gebote, die Gott ausschließlich seiner irdischen Nation – dem Volk Israel – gab, und die nur in diesem Rahmen umgesetzt werden konnten. Auch sie sind nützlich zu unserer Belehrung, weil wir daraus nützliche Prinzipien ableiten können.

Es gibt aber auch Gebote, die uns etwas über das moralische Empfinden Gottes offenbaren. Die sind für uns natürlich von größter Bedeutung, denn Gott ist ja unser Vater und wir sind seine geliebten Kinder, begierig danach, seinen Willen zu erfahren und ihm wohlgefällig zu leben.

Welche Bedeutung hat für uns also das Alte Testament, ins-

---

4 Das hier verwendete griechische Wort *lyo* kommt im Neuen Testament 18 Mal vor und wird übersetzt mit „abbrechen" (8x), „zerstören" (3x), „aufhalten" (1x), „einkehren" (1x), „werden" (1x), „zu Grunde gehen" (1x) und „zu Grunde richten" (1x). Mit „auflösen" wird es nur hier, in Mt 5,17-19 übersetzt.

5 Fernerhin wäre anzumerken, dass unser Herr eindringlich vor der Gesetzlosigkeit warnt (vgl. Mt 7,23) und die Gesetzlosigkeit als eines der Merkmale der Endzeit bezeichnet (vgl. Mt. 24,12). Wir können die Gesetzlosigkeit (unserer Zeit) nur im Lichte des Gesetzes Gottes als solche erkennen.

besondere seine Gesetzesvorschriften? Wie bereits betrachtet, sind wir nicht mehr geknechtet unter „die Grundsätze der Welt" – zu denen die Rechtfertigung durch das Einhalten von gesetzesartigen Vorschriften gehört. Wir sind dem Gesetz gestorben, und zwar deswegen, weil wir der Sünde gestorben sind, um nun „im neuen Wesen des Geistes" Gott zu dienen (Röm 7,6). Die Befreiung vom Gesetz geschieht durch einen Wechsel in ein neuartiges Dienst-Verhältnis zu Gott – in das Verhältnis des Dienstes „im neuen Wesen des Geistes".

Das Gesetz „knechtet" nur solche Menschen, die sündigen wollen (vgl. 1Tim 1,8-11): „*Wir wissen aber, dass das Gesetz gut ist, wenn man es gesetzmäßig anwendet und* **berücksichtigt, dass einem Gerechten kein Gesetz auferlegt ist***, sondern Gesetzlosen und Widerspenstigen, Gottlosen und Sündern, Unheiligen und Gemeinen, solchen, die Vater und Mutter misshandeln, Menschen töten, Unzüchtigen, Knabenschändern, Menschenräubern, Lügnern, Meineidigen und* **was sonst der gesunden Lehre widerspricht***, nach dem Evangelium der Herrlichkeit des glückseligen Gottes, das mir anvertraut worden ist.*"

Beachten wir, dass Paulus nach der Aufzählung der Gräueltaten hinzufügt: „*und was sonst der gesunden Lehre widerspricht*". Als Christen stehen wir nicht unter einem *Gesetz*, das uns auferlegt worden ist, sondern wir werden mit einer „*gesunden Lehre*" konfrontiert. Genau das ist auch die „*gesetzmäßige Anwendung*" des Gesetzes, das in sich „gut" ist (V. 8). Mit anderen Worten: Ein „Gerechter" (der das Verlangen hat, Gottes Willen zu tun) betrachtet Gottes Gesetz als ein „Buch der gesunden Lehre", er steht nicht unter dem Zwang, sämtliche Vorschriften einhalten zu müssen, weil Christus für ihn die Gerechtigkeit bereits vollendet hat.

Achten wir auch darauf, dass alle diese Gräuel, die Paulus auflistet, eben *im Gesetz* als solche aufgedeckt werden. Woher sollte Paulus wissen, dass alle diese Dinge schlimme Sünden sind und nicht der „gesunden Lehre" entsprechen, wenn nicht durch das alttestamentliche Gesetz? Denselben Gedanken äußert Paulus ja auch selbst, wenn er in Römer 7,7 sagt: „*Was wollen wir nun sagen? Ist das Gesetz Sünde? Das sei ferne! Aber ich hätte die Sünde nicht erkannt, außer durch das Gesetz;* **denn von der Begierde hätte ich nichts gewusst, wenn das Gesetz nicht gesagt hätte: Du sollst nicht begehren!**"

Das Gesetz vermittelt uns also die „Erkenntnis der Sünde" (siehe auch Röm 3,20). Es ist damit unumgänglich und notwendig zu unserer Bekehrung – denn ein Mensch kann nur dann umkehren, wenn er seine Sünde als solche erkannt hat. Aber auch für unsere Belehrung ist es wichtig, die Sünde als solche zu erkennen – um sie zu bekennen und zu lassen. In diesem Sinne betrachten wir das alttestamentliche Gesetz als ein Lehrbuch, das uns einen Einblick in das Denken Gottes verschafft. Es ist ein Vermächtnis unseres Vaters, durch das wir ihn – den wir nie gesehen haben – kennen lernen können.

Fazit: Was sich für uns als Christen im Blick auf das Gesetz geändert hat, ist vor allem unsere eigene innere Haltung. Nicht, dass das Gesetz seine Richtigkeit verloren hätte, nein, aber es hat seine verurteilende Macht über uns verloren – zum einen, weil wir durch Christus bereits gerechtfertigt worden sind, zum anderen, weil wir durch den Heiligen Geist den Antrieb haben, das Gute zu tun, das mit dem Gesetz im Einklang steht (vgl. Gal 5,23).

1.1.4 Aufgabe des Heiligen Geistes

Eine (von mehreren) Aufgaben, die der Heilige Geist in unserem Leben übernimmt, ist unsere Leitung. Über diese – wie auch über manche andere – Aufgabe gäbe es sicherlich viel zu sagen, wir wollen uns hier aber auf einen einzigen Aspekt beschränken, nämlich auf die Tatsache, dass die Leitung des Heiligen Geistes nicht im Widerspruch zur Heiligen Schrift stehen kann.

Als der Herr Jesus das Kommen des Heiligen Geistes ankündigte, erklärte er seinen Jüngern (Joh 16,12-15): *„Noch vieles hätte ich euch zu sagen; aber ihr könnt es jetzt nicht ertragen. Wenn aber jener kommt, der Geist der Wahrheit, so wird er euch in die ganze Wahrheit leiten; denn **er wird nicht aus sich selbst reden**, sondern was er hören wird, das wird er reden, und was zukünftig ist, wird er euch verkündigen. Er wird mich verherrlichen; denn **von dem Meinen wird er nehmen und euch verkündigen**. Alles, was der Vater hat, ist mein; darum habe ich gesagt, dass er von dem Meinen nehmen und euch verkündigen wird.“*

Der Heilige Geist lehrt uns stets das, was auch der Herr Jesus (das personifizierte Wort Gottes[6]) uns sagt. In unserer vom Individualismus geprägten Zeit gibt es häufig die Tendenz, gewisse innere Eingebungen als Leitung des Heiligen Geistes zu interpretieren, selbst wenn sie im Widerspruch zu klaren Aussagen der Heiligen Schrift

6   Vgl. Joh 1,1; Off 19,13

stehen. Wir sollten uns aber stets bewusst sein, dass eine Führung wohl kaum vom Heiligen Geist stammen kann, wenn sie im Widerspruch zur Bibel steht.

Der Heilige Geist führt uns im täglichen Leben, im Dienst und in der Erkenntnis der Heiligen Schrift – aber nicht entgegengesetzt zu dem offenbarten Willen Gottes. Sein Ziel dabei ist, uns Jesus Christus immer ähnlicher zu machen (2Kor 3,17-18): *„Der Herr aber ist der Geist; und wo der Geist des Herrn ist, da ist Freiheit. Wir alle aber, indem wir mit unverhülltem Angesicht die Herrlichkeit des Herrn anschauen wie in einem Spiegel, werden verwandelt in dasselbe Bild von Herrlichkeit zu Herrlichkeit, nämlich vom Geist des Herrn.“*

In V. 17 finden wir eine Aussage, die leicht dazu missbraucht werden könnte, die eigene „Freizügigkeit" mit der Führung des Heiligen Geistes zu rechtfertigen: *„wo der Geist des Herrn ist, da ist Freiheit".* Ähnlich lautet es in Gal 5,1: *„So steht nun fest in der Freiheit, zu der uns Christus befreit hat, und lasst euch nicht wieder in ein Joch der Knechtschaft spannen!"*

Wie sieht nun die Freiheit aus, die der Heilige Geist uns gibt? Von welchem „Joch der Knechtschaft" befreit uns der Heilige Geist? Der Umgang des Paulus mit der Praxis der Beschneidung gibt uns ein gutes Beispiel dafür:

Das „Joch der Knechtschaft" im Galaterbrief ist das Gebot der Beschneidung. Es hatten sich Lehrer eingeschlichen, die behaupteten, Christen müssten sich beschneiden lassen. Paulus erklärt ihnen nun (V. 2-4): *„Siehe, ich, Paulus, sage euch: Wenn ihr euch beschneiden lasst, wird euch Christus nichts nützen. Ich bezeuge nochmals jedem Menschen, der sich beschneiden lässt, dass er verpflichtet ist, das ganze Gesetz zu halten. Ihr seid losgetrennt von Christus, die ihr durchs Gesetz gerecht werden wollt; ihr seid aus der Gnade gefallen!"*

Das Problem lag nicht darin, dass die Beschneidung als solche die Menschen ins Verderben stürzte, sondern darin, dass diese Christen durch das Halten des Gesetzes gerecht werden wollten (V. 4). Dass die Beschneidung an sich nicht „heilshinderlich" ist, erkennen wir daran, dass auch Paulus selbst sie an Timotheus vollzogen hatte – aber aus ganz anderen Motiven (vgl. Apg 16,3). Titus dagegen wurde nicht beschnitten (vgl. Gal 2,3). Warum handelt Paulus in dem einen Fall so und in dem anderen Fall anders?

Hier erkennen wir die Freiheit, die er hatte: Obwohl auch Timotheus nicht hätte beschnitten werden müssen (die Beschneidung war ein Bundeszeichen zwischen Gott und Israel, nicht mit der Gemeinde), hatte er die „Freiheit", es dennoch zu tun, weil es für seinen Dienst gewisse Vorteile hatte. Weder Beschneidung noch das Unbeschnittensein ist etwas wert vor Gott. In 1Kor 7,19 sagt Paulus: *„Beschnitten sein ist nichts und unbeschnitten sein ist auch nichts, wohl aber Gottes Gebote halten."*

Wenn Paulus nun also Timotheus beschnitten hatte und Titus nicht, wählte er – vom Heiligen Geist geführt – in beiden Fällen eine Option, die nicht im Widerspruch zu Gottes Geboten stand. Denn wenn Paulus in 1Kor 7,19 betont, dass das Halten der Gebote Gottes durchaus wichtig ist, so betrachtet er das Gebot der Beschneidung nicht als ein Gebot Gottes für die Gemeinde. (Damit hat er nicht etwa ein Gebot Gottes „aufgelöst", wovor Jesus in Mt 5,19ff warnt, sondern es richtig eingeordnet, wie etwas später im Exkurs „Das Wort recht teilen" erklärt wird.)

Mit anderen Worten: Als Paulus den Timotheus beschnitten hatte, tat er dies nicht, weil er sich vom Gebot Gottes dazu verpflichtet sah, sondern weil er – geführt durch den Heiligen Geist – die Freiheit dazu hatte, es zu tun. Und als er den Titus nicht zur Beschneidung drängte, da verstieß er ebenfalls nicht gegen das göttliche Gebot der Beschneidung. Wir sehen in seinem Handeln also keineswegs, dass der Heilige Geist uns dazu führen könnte, gegen Gottes Gebote zu handeln, sondern vielmehr, dass der Heilige Geist uns hilft, Gottes Gebote richtig zu verstehen und auf unsere Situation anzuwenden.

Diesen Gedanken betont Paulus in seinem Brief an die Galater ausdrücklich, damit niemand die Freiheit als einen Freibrief zur Sünde versteht: *„Denn ihr seid zur Freiheit berufen, Brüder; nur* **macht die Freiheit nicht zu einem Vorwand** *für das Fleisch, sondern dient einander durch die Liebe."* (Gal 5,13)

Im weiteren Verlauf erklärt Paulus, dass die wahre Freiheit darin besteht, sich vom Geist Gottes leiten zu lassen, und stellt unmissverständlich fest, dass der Geist Gottes einen Menschen nie dazu leiten wird, etwas zu tun, was gegen Gottes Gebote verstößt (V. 22-23): *„Die Frucht des Geistes aber ist Liebe, Freude, Friede, Langmut, Freundlichkeit, Güte, Treue, Sanftmut, Selbstbeherrschung.* **Gegen solche Dinge gibt es kein Gesetz.** *"*

Fazit: Der Heilige Geist gibt uns den Antrieb, Gottes Willen zu tun, und hilft uns, Gottes Wort in unseren individuellen Lebenslagen richtig zu verstehen und anzuwenden. Er führt uns nicht gegen das Wort Gottes und ersetzt es auch nicht. Zu seinen wichtigsten Aufgaben gehört es, unseren Charakter dem des Herrn Jesus immer ähnlicher werden zu lassen, das heißt, uns in der Heiligung (nämlich im Gehorsam) stets wachsen zu lassen (vgl. 2Kor 3,18).

1.1.5 Wachstum in der Heiligung

Als Christen sind wir „Heilige" in Christus (vgl. z.B. Eph 1,1), das bedeutet, wir sind für Gott abgesondert. Diese Heiligung geschieht bei der Wiedergeburt, wo uns alle unsere Sünden vergeben werden und wir ein neues, für Gott abgesondertes Leben beginnen. Dies ist sozusagen die „formelle Heiligung": Wir sind als solche „deklariert", die Gott und nicht der Sünde gehören. Das bedeutet jedoch nicht, dass wir damit automatisch alles richtig machen. Das Gegenteil ist der Fall: Wir haben noch viele alte Gewohnheiten und werden dazu aufgerufen, die Heiligung – also Absonderung unseres Lebens für Gott – fortwährend zu praktizieren. Wir finden im Neuen Testament eine ganze Reihe von Aufforderungen zu dieser „praktischen Heiligung", zum Beispiel:

Röm 6,19b: *„Denn so, wie ihr einst eure Glieder in den Dienst der Unreinheit und der Gesetzlosigkeit gestellt habt zur Gesetzlosigkeit, so stellt jetzt eure Glieder in den Dienst der Gerechtigkeit zur Heiligung."*

1Th 4,3: *„Denn das ist der Wille Gottes, eure Heiligung, dass ihr euch der Unzucht enthaltet..."*

1Th 4,7: *„Denn Gott hat uns nicht zur Unreinheit berufen, sondern zur Heiligung."*

Heb 12,14: *„Jagt nach dem Frieden mit jedermann und der Heiligung, ohne die niemand den Herrn sehen wird!"*

Wir sind zur „praktischen Heiligung" aufgerufen, nicht etwa *um* Gott angenehm zu werden, sondern *weil* wir durch die Reinigung durch das Blut Christi bereits von unserem Stand her Heilige sind. Wir sollen nun unserem Stand entsprechend leben.

Diese „praktische Heiligung" ist ein wachstümlicher Prozess, der sich durch unser ganzes Leben hindurch vollzieht und erst dann abgeschlossen werden wird, wenn unser Herr uns zu sich holt. Solange wir auf dieser Erde sind, gibt es Fehler an uns – und damit „Verbesserungsbedarf".

Damit wir nun in der Heiligung voranschreiten können, hat uns Gott zum einen sein Wort und zum anderen seinen Heiligen Geist gegeben. Sein Wort – das uns die Richtung zeigt; und seinen Geist – der uns den Antrieb und die Kraft zur Heiligung schenkt.

Fazit: Als Christen bleiben wir unser Leben lang Lernende und im Prozess der Heiligung. Wir können nie sagen, dass wir bereits alles richtig machen. Daher sollten wir jederzeit bereit sein, uns vom Wort Gottes überführen und korrigieren zu lassen – denn sein Geist gibt uns die Kraft dazu.

1.1.6 *Exkurs:* Das Wort „recht teilen"

Wenn das alttestamentliche Gesetz im Zeitalter der Gemeinde „zur Belehrung" verwendet werden soll, so muss es in der Abhängigkeit vom Heiligen Geist „recht geteilt" werden, wie Paulus es in 2Tim 2,15 schreibt: *„Strebe eifrig danach, dich Gott als bewährt zu erweisen, als einen Arbeiter, der sich nicht zu schämen braucht, der das Wort der Wahrheit recht teilt."* Das Wort „teilen" (*orthotomeo*) kommt im Neuen Testament nur an dieser Stelle vor und bedeutet eigentlich „in gerader Richtung schneiden". Es geht hier also nicht bloß um das Austeilen des Wortes an die Zuhörer, sondern um den korrekten Umgang mit dem (alttestamentlichen) Wort selbst. Paulus deutet mit diesem Ausdruck an, dass die einzelnen Aussagen des Alten Testamentes gewisserweise in einzelne „Kategorien" eingeteilt werden müssen. Welche Kategorien sind uns ersichtlich?

Zunächst einmal erkennen wir eine deutliche Unterteilung des Alten Testaments in vier literarische Gattungen, die in der Regel nicht schwer zu unterscheiden sind:

Geschicht- liche Berichte	Prophetie	Poesie	Gebote
zeigen Gottes Macht	teilt Gottes Pläne mit	zeigt Gottes Größe	Geben konkrete Anweisungen zum Handeln oder Unter- lassen
zeigen Vorbilder	ruft zum Gehorsam auf	führt zur Anbetung	
geben Trost	bestätigt Gottes Wort (durch sicht- bare Erfüllung)	enthält Ver- heißungen und Lebens- weisheiten	
machen Mut			

Die **Poesie** ist vor allem in den Psalmen, Sprüchen und im Hohelied zu finden, kommt aber auch in anderen Büchern vor. Ähnlich ist es mit der **Prophetie** – es gibt eine ganze Reihe prophetischer Bücher, doch auch Psalmen und Mosebücher können Prophetien enthalten.

Der größte Teil des Alten Testaments besteht aus **Berichten**, die uns erkennen lassen, wie Gott im Laufe der Geschichte an den Menschen handelte. Dabei werden wir mit vielen realen Personen konfrontiert. Viele von ihnen dienen uns zum Vorbild, wie zum Beispiel der „Glaubensvater" Abraham oder der „Mann nach dem Herzen Gottes" David. Gleichzeitig zeigen uns diese Berichte auch, dass selbst diese vorbildlichen Menschen, mit denen Gott Geschichte machte, nicht frei von Fehlern waren. Wir dürfen daher nicht denken, dass jede Handlung einer vorbildlichen Person auch wirklich vorbildlich war.

Allein die Tatsache, dass ein gottesfürchtiger Mensch etwas *tut*, sagt noch nicht, dass es sich dabei auch wirklich um eine *gute* Tat handelt. Nicht alles, was die gottesfürchtigen Vorbilder getan haben, haben sie aus ihrer Gottesfurcht heraus getan. Beispielsweise hatte der gottesfürchtige König David mehrere Frauen, ohne dass er dafür jemals eine Rüge von Gott erteilt bekommen hätte. Dennoch ist uns allen klar, dass seine Vielweiberei keineswegs Bestandteil seiner Gottesfurcht gewesen war. Mir ist noch nie zu Ohren gekommen, dass jemand gesagt hätte: „Wenn du ein Mann nach dem Herzen Gottes werden willst, solltest du mehrere Frauen heiraten, das hatte der König David schließlich auch getan!" Auch sagt heute wohl kein ernsthafter Christ: „David hatte mehrere Frauen, also kann das auch heute nicht verkehrt sein!" Wohl aber hört man, dass Christen sagen: „Gläubige Frauen im Alten Testament haben auch goldenen Schmuck getragen, also kann das ja gar nicht falsch sein!" Diese Logik ist schlichtweg falsch, zumal wir damit viele verkehrte Dinge rechtfertigen könnten. Wir sagen ja auch nicht, dass es richtig von Abraham gewesen war, seine Frau Sara in Ägypten und bei den Philistern als seine Schwester auszugeben. *Obwohl* er gottesfürchtig war, beging er auch schwerwiegende Fehler.

Die Bibel zeigt uns die Menschen, wie sie nunmal sind, und so stoßen wir im Leben der alttestamentlichen Gläubigen immer wieder auf Dinge, die Gott duldete – was aber nicht bedeutet, dass er sie auch guthieß. Manchmal aber wurden solche Dinge auf lange Sicht zum Verhängnis. Gott duldete die Vielweiberei Davids, obwohl er diese in seinem Gesetz ausdrücklich verboten hatte (vgl. 5Mo 17,17). Davids Sohn Salomo trieb den Fehler seines Vaters noch viel weiter und verschaffte sich noch viel mehr Frauen. Gott „duldete" es, indem er nicht strafend eingriff – der weise König Salomo hätte ja aus den Königsgesetzen wissen müssen, wohin das führen würde (5Mo 17,17): *„Und er soll nicht viele Frauen haben,* **dass sein Herz sich nicht abwende;** *und Silber und Gold soll er sich nicht übermäßig anschaffen."*

Salomo ignorierte die klare (schriftliche) Warnung Gottes und die angekündigte Gefahr trat ein – die vielen Frauen wendeten sein Herz von Gott ab. Wie ganz anders hätte die Geschichte verlaufen können, wenn bereits David sich das Gebot zu Herzen genommen und nur eine einzige Frau gehabt hätte. Es wäre wohl kaum zu dem Ehebruch mit Batseba gekommen und auch für seinen Sohn hätte er ein hilfreiches Zeichen gesetzt.

Um aus den Lebensberichten der Bibel einen Nutzen für unser Leben zu ziehen, sollten wir uns daher angewöhnen, nicht nur zu fragen, *was* gottesfürchtige Menschen taten, sondern zu welchen ihrer Taten sie von ihrer Gottesfurcht getrieben wurden. Nur solche Taten können wir als vorbildlich betrachten.

Es ist recht bemerkenswert, dass nur ein verhältnismäßig kleiner Anteil des Alten Testaments aus **Geboten** besteht (diesen Teil könnte man als „Gesetz" im heutigen Sinne bezeichnen). Und gerade dieser Teil muss heute – im Zeitalter der Gnade – besonders sorgfältig „geteilt" werden, wenn wir das richtige Gleichgewicht behalten wollen. Wie kann eine solche Unterteilung nun vorgenommen werden?

Es gibt hierzu zunächst zwei geläufige Vorgehensweisen, die einander genau entgegengesetzt sind:

Die Einen verwenden das „Bestätigungsprinzip" und sagen: *„Das Alte Testament gilt für uns nicht mehr; nur wenn ein Gebot des Alten Testaments im Neuen Testament ausdrücklich bestätigt bzw. wiederholt wird, dann gilt es."*

Die Anderen drehen es genau um, greifen zum „Ausschlussprinzip" und sagen: *„Alles, was im Alten Testament geschrieben ist, das gilt auch für uns, außer dem, was im Neuen Testament ausdrücklich aufgehoben worden ist."*

Wenn wir nun den vorherigen Ausführungen zustimmen, müssen wir jedoch sagen, dass beide Vorgehensweisen nicht genügen, weil sie beide das *Prinzip* des Gesetzes bestehen lassen – und genau davon sind wir ja befreit, weil wir nun nicht mehr „Knechte" sondern „Söhne" sind (vgl. Gal 4,3-5). Ganz gleich ob wir die erste oder die zweite Vorgehensweise bevorzugen, bleiben wir in einer gewissen „Gesetzlichkeit" stecken, weil wir das Prinzip des Gesetzes als solches stützen. Und zugleich heben wir damit einige Gebote Gottes auf – was wir nach Mt 5,17-19 nicht tun dürfen.

Es erscheint daher viel sinnvoller, die Unterscheidung aus einer anderen Perspektive vorzunehmen: Das Gesetz wurde dem Volk Israel gegeben und nicht der Gemeinde. Es ist daher notwendig, die Unterschiede (wie auch die Gemeinsamkeiten) zwischen dem alten Israel und der Gemeinde herauszustellen. Wenn wir diese Unterschiede verstanden haben, können wir auch die einzelnen Gebote einordnen und ihre Anwendbarkeit auf unser Leben heute entsprechend feststellen.

Wir werden beim genauen Hinsehen jedes Gebot einer von fünf[7] Kategorien zuordnen können:

1. Strafrechtliche (nationale) Gesetze
2. Zeremonielle (Opfer-)Gesetze
3. Gesetze, die in direkter Verbindung mit dem Tempel- und Priesterdienst stehen
4. Gesetze, die aus einem Bündnis heraus bestehen
5. Moralische Gebote, die eine zeitlose „göttliche Moral" lehren

Bei manchen Geboten fällt die Einordnung nicht ganz leicht und manche scheinen mehreren Kategorien gleichzeitig anzugehören. Doch betrachten wir diese fünf Kategorien etwas genauer:

1. Israel war eine irdische Nation und brauchte **strafrechtliche Gesetze**. Die Gemeinde dagegen ist eine himmlische Nation ohne irdische Machtbefugnisse. Während die strafrechtlichen Gesetze für das Volk Israel – als Nation – gültig waren, können sie im Handlungsrahmen der Gemeinde gar nicht angewendet werden. Paulus sagt in Römer 13, dass Gott *der Regierung* „das Schwert" gegeben hat (daher könnten auch die heute existierenden irdischen Regierungen diese strafrechtlichen Gesetze durchaus anwenden). Das Volk Israel hatte eine irdische

---

7   Man könnte die ersten vier Kategorien im Grunde auch zu einer großen Rubrik „Zeremonielle Gesetze" zusammenfassen. Das ist allgemein so üblich, aber die hier vorgenommene Unterteilung ist ausführlicher und macht den Sachverhalt deutlicher. Damit bietet sie bessere Hilfestellung beim Einordnen der einzelnen Gebote.

Regierung – die neutestamentliche Gemeinde aber nicht. Deswegen wird heutzutage auch niemand mehr von der Gemeinde gesteinigt, weil der Auftrag, „das Böse zu strafen", nicht der Gemeinde, sondern der Regierung gegeben worden ist. Mit anderen Worten: Die strafrechtlichen Gesetze sind nicht aufgehoben, sie gelten weiterhin und sollten von den Regierungen dieser Welt korrekt interpretiert und umgesetzt werden, aber nicht von uns. Wir als Gemeinde sind nicht diejenigen, denen sie anvertraut worden sind – wir sind *keine* irdische Nation. Wir können an diesen Geboten jedoch erkennen, wie schlimm die Sünde in Gottes Augen ist. Dass zum Beispiel ein Ehebrecher, Zauberer oder Mörder in Gottes Augen des Todes würdig ist, gilt ja auch heute – nur ist unsere Aufgabe nicht, ihn zu seiner gerechten Strafe zu führen, sondern zur Buße und Vergebung.

2. Israels Opfergaben waren Vorläufer für das wahre Opfer, für das „Opferlamm Gottes", das am Kreuz für unsere Sünden starb (vgl. Heb 9,9-10). Unser Opfer dagegen ist ein für alle Mal geschlachtet (vgl. Heb 10,10.14). Es bedarf keiner weiteren Opfer mehr zu unserer Errettung. Das **zeremonielle Gesetz** ist somit erfüllt – wir können es gar nicht mehr erfüllen. Wenn das von Gott geforderte Opfer bereits vollbracht worden ist – dann *können* wir dem *nichts* mehr hinzufügen. Und was die anderen Opfer (Dankopfer etc.) angeht, so haben sie in unserem Leben eine neue Form gefunden, wie oben bereits betrachtet (bei Röm 12,1-2; vgl. Heb 13,15).

3. Israels Gottesdienst war auf ein zentrales Heiligtum – den Tempel – ausgerichtet. Daher gibt es im Gesetz eine ganze Reihe **Gebote zum Tempeldienst**. Dazu gehört beispielsweise die Abgabe des Zehnten. Wenn wir die Anweisungen bezüglich des Zehnten in 5Mo 14,22-29 genau unter die Lupe nehmen, stellen wir u.a. fest, dass wir heute überhaupt nicht in der Lage sind, das Gesetz umzusetzen, denn wir haben heute keine Leviten und keinen Tempel. Wir können nicht nach Jerusalem reisen und dort den Zehnten „vor dem Herrn verzehren und fröhlich sein vor ihm" (vgl. V. 26). Wir können wohl für unser persönliches Leben Prinzipien oder Empfehlungen daraus ableiten, aber keine verbindlichen Normen für die Gemeinde festlegen.

Ganz ähnlich ist es mit vielen anderen Geboten, die mit kultischer Reinheit oder Unreinheit zu tun haben, das Gesetz bezüglich der Wöchnerinnen oder bezüglich Aussatz (wir können nicht zum Priester gehen usw.). Gebote zum irdischen Tempeldienst können wir beim besten Willen nicht erfüllen, weil der Tempel des Neuen Testaments die Gemeinde ist, die den Herrn Jesus Christus verkörpert. Wir können in diesen Geboten zwar symbolisch erkennen, welch hohen Wert Gott auf geistliche Reinheit legt, aber die direkte Anwendbarkeit des Gesetzes müssen wir beim Volk Israel belassen, und zwar in einer längst vergangenen Epoche.

4. Israel stand in mehreren Bündnissen mit Gott. Da war der abrahamitische Bund der Beschneidung und der sinaitische Bund mit vielen weiteren **Bündnis-Gesetzen**, die offensichtlich nur den einen primären Zweck hatten: Einen bewussten (moralisch neutralen) Unterschied zwischen Israel und den anderen Völkern herzustellen. Dazu gehört beispielsweise das Gebot, dass die Juden an den vier Zipfeln ihres Mantels Quasten tragen sollten oder dass sie bestimmte Tiere als unrein betrachten sollten. Sehr markant für einige dieser Gebote ist die Formulierung „dies soll *dir* ein Gräuel sein", womit Gott klar macht, dass *nicht er* Abscheu vor diesen Dingen empfindet, sondern dass er sein Volk auf die Probe stellt und von ihnen verlangt, um seinetwillen z.B. bestimmte Speisen zu verabscheuen. Da wir als Gemeinde nun aber weder durch das erste noch durch das zweite Bündnis mit Gott „verbündet" sind, also nicht zum Volk Israel gehören, sondern zu Gottes himmlischer Nation, sind dies Gesetze, die uns nicht direkt betreffen. Sie zeigen uns aber symbolisch, dass das Volk Gottes immer dazu bereit sein muss, sich von anderen Menschen zu unterscheiden, wenn der Gehorsam gegenüber Gott dies erfordert.

5. Dann gibt es im Gesetz aber auch **moralische Gebote**. Diese haben weder mit irdischem Strafrecht zu tun noch mit zeremoniellen Opfervorschriften, auch nicht mit dem Tempeldienst und nicht mit den Bündnisgesetzen. Es sind Gebote, die sich einzig und allein auf das moralische Wesen Gottes stützen und damit völlig zeitlos sind. Es gibt hierin also *keinen*

Unterschied zwischen dem Volk Israel und der Gemeinde. Dass man nicht stehlen, nicht morden und nicht ehebrechen soll, darüber sind sich wohl die meisten Christen einig. Es gibt aber auch weitere moralische Gebote im Alten Testament. Manchmal bekräftigt Gott sie, indem er hinzufügt, dass bestimmte Verhaltensweisen *vor ihm* – also nicht nur für das Volk, sondern *vor Gott* selbst – ein Gräuel (d.i. etwas Abscheuliches, Ekelhaftes) sind. Solche Worte sind ein unbestreitbarer Hinweis auf die moralische Bedeutung des Gebotes, weil es im Wesen Gottes begründet ist. Zu den Dingen, die „dem Herrn ein Gräuel" sind, gehören im Gesetz Moses:

- Götzendienst (5Mo 7,25, 12,31; 27,15)
- unwürdiges bzw. fehlerhaftes Opfer (5Mo 17,1)
- jegliche Form von Okkultismus (5Mo 18,9-12)
- das Anziehen der Kleider des anderen Geschlechts (5Mo 22,5)
- durch Prostitution erworbener Lohn (5Mo 23,19)
- Wiederheirat mit der geschiedenen Ex-Ehefrau, nachdem sie bereits mit einem weiteren Mann verheiratet war (5Mo 24,4)
- Unehrlichkeit bzw. Betrug im Handel (5Mo 25,13-16)

Viele weitere Hinweise darauf, was dem Herrn ein Gräuel ist, finden wir übrigens auch im Buch der Sprüche Salomos:

- „der Verkehrte" (3,32)
- „stolze Augen", „falsche Zunge", Mörder, Böswilligkeit, Lügner, Verleumder (6,16-19)
- „falsche Waage" (11,1)
- „ein verkehrtes Herz" (11,20)
- „falsche Lippen" (12,22)
- „Opfer der Gottlosen" (15,8)
- „der Weg der Gottlosen" (15,9)
- „böse Gedanken" (15,26)
- „stolze Herzen" (16,5)
- Rechtsverdrehung (17,15)
- Betrug im Handel (20,10.23)
- „Wer sein Ohr abwendet vom Hören auf das Gesetz, dessen Gebet sogar ist ein Gräuel." (28,9)

Gerade der Ausdruck „dies *ist* dem Herrn ein Gräuel" trifft übrigens sehr gut den Charakter eines Lehrbuches – d.h., wir werden durch all diese Aussagen darüber *belehrt*, wie Gott – unser himmlischer Vater – ist und wie er empfindet. Und wenn wir um sein Empfinden wissen, wollen wir „als geliebte Kinder" „seine Nachahmer" werden. Was ihm ein Gräuel ist, ist uns nicht „verboten", nein, das ist zu schwach ausgedrückt! Eine Handlung, die er verabscheut, wollen wir ebenfalls verabscheuen – eben weil wir seine Nachahmer sind. Wir sind dabei frei von jeglichem Zwang, weil nicht Leistungsdruck, sondern die Liebe Gottes unsere Motivation ist. Das trifft selbstverständlich auch auf die vielen anderen (moralischen) Gebote zu, auch wenn sie nicht ausdrücklich als Gräuel bezeichnet werden.

Manche dieser „moralischen Gebote" sind in unserer heutigen Situation nicht direkt umsetzbar, wie z.B. 3Mo 19,9-10: *„Wenn ihr die Ernte eures Landes einbringt, sollst du den Rand deines Feldes nicht vollständig abernten und keine Nachlese nach deiner Ernte halten. Auch sollst du nicht Nachlese halten in deinem Weinberg, noch die abgefallenen Beeren deines Weinberges auflesen, sondern du sollst es dem Armen und dem Fremdling lassen; denn ich, der HERR, bin euer Gott."* Der Zusatz „denn ich, der HERR, bin euer Gott" ist ein klarer Hinweis auf den moralischen Charakter dieses Gebotes. Doch inwiefern betrifft das Gebot *unseren* Alltag?

Die meisten von uns betreiben keine Landwirtschaft – und selbst wenn, es würde heutzutage keinen Sinn machen, auf dem Feld oder im Garten etwas „für die Armen und Fremden" liegen zu lassen, denn sie würden sich dort sicherlich nicht bedienen. Wenn wir die Bibel aber als „Lehrbuch" auffassen, werden wir nicht bloß nach dem „Buchstaben", sondern vor allem nach dem „Geist", also nach dem Grundgedanken dieses Gebotes fragen. Und der lautet: *Sorge nicht nur für dich, sondern gib auch den sozial schlechter gestellten Menschen deiner Gesellschaft eine Gelegenheit, durch eigene Arbeit ihren Lebensunterhalt zu verdienen, damit sie nicht ganz verarmen.* In unserem Sozialstaat wird dies sicherlich ganz anders aussehen als im Lande Israel vor 3000 Jahren[8], aber Gott hat sich nicht verändert und will immer noch, dass wir uns um andere Menschen kümmern und nicht unser gesamtes Einkommen bis auf den letzten Cent an uns raffen und es

---

8   Die Versorgung der sozial schwachen Bevölkerung wird hierzulande vom Staat geregelt und wir tragen dazu durch Sozialabgaben bei. Das schließt natürlich nicht aus, dass wir auch offene Augen dafür haben sollten, den Menschen in unserer Umgebung ebenfalls zu helfen und dazu, wenn erforderlich, auch auf einen Teil unserer eigenen „Erträge" zu verzichten.

„wie einen Raub" festhalten. Offene Augen und Herzen für bedürftige Menschen haben – das ist sozusagen der „Geist" dieses Gesetzes.

Zugleich sagt Gott damit auch, dass er will, dass die Armen sich – nach Möglichkeit – mit ihren eigenen Händen den Lebensunterhalt erarbeiten und sich nicht bloß von den Wohlhabenderen (oder auch vom Sozialstaat) beschenken lassen. Dieser Vers ist also zugleich eine indirekte Aufforderung an die „Armen" unserer Zeit, jede Gelegenheit zu nutzen, um sich den Lebensunterhalt zu verdienen.[9]

Wir sehen damit, dass dieses kleine Gebot, das auf den ersten Blick gar nicht an uns gerichtet zu sein scheint, doch eine wichtige Botschaft für unsere Zeit enthält. Darum sagte der Herr Jesus ja auch, dass wir auch nicht eines der „kleinsten Gebote" auflösen dürfen (vgl. Mt 5,17-19), sondern sie tun und lehren sollen.

Das Prinzip „Gesetz als Lehrbuch verstehen" wandte übrigens auch der Herr Jesus in seiner Bergpredigt an, wenn er immer wieder sagte (vgl. Mt 5,21.22): *„Ihr habt gehört, dass gesagt ist … ich aber sage euch."* In dieser Predigt greift der Herr alttestamentliche (moralische) Gebote auf und zeigt uns, dass es Gott nicht nur auf eine „buchstäbliche" Erfüllung des Gesetzes ankommt, sondern auf die Erfüllung des eigentlichen Gedankens, den Gott damit im Sinn hatte. Genau deswegen leitet er diese Erklärungen mit den Worten ein (Mt 5,20): *„Wenn eure Gerechtigkeit die der Schriftgelehrten und Pharisäer nicht weit übertrifft, so werdet ihr gar nicht in das Reich der Himmel eingehen!"* Die Schriftgelehrten und Pharisäer jener Zeit waren darauf aus, das Gesetz möglichst buchstäblich zu erfüllen, fragten aber nicht danach, *warum* Gott diese Gebote gab und was er damit eigentlich im Sinn hatte. „Unsere Gerechtigkeit" aber muss eine bessere sein, sie muss die „Buchstabengerechtigkeit" der Pharisäer „weit übertreffen". Das kann uns nur durch den Geist gelingen, durch den wir Gott als unseren Vater lieben und uns bei jedem Gebot Gottes fragen: „Was hat mein Vater damit im Sinn? Was ist sein Wille damit?"

Und wie an dem Beispiel aus 3Mo 19,9-10 betrachtet kann es dann sein, dass die Umsetzung eines solchen Gebotes in unserer Zeit rein äußerlich ganz anders aussieht – aber durch den Geist Gottes wird das alte Gebot in unserem Leben zu einer neuen Wegweisung. Ein und dasselbe Wort kann somit ganz unterschiedliche Varianten in seiner Anwendung hervorbringen, wenn wir dem Heiligen Geist

---

9   Dieses Prinzip wird übrigens in 2Th 3,10 von Paulus angewendet.

erlauben, das Gesetz Gottes als Lehrbuch für unser heutiges Leben zu verwenden.

Auch Paulus wendet dieses Prinzip in genau derselben Weise an, wenn er in 1Kor 9,8-10b sagt: *„Sage ich das nur aus menschlicher Sicht? Oder sagt dies nicht auch das Gesetz? Ja, im Gesetz Moses steht geschrieben: ‚Du sollst dem Ochsen nicht das Maul verbinden, wenn er drischt'. Kümmert sich Gott etwa um die Ochsen? Oder sagt er das nicht vielmehr um unsertwillen?"* Paulus erkennt in dem Gesetzestext über den Umgang mit dem Ochsen das göttliche Prinzip, dass ein Arbeiter seines Lohnes wert ist, und wendet es auf seine Situation an, indem er sagt (V. 11): *„Wenn wir euch die geistlichen Güter gesät haben, ist es etwas Großes, wenn wir von euch diejenigen für den Leib ernten?"*

Abschließende Bemerkung: Wie bereits ersichtlich geworden, leben wir im Anwendungsbereich der Kategorie „moralische Gebote", sodass wir alle anderen Gebote nicht auf unser Leben anwenden können. Nun müssten wir noch ergänzen, dass das Alte Testament uns die Gliederung dieser Gebote *nicht* vorgibt – das war damals für das Volk Israel ja auch gar nicht nötig, weil es im Anwendungsgebiet aller fünf Kategorien lebte. So kann es sein, dass wir in ein und demselben Kapitel sowohl moralische Gebote vorfinden als auch Bündnis-Gesetze. Wir können diese Unterteilung nicht anhand der Kapitel-Einteilung vornehmen, sondern sollten jedes Gebot einzeln daraufhin untersuchen, ob es mit dem zeitlosen, unveränderlichen moralischen Charakter Gottes begründet ist – oder ob die Begründung eine andere ist.

Die oben geschilderte Einteilung der Gebote des Alten Testaments in unterschiedliche Kategorien ist nicht nur legitim, sondern auch erforderlich, da sie uns im Neuen Testament vorgemacht wird. Der Verfasser des Hebräerbriefes beispielsweise spricht eindeutig nur von den zeremoniellen Gottesdienst-Gesetzen des Alten Testaments, wenn er sagt (Heb 9,9-10): *„Dieses ist ein Gleichnis für die gegenwärtige Zeit, in welcher Gaben und Opfer dargebracht werden, die, was das Gewissen anbelangt, den nicht vollkommen machen können, der den Gottesdienst verrichtet, der nur aus Speisen und Getränken und verschiedenen Waschungen [besteht] und aus **Verordnungen für das Fleisch, die bis zu der Zeit auferlegt sind, da eine bessere Ordnung eingeführt wird.**"*

Es ist ganz offensichtlich, dass der Verfasser hier nicht „moralische" Gebote meint, wie zum Beispiel „Du sollst nicht Ehe brechen". Solche zeitlosen Gesetze werden durch die „bessere Ordnung" nicht etwa ungültig gemacht. Der Verfasser spricht hier ausschließlich von zeremoniellen Gesetzen, die sich mit dem Opfer des Herrn Jesus erübrigt haben. Von den moralischen Geboten sagt er vielmehr, das Alte Testament zitierend (Heb 8,10): „*sondern das ist der Bund, den ich mit dem Haus Israel schließen werde nach jenen Tagen, spricht der Herr: Ich will ihnen meine Gesetze in den Sinn geben und sie in ihre Herzen schreiben; und ich will ihr Gott sein, und sie sollen mein Volk sein.*"

Die richtige Einordnung der Gebote des Alten Testaments sollte daher ein wichtiges Ziel unseres Bibelstudiums sein, während wir ernsthaft darum bemüht sind, darin den Willen unseres himmlischen Vaters für unser Leben zu entdecken.

1.2 „Das Äußere"
– Unsere irdische Hülle und ihre Umhüllung

Nachdem wir nun den ersten Teil unseres Themas („Der Christ") erläutert haben, wenden wir uns nun dem zweiten Teil zu: „sein Äußeres". Welches Äußere ist hier gemeint? Es geht um Äußerlichkeiten,
die zum Menschsein einfach dazu gehören, darum betrachten wir
zunächst einmal das Wesen unserer menschlichen Natur.

1.2.1 Der Mensch – Geist, Seele, Leib

Schon auf den ersten Seiten der Bibel entdecken wir die Tatsache,
dass der Mensch im Grunde aus zwei Teilen besteht, nämlich aus
einem materiellen und aus einem „immateriellen" Teil (1Mo 2,7):
„*Da bildete Gott der HERR den Menschen, Staub von der Erde, und
blies den Odem des Lebens in seine Nase, und so wurde der Mensch eine
lebendige Seele.*"

Unser Körper ist aus „Staub von der Erde" gebildet worden und
wird nach seiner Verwesung zum selben zurückkehren. Der immaterielle Teil jedoch, das von Gott eingehauchte Leben, verwest nicht,
sondern muss nach dem Tode zum Schöpfer zurückkehren (Pred
12,7): „*... und der Staub wieder zur Erde zurückkehrt, wie er gewesen
ist, und der Geist zurückkehrt zu Gott, der ihn gegeben hat.*" Den materiellen Teil können wir naturwissenschaftlich erforschen, beim unsichtbaren Teil, der nicht aus Materie besteht, ist das kaum möglich.

Die Bibel unterteilt den unsichtbaren Teil des Menschen wiederum in zwei Teile, nämlich in „Geist" und „Seele", sodass wir auf
eine Dreiteilung des Menschen kommen (1Th 5,23): „*Er selbst aber,
der Gott des Friedens, heilige euch durch und durch, und euer ganzes
Wesen, der **Geist**, die **Seele** und der **Leib**, möge untadelig bewahrt
werden bei der Wiederkunft unseres Herrn Jesus Christus!*"

Das Wort „Seele" wird häufig auch verwendet, um das „Leben"
einer Person oder die „Person" selbst zu bezeichnen. Beispielsweise
heißt es in Apg 2,41: „3000 Seelen wurden hinzugetan." „3000 Seelen" bedeutet ganz einfach „3000 Personen". Eine „lebendige Seele"
haben auch Tiere (vgl. 1Mo 1,30), allerdings ist nirgends davon die
Rede, dass Tiere einen „Geist" hätten oder dass ihre Seelen unsterb-
lich wären.

Der Geist des Menschen ermöglicht ihm, mit Gott in Verbindung zu treten (Joh 4,24): *„Gott ist Geist, und die ihn anbeten, müssen ihn im Geist und in der Wahrheit anbeten."* Das ist sicher etwas ganz Wunderbares: Wir müssen Gott keine Briefe schreiben, wir brauchen kein Telefon und auch kein anderes Medium – durch den Geist können wir an jedem beliebigen Ort Kontakt mit ihm aufnehmen.

Für unser Thema ist nun eine andere Frage von Bedeutung: Wie können zwei Menschen (also zwei Seelen) miteinander kommunizieren? Wenn meine Seele bewegt ist und Gott etwas mitteilen möchte, kann sie dies durch den Geist tun – das ist ein innerer, unerforschlicher Vorgang, der sich nur dem erschließt, der den Umgang mit Gott im Gebet pflegt. Aber wie gehe ich vor, wenn ich mich einem anderen Menschen mitteilen möchte?

Sicher denken wir: „Dann rede ich eben mit ihm!" Doch das ist zum einen noch nicht alles und zum anderen müssen wir uns klar machen, dass wir beim Reden den (materiellen) Körper für unsere (immaterielle, seelische) Mitteilung gebrauchen. Mit anderen Worten: Wir alle brauchen unseren Körper und andere materielle Gegenstände, damit ein Austausch „zwischen den Seelen" stattfinden kann. Niemand von uns kann sich einem anderen einfach per „Gedankenübertragung" mitteilen.

1.2.2 Die Rolle des Materiellen in der zwischenmenschlichen Gemeinschaft bzw. Kommunikation

Unsere unsichtbare, immaterielle Seele ist eingeschlossen in eine sichtbare, materielle Hülle, nämlich in unseren Körper. Körper und Seele bilden zu Lebzeiten ein Ganzes, das unsere Persönlichkeit ausmacht. So kommt es, dass wir unsere Umwelt (zu der auch andere Menschen gehören) nur durch unseren Körper wahrnehmen können. Zu diesem Zweck hat der Schöpfer unserem Körper fünf Sinneswahrnehmungen mitgegeben: Sehen, Hören, Tasten, Riechen und Schmecken. Diese fünf Sinne gebrauchen wir, wenn wir einander etwas (bewusst oder unbewusst) mitteilen (vgl. Abb. 1).

Den zuletzt genannten Geschmackssinn benötigen wir dabei zur Kommunikation wohl am allerwenigsten (wenn man davon absieht, dass wir einem Menschen z.B. unsere Liebe mitteilen können, indem wir ihm eine leckere Mahlzeit servieren). Der Geruchssinn dagegen spielt schon eine wesentlichere Rolle in der Kommunikation. Ein Mensch kann Tausende von Gerüchen erkennen und im Gedächt-

Abb. 1: Wie die Seele ihre Umwelt wahrnimmt

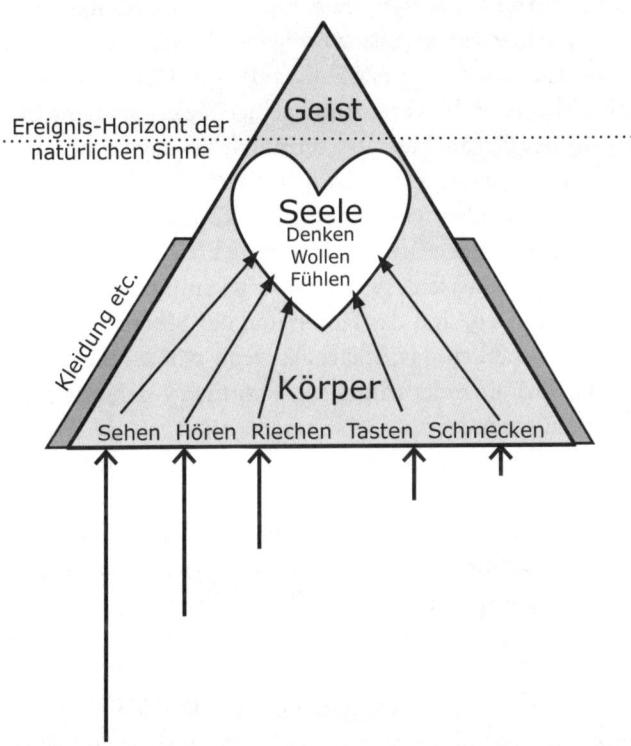

Die Seele (o.: das „Ich") eines Menschen ist der Sitz des Denkens, des Wollens und des emotionalen Empfindens (Fühlens). Die Seele hat keine eigenen Sinnesorgane, mit denen sie ihre Umwelt wahrnehmen könnte. Sie nimmt ihre Umwelt durch die Sinnesorgane ihres Körpers wahr. D.h.: Jede Information, die unser Denken, Wollen oder Fühlen beeinflusst, erreicht uns auf dem Umweg über die Sinnesorgane unseres Körpers. Daran können mehrere Sinne gleichzeitig beteiligt sein.

Die unterschiedlichen Pfeillängen in der Skizze deuten an, dass die Wahrnehmung der Sinnesorgane in der Distanz unterschiedlich beschränkt ist. So sind beispielsweise sichtbare Signale aus weit größerer Entfernung wahrnehmbar als hörbare Signale.

nis behalten. Gerüche können neugierig machen und Gefühle (in der Seele) wecken. Wenn ich zu einem Vorstellungsgespräch oder einem anderen bedeutenden Anlass eingeladen bin und schon bei der Begrüßung einen starken Schweiß- oder Mundgeruch verbreite, so vermittelt dies meinem Gegenüber bereits eine (folgenschwere) Botschaft. Meine „Duftnote" kann in einem solchen Gespräch sogar wesentlich entscheidender sein als alle Worte, die ich sage – auch wenn sie noch so sorgfältig und klug gewählt sind. Natürlich sagt dieser Geruch noch nichts über die Verfassung meiner Seele – aber er wirkt auf die Seele meines Gegenübers und vermittelt ihr das Empfinden: „Diese Person ist unangenehm."

Den Tastsinn verwenden wir ebenfalls zur Kommunikation. Ein sanftes Streicheln oder ein warmer Händedruck vermitteln andere Botschaften als harte Faustschläge. Doch die wichtigsten Sinne, um sich einander mitzuteilen, sind das Hören und das Sehen.

Das Hören ist sicherlich das Allererste, wenn wir darüber nachdenken, wie wir uns einander mitteilen: Natürlich reden wir zueinander und hören einander zu. Dabei tragen nicht nur die Worte, sondern auch der Tonfall der Stimme eine Botschaft – von Seele zu Seele.

Die allerschnellste – und in vielen Fällen die effektivste – Kommunikation geschieht aber in der Regel durch das Sehen. Nicht umsonst heißt es ja auch sprichwörtlich: „Ein Bild sagt mehr als tausend Worte." Auch haben Untersuchungen ergeben, dass ein Mensch beim Lernen etwa 35% durch das reine Sehen behält, durch das reine Hören dagegen nur etwa 25%. Die visuelle Kommunikation ist daher nicht unbedeutender als die verbale, vielleicht ist sie sogar bedeutender (vgl. Abb. 2).

Nehmen wir einmal an, ich betrete ein Geschäft und erblicke den Verkäufer, einen ungepflegten Riesen, der aussieht, als könnte er mich in der Luft zerreißen. Nun sieht er nicht nur so aus, sondern er schaut mich auch tatsächlich so an, als würde er genau das mit mir tun wollen. Ohne dass auch nur ein Wort gefallen ist, habe ich bereits eine Botschaft empfangen. Vielleicht eine verkehrte Botschaft, aber eine, die direkt zu meiner Seele gegangen ist. Wenn der Mann nun anschließend freundlich zu mir redet, kommt seine Freundlichkeit bei mir nicht an, oder zumindest mit Vorbehalt. Vielleicht kann ich ihm noch nicht einmal zuhören, weil ich durch meinen ersten

Abb. 2: Die Rolle des Äußeren in der zwischenmenschlichen Kommunikation

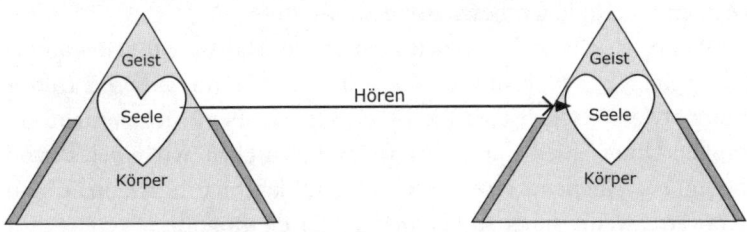

a) *Bei einer Kommunikation, die allein durch das Hören geschieht (z.B. während eines Telefonats), wird das Aussehen des Gesprächspartners nicht wahrgenommen. Das Äußere des Sprechers hat daher keinen Einfluss darauf, wie seine (gesprochene) Botschaft von seinem Gesprächspartner verstanden wird.*

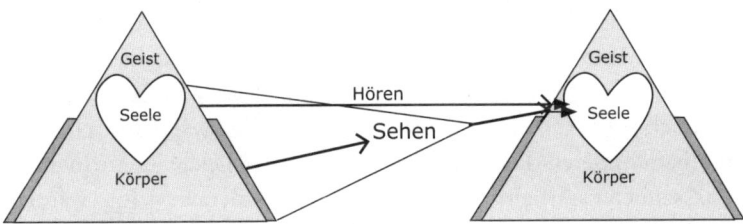

b) *Ist ein Gedankenaustausch damit verbunden, dass die sich mitteilende Person mit den Augen wahrgenommen wird, so spielt das Äußere eine sehr große Rolle: Beim Sehen wird – anders als beim Hören – meistens wesentlich mehr Information aufgenommen als die betreffende Person bewusst weitergeben möchte. Das gesamte Äußere – samt Gestik, Mimik, Körperhaltung, aber auch Frisur, Schmuck und Kleidung einer Person – vermittelt seinerseits ebenfalls Information. Die durch das Sehen wahrgenommene Information beeinflusst enorm, wie die durch das Hören wahrgenommene Information verstanden wird.*

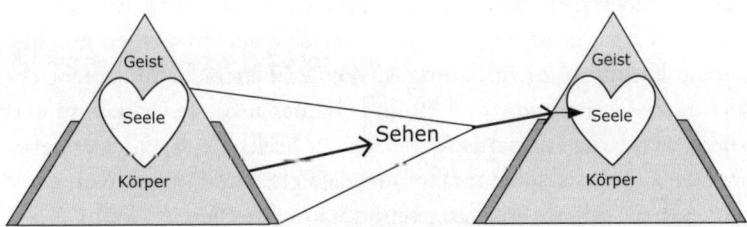

c) *Auch ohne dass man eine Person durch das Hören wahrnimmt, vermittelt ihr Äußeres bereits Information. Diese durch das Sehen aufgenommene Information kann unter Umständen verkehrt sein, erreicht die Wahrnehmung jedoch am ehesten, prägt den ersten Eindruck am intensivsten und bleibt meist auch am längsten in Erinnerung.*

Eindruck, den ich durch das Sehen erhalten habe, so irritiert bin, dass ich dazu nicht in der Lage bin, weil ich mich innerlich nur mit meinen Fluchtplänen beschäftige...

Wenn ich einem Menschen zum ersten Mal begegne, bekomme ich meinen ersten Eindruck von ihm durch seine äußere Erscheinung. Dieser erste Eindruck ist vielsagend. Natürlich besteht ein großer Unterschied darin, bei welcher Tätigkeit wir einer Person begegnen: Niemand erwartet einen Bankkaufmann in Anzug und Krawatte, wenn dieser zu Hause den Garten umgräbt.

Wie stark ich selbst durch meine Kleidung einen Eindruck auf Menschen vermittle, wurde mir im vorletzten Jahr bewusst, als ich in einem Baustoffhandel ein Dachfenster kaufen wollte. Ich war unterwegs zu einer Beerdigung und war dementsprechend in einen schwarzen Anzug und ein weißes Hemd gekleidet. So kam ich zum Verkaufsberater und dieser erstellte mir nach entsprechender Beratung Angebote für zwei verschiedene Modelle – ich musste zu Hause nur noch prüfen, welches für mich das Richtige wäre. Als ich dann an einem anderen Tag alltäglich gekleidet (vielleicht sogar in nicht ganz sauberen Arbeitskleidern) zum selben Berater kam, war ich sehr irritiert, als er mir plötzlich nicht mehr denselben Rabatt geben wollte wie beim ersten Mal. Und dieser schien irritiert darüber zu sein, dass er mir beim ersten Mal so großen Rabatt zugesichert hatte. Mir wurde plötzlich bewusst, dass ich durch meinen Anzug beim ersten Mal einen ganz anderen Eindruck bei ihm erweckt hatte, sodass er schon allein deswegen bereit war, einen höheren Rabatt zu geben. „Kleider machen Leute..."

Durch die Art, wie ich mein Äußeres gestalte, vermittle ich meinen Mitmenschen (bewusst oder unbewusst), wer oder was ich bin – oder besser gesagt, für wen oder was ich gehalten werden möchte. Meine Kleidung, mein Schmuck, meine Haartracht und nicht zuletzt mein Gesichtsausdruck (!) sind also das äußerste (und damit das zuerst sichtbare) Aushängeschild meiner Seele. Sie sagen etwas über meinen Lebensstil, über meine Zuverlässigkeit und meine Werte aus. Zugegeben – dieses Aushängeschild kann täuschen. Es kann Werte vortäuschen, die innerlich nicht vorhanden sind, dann reden wir von Heuchelei. Es kann aber auch Werte verleugnen, zu denen man sich doch eigentlich bekennt.

1.2.3 Umhüllung des Körpers – Eine Folge des Sündenfalls

Wir lesen im Schöpfungsbericht, dass Gott zu Beginn zwei Menschen schuf – einen Mann und eine Frau, das erste Ehepaar. Diese beiden hatten zunächst noch keine Kleidung (1Mo 2,25): *„Und sie waren beide nackt, der Mensch und seine Frau, und sie schämten sich nicht."* Sie brauchten auch keine Kleidung, und das nicht nur aufgrund des „paradiesischen Klimas" in Eden, sondern aufgrund dessen, dass die Welt noch heil war.

Doch dann kam die große Tragödie: Eva ließ sich dazu verführen und verleitete auch Adam dazu, von dem Baum der Erkenntnis zu essen. Dann überstürzten sich die Ereignisse und seit diesem Tag ist die Welt nicht mehr, wie sie einmal war. Doch lesen wir zunächst den Wortlaut des biblischen Berichts (1Mo 3,6-7): *„Und die Frau sah, dass von dem Baum gut zu essen wäre, und dass er eine Lust für die Augen und ein begehrenswerter Baum wäre, weil er weise macht; und sie nahm von seiner Frucht und aß, und sie gab davon auch ihrem Mann, der bei ihr war, und er aß. Da wurden ihnen beiden die Augen geöffnet, und sie erkannten, dass sie nackt waren; und sie banden sich Feigenblätter um und machten sich Schurze."*

Vorher lesen wir, dass Gott in der Mitte des Gartens Eden (vgl. 1Mo 2,9) einen Baum hatte wachsen lassen, dessen Früchte eine besondere Eigenschaft hatten: Sie versetzten den Menschen in die Lage, zu *erkennen*, was Gut und Böse ist. Das deutet darauf hin, dass das Böse zu jenem Zeitpunkt bereits vorhanden war (der Satan war bereits von Gott abgefallen). Nun ist es für uns heute wohl kaum mehr möglich, nachzuvollziehen, wie es ist, wenn man das Gute und Böse nicht erkennen kann. Wir beobachten aber an Adam und Eva, dass sie sich nun – da sie die Erkenntnis des Guten und Bösen haben – anfangen zu schämen. Dabei war es ja eigentlich gar nicht „böse", dass sie nackt waren, sie waren ja Eheleute und Gott hatte sie so geschaffen. Voreinander brauchten sie sich nicht zu schämen. Es ist in diesem Bericht nicht klar ersichtlich, ob sie sich wirklich voreinander schämten, was sicher auch möglich ist. Was jedoch ohne jeglichen Zweifel ist, ist die Tatsache, dass sie sich vor Gott schämten. Mit einem Mal „wurden ihnen beiden die Augen geöffnet" und sie merkten: „So können wir uns vor Gott nicht blicken lassen! Wir müssen uns irgendwie bedecken."

Doch warum konnten sie sich vor Gott nicht mehr nackt blicken lassen? Das ging vorher doch auch!? Aber nun hat sich in ihrem Inneren etwas verändert. Sie waren ungehorsam gegen das einzige Verbot gewesen, das Gott ihnen gegeben hatte – und das wussten sie. Eigentlich hätten sie sich nun Gedanken machen müssen, wie sie ihren Ungehorsam vor Gott verstecken oder aber eingestehen könnten. Doch ihre neue Erkenntnis „Wir sind nackt!" war dermaßen überwältigend, dass sie scheinbar gar nicht begriffen, dass sie sich durch ihre „Kleider" ja erst recht verraten würden – bis Gott in den Garten kam (1Mo 3,8-11):

„Und sie hörten die Stimme Gottes des HERRN, der im Garten wandelte, als der Tag kühl war; und der Mensch und seine Frau versteckten sich vor dem Angesicht Gottes des HERRN hinter den Bäumen des Gartens. Da rief Gott der HERR den Menschen und sprach: Wo bist du? Und er antwortete: Ich hörte deine Stimme im Garten und fürchtete mich, denn ich bin nackt; darum habe ich mich verborgen! Da sprach er: Wer hat dir gesagt, dass du nackt bist? Hast du etwa von dem Baum gegessen, von dem ich dir geboten habe, du solltest nicht davon essen?"

Auch hier können wir nicht genau sagen, warum sie sich verstecken: Ist es, weil sie merken, dass ihre notdürftigen Kleider nicht genügen? Oder haben sie doch begriffen, dass sie sich durch ihre Kleider verraten würden? Möglicherweise war beides der Fall.

Der Bericht vom Sündenfall wirft viele schwierige Fragen auf, die einfach offen bleiben müssen, weil die Ereignisse hinter unserem Erkenntnishorizont liegen. Das heißt: Wir können zwar den Bericht lesen und die Handlung verstehen – aber nicht jede Einzelheit nachvollziehen, weil die Realität der damaligen Welt sich von der heutigen so sehr unterscheidet, dass wir manches, was damals geschah, mit unserer heutigen Erfahrung nicht in Übereinstimmung bringen können. Die für uns notwendigen Informationen über die Tatsache und die Folgen des Sündenfalls sind aber trotzdem klar genug. Und so bleibt es auch im Blick auf „Äußerlichkeiten" außer Frage, dass die Notwendigkeit der Bekleidung erst durch den Sündenfall aufgetreten ist.

Vor dem Sündenfall war die Bekleidung unnötig. Nach dem Sündenfall aber stellen wir fest, dass Gott selbst dem Menschen Kleider macht (1Mose 3,21): *„Und Gott der HERR machte Adam und seiner Frau Kleider aus Fell und bekleidete sie."*

Gott bekennt sich nicht nur dazu, dass der Mensch in dieser geänderten Situation tatsächlich Kleider nötig hat, um seine Blöße zu bedecken, sondern er zeigt auch, dass die primitiven Feigenblattschurze als Kleidung nicht genügen. Er macht ihnen Gewänder[10] aus Fell, um ihren Körper in einer angemessenen Weise zu bedecken – und setzt damit Maßstäbe.

Im Blick auf unser Thema ist von Bedeutung, dass wir wenigstens zwei Gedanken im Hinterkopf festhalten:

1. Für den in Sünde gefallenen Menschen, der über die Erkenntnis von Gut und Böse verfügt, ist Kleidung eine innere (!) Notwendigkeit, ein seelisches Bedürfnis.

2. Vom ersten Tag an, an dem Kleidung notwendig geworden ist, zeigt sich Gott keineswegs gleichgültig darüber, *wie* der Mensch sich kleidet, sondern sorgt für eine angemessene Bedeckung seines Körpers.

1.2.4 Mehr als nur Kleidung

Das Thema dieses Buches ist ganz bewusst nicht „Der Christ und die Kleidung" genannt worden, denn es geht hier um viel mehr als nur um Kleidung. Es geht letztlich um alles, was unsere leibliche Hülle umhüllt und damit zum „Schaufenster unserer Seele" wird. Denn wie wir bereits betrachtet haben, setzen wir unser Äußeres (bewusst oder unbewusst) dazu ein, unsere Seele mitzuteilen. Das Äußere fängt damit schon an der Oberfläche des Körpers an, vor allem in unserem Gesicht. Natürlich hat niemand von uns sich sein Gesicht ausgesucht, genau so wenig wie die Schuhgröße. Und doch haben wir alle einen Einfluss auf den eigenen Gesichtsausdruck.

Kein Teil unseres Körpers spiegelt unsere Seele so effektiv wider wie unser Gesicht. Vor einigen Jahren bekam ich eine lieb gemeinte Karte mit dem isländischen Sprichwort geschenkt: *„Gott hat dir das Gesicht geschenkt, lächeln musst du selbst."* Das ist sicherlich wahr!

Ein Lächeln sagt meinem Gegenüber: „Du bist willkommen, ich habe nichts gegen dich." Mein „natürliches" Gesicht dagegen (das wohl den Anlass gab, mir diese Karte zu schenken) sagt eher: „Ich habe genug mit eigenen Sorgen zu tun, was willst du hier? Schön, wenn du bald wieder weg bist..." Es ist daher keine Heuchelei, bei der Begegnung mit einem Menschen die Aufmerksamkeit von sich selbst weg auf den Anderen zu richten und ihm durch ein freundliches Lächeln Wertschätzung zu zeigen. So musste ich mir selbst eingestehen,

---

10 Mehr dazu unter 2.1.1.

dass es sehr egozentrisch von mir ist, wenn ich mich nicht bewusst darum bemühe, meinen Mitmenschen mit einem freundlichen Lächeln zu begegnen.

Unser Gesicht ist in der Lage, verschiedene Botschaften zu übermitteln. Ebenso tut dies auch unsere Körperhaltung. Mit unserer Körperhaltung und unserem Gesicht können wir einer Person sehr schnell und effektiv mitteilen, was wir von ihr (oder von dem, was sie uns sagen will) halten. Wir vermitteln zugleich auch, was wir von uns selbst halten.

Der nächste Kreis der Äußerlichkeiten betrifft unsere Haut. Zum Beispiel finden wir im Alten Testament ein Verbot von Tätowierungen. Auch Schminke wird – wie wir später noch sehen werden – in der Bibel erwähnt, und zwar als Kommunikationsmittel, denn die sich schminkende Person will damit eine Botschaft vermitteln.

Eine weitere „angewachsene" Äußerlichkeit sind unsere Haare. Die Art, wie wir unser Haar tragen und wie lang wir es wachsen lassen – all das sagt etwas aus. Auch hier gibt es sowohl Merkmale, die wir gar nicht beeinflussen können als auch solche, deren Gestaltung uns in einem gewissen Rahmen überlassen ist.

Weiter geht es dann mit Kleidung und mit Schmuck. Das sind Äußerlichkeiten, die nicht mehr „mit der Seele verwachsen" sind, sodass wir in den wenigsten Fällen sagen können: „Ich kann nichts dafür, dass ich mich so kleide!" Was unsere Kleidung und unseren Schmuck angeht, haben wir weit größeren Spielraum als bei unseren Haaren oder unserem Gesicht – und da wir in der heutigen Zeit im Überfluss leben, können wir uns unsere Kleidung in der Regel selbst aussuchen. Die Bibel hat sowohl zum Thema Kleidung als auch zum Thema Schmuck allerhand zu sagen. Sich ihren Aussagen in Bezug auf diese Dinge nicht zu stellen, ist genauso verkehrt wie mit einem grimmigen Gesicht durch die Gegend zu laufen.

In einem noch weiteren Sinne könnten wir auch unsere Autos und Häuser als „kommunikative Äußerlichkeiten" bezeichnen, denn nicht selten gibt das Auto, das ein Mensch fährt, bereits Aufschluss über seinen Geschmack oder Lebensstil.

Wie wir bereits betrachtet haben, kann es uns hier aber nicht darum gehen, eine Reihe von Geboten oder Verboten aufzustellen. Wir wollen uns stattdessen dem „Lehrbuch" unseres himmlischen Vaters zuwenden, um etwas darüber zu erfahren, wie ER über all diese

Dinge denkt. Denn jede Veränderung unseres Wesens muss von innen her beginnen, indem zunächst unser Denken erneuert wird (vgl. Röm 12,2), indem es *seinem* Denken ähnlicher wird.

Teil 2: Schriftstudium:
Aussagekräftige Bibelstellen bezüglich Kleidung, Schmuck und Haartracht

2.1 Im Alten Testament

2.1.1 Adam und Eva bekommen Kleider

1Mo 3,21: *„Und Gott der HERR machte Adam und seiner Frau Kleider aus Fell und bekleidete sie."*

Gott selbst „bekleidete" Adam und Eva, indem er ihnen „Kleider aus Fell" machte (und das im paradiesischen Klima von Eden). Ihre eigenen „Schurze" (vgl. 1Mo 3,7) reichten Gott nicht aus. Worin bestand wohl der Unterschied zwischen den selbstgemachten Schurzen und den von Gott gemachten Kleidern aus Fell? Zum einen war es sicherlich die Qualität und die Haltbarkeit der Kleidung. Aber das war sicher noch nicht alles, denn Gott hätte ihnen ja auch qualitativ hochwertige Schurze machen können.

Das hebräische Wort für „Schurz" in 1Mo 3,7 kommt an sechs weiteren Stellen der Bibel vor und wird hauptsächlich mit „Gürtel" oder „sich gürten" übersetzt. Es ist also offensichtlich, dass die aneinander gehefteten Feigenblätter von Adam und Eva nicht viel mehr als den eigentlichen Intimbereich verhüllten. Hätte das in Gottes Augen gereicht, so hätte er ihnen entweder gar keine neuen Kleider gemacht oder solche von der gleichen Größe wie ihre Schurze. Doch die Kleider, die Gott machte, waren von ganz anderer Art. Das hier verwendete hebräische Wort *kethonet* kommt 19 Mal in der Bibel vor und wird meistens als „Ärmelkleid" übersetzt, aber auch als „Priester-Leibrock", Kleid, Leibrock oder Untergewand.

Wie aus der Wortbedeutung hervorgeht, versah Gott die ersten Menschen mit Gewändern, die weit mehr bedeckten als nur den eigentlichen Intimbereich. Mit dieser Handlung setzte er klare Maßstäbe. Auch ohne dass uns hier eine bestimmte Länge definiert wird, wird doch ersichtlich, wie unser himmlischer Vater denkt: In seinen Augen ist Kleidung – sowohl für Männer als auch für Frauen – nur akzeptabel, wenn sie den Körper weit über den Intimbereich hinaus bedeckt.

Wenn wir nun als Gottes geliebte Kinder seine „Nachahmer"

werden wollen, müssen wir auch in dieser Hinsicht zunächst einmal *beginnen, genauso zu denken:* „Meine Kleidung soll meinen Körper ausreichend bedecken." Auch wenn wir uns vielleicht noch nicht ganz einig darüber sind, wieviel Bedeckung eigentlich „ausreichend" ist. Darauf kommen wir später noch zurück.

2.1.2 Rebekka wird mit Kleidern und Schmuck beschenkt

Die erste Erwähnung von Schmuckstücken aus Gold und Silber finden wir im 24. Kapitel des ersten Buches Mose. Dieses Kapitel beschreibt, wie Eleasar, der Knecht Abrahams, im Auftrag seines Herrn um eine Braut für Isaak wirbt. In wunderbarer Weise erlebt er dabei die klare Führung Gottes. Ganz nebenbei erfahren wir in diesem Bericht einiges über die Geschenke, die Eleasar der Braut und ihrer Familie übergibt.

Zunächst lesen wir in V. 10: *„Und der Knecht nahm zehn Kamele von den Kamelen seines Herrn und zog hin **mit allerlei Gütern seines Herrn**, und er machte sich auf und zog nach Aram-Naharajim, zu der Stadt Nahors."* Abrahams Knecht geht nicht mit leeren Händen los, sondern nimmt „allerlei Güter seines Herrn" mit auf die Reise. Welche Güter das sind, erfahren wir dann in den weiteren Versen.

Bei der Begegnung mit Rebekka überreicht er ihr zunächst einen goldenen Nasenring (vgl. V. 47b) und zwei Armbänder (vgl. V. 22.30), wohl ebenfalls aus Gold. Als dann schließlich sein Anliegen geklärt worden ist und er die Erlaubnis bekommen hat, Rebekka zu Isaak zu bringen, holt er weitere Geschenke für die Braut und ihre Familienangehörigen hervor (V. 53): *„Und der Knecht zog silberne und goldene Schmuckstücke und Kleider hervor und gab sie Rebekka; auch ihrem Bruder und ihrer Mutter gab er Kostbarkeiten."*

Dieser Bericht zeigt uns zunächst folgende Tatsachen:
- Der gottesfürchtige Abraham war reich und besaß in seinem Vermögen goldenen und silbernen Schmuck.
- Eleasar, ebenfalls ein gottesfürchtiger Mann (vgl. V. 12-14.21. 48.52), beschenkte Rebekka mit goldenem Schmuck.
- Rebekka nahm das Geschenk an und trug den Schmuck.

Dieser Bericht gibt uns allerdings noch keine Auskunft darüber, wie Gott über diesen Schmuck denkt. Denn allein die geschichtliche Tatsache, dass der gottesfürchtige Eleasar Schmuck verschenkt und dass Rebekka diesen Schmuck trägt, gibt noch keine göttliche Wertung über den Edelmetall-Schmuck ab. Wir müssen klar sehen: Das Tragen und das Verschenken von Schmuck ist ja nicht Bestandteil ihrer Gottesfurcht gewesen. Mit anderen Worten: Sie waren gottesfürchtig *und* haben Schmuck getragen, aber sie waren nicht deswegen gottesfürchtig, *weil* sie es taten.

Wir können anhand dieser Geschichte also lediglich sagen, dass hier alttestamentliche Gläubige goldenen und silbernen Schmuck verschenkt und getragen haben – ob das gut war oder nicht, bleibt zunächst dahingestellt. Es kann auch heute sein, dass gottesfürchtige Menschen Schmuck tragen – aber das bedeutet nicht automatisch, dass dieses Verhalten richtig ist (genauso wenig wie das Rauchen richtig ist, nur weil einige gottesfürchtige Männer es getan haben oder immernoch tun).

Zu bemerken wäre hier zuletzt noch die Herkunft dieses Reichtums. Wir lesen in 1Mo 12, dass Abraham nach Ägypten zieht. Dort gibt er (der gottesfürchtige Abraham) seine Frau als seine Schwester aus. Sara kommt in den Harem des Königs von Ägypten und Abraham wird dafür reich belohnt. Gott tadelt Abraham nicht für seinen Fehler (obwohl es eindeutig völlig falsch war, was Abraham tat und zuließ), sondern schlägt stattdessen den Pharao mit Plagen. (Ja, manchmal leiden Personen aus dem Umfeld an den Fehltritten gottesfürchtiger Menschen.) Schließlich kommt Sara – durch Gottes Eingreifen – wieder zurück zu Abraham und sie ziehen zurück nach Kanaan. Und dann heißt es in 1Mo 13,2: *„Und Abram war sehr reich geworden an Vieh, Silber und Gold."* Es wäre also gar nicht wunderlich, wenn auf den Brautgeschenken seiner zukünftigen Schwiegertochter ein dunkler Schatten dieses Fehltritts lag. Der Reichtum an Gold und Silber war im Falle Abrahams nicht in erster Linie ein Segen Gottes, sondern eine Folge seines verkehrten Verhaltens in Ägypten.

2.1.3 Jakobs Familie reinigt sich, wechselt Kleider und legt Schmuck ab

Das nächste Ereignis in der Bibel, das in unmittelbarem Zusammenhang mit Kleidung und Schmuck steht, finden wir in 1Mo 35. Zuvor erfahren wir, wie Jakob vor seinem Bruder Esau nach Haran flieht. In Haran heiratet Jakob Rahel und Lea. Von diesen beiden Frauen und ihren Mägden werden dem Jakob in der Fremde elf Söhne geboren. Schließlich bricht Jakob mit seiner großen Familie auf, um in das von Gott verheißene Land zurückzukehren.

In Kanaan angekommen lässt sich die Großfamilie Jakobs zunächst in Sichem nieder, wo Jakob in der Nähe der Stadt ein Grundstück für sein Zelt kauft. Nach einer Schandtat an seiner Tochter Dina richten seine Söhne ein Blutbad an: Durch eine List gelingt es ihnen, die gesamte männliche Bevölkerung der Stadt an einem einzigen Tag abzuschlachten. Sie haben Rache dafür geübt, dass ihre Schwester entehrt wurde. Doch Jakob ist über die Tat seiner Söhne empört (1Mo 34,30): *„Jakob aber sprach zu Simeon und Levi: Ihr bringt mich ins Unglück dadurch, dass ihr mich verhasst macht bei den Einwohnern des Landes, bei den Kanaanitern und Pheresitern, da ich doch nur wenig Leute habe; sie aber werden sich gegen mich sammeln und mich schlagen, und ich werde ausgerottet werden samt meinem Haus!"*

Jakob bekommt es mit panischer Angst zu tun – Angst vor Vergeltungsschlägen seitens anderer Nachbarstämme. Gerade ist er in dieses Land gekommen, schon machen seine Söhne ihn unbeliebt und verhasst. Wie soll es für ihn nur weitergehen?

Genau in dieser brenzligen Situation, in der er merkt, dass ihm das Ruder seiner Familie bereits aus der Hand geglitten ist, hört er wieder die Stimme seines Gottes (1Mo 35,1): *„Und Gott sprach zu Jakob: Mache dich auf, zieh hinauf nach Bethel und wohne dort und baue dort einen Altar für den Gott, der dir erschienen ist, als du vor deinem Bruder Esau geflohen bist!"*

Jakob erhält eine neue Wegweisung: Er soll nach Bethel gehen. Eigentlich stellt sich die Frage, warum Jakob nicht schon längst nach Bethel gegangen ist. Er selbst hatte auf der Flucht geschworen (1Mo 28,20b-22): *„Wenn Gott mit mir sein und mich behüten wird auf dem Weg, den ich gehe, und mir Brot zu essen geben wird und Kleider anzuziehen und mich wieder mit Frieden heim zu meinem Vater bringt, so soll der HERR mein Gott sein; und dieser Stein, den ich als Gedenkstein aufgerichtet habe, soll ein Haus Gottes werden; und von allem, was du mir gibst, will ich dir gewisslich den Zehnten geben!"*

Wenn Jakob doch geschworen hat, nach Bethel zurückzukehren um dort Gott zu danken und ihm dort zu dienen – warum kauft er sich dann ein Grundstück bei Sichem? Es scheint, als würde ihn etwas von der Reise nach Bethel abschrecken. Was ist es? Die Antwort liegt offensichtlich in den folgenden Versen:

Nachdem er von Gott dazu aufgefordert wurde, seinem eigenen Gelübde entsprechend zu handeln, zieht er nicht einfach los. Er verordnet seiner Familie zunächst eine gründliche „Reinigung". Gott hat ihn lediglich dazu aufgefordert, nach Bethel zu ziehen, dort zu wohnen und dort einen Altar zu bauen. Er hat nichts davon gesagt, dass sie sich erst reinigen sollten. Aber Jakob weiß offensichtlich, dass er in dem Zustand, in dem seine Familie sich befindet, nicht nach Bethel ziehen kann. Es bedarf zunächst einer gründlichen Reinigung. Und das ist es auch, was ihn bis jetzt von der Reise nach Bethel zurückgehalten hat. Er weiß, dass da so manches in seiner Familie nicht in Ordnung ist. Da haben sich fremde Götter und andere Dinge eingeschlichen, die es ihm unmöglich machen, mit gutem Gewissen vor Gott zu treten. Er muss sich davon zunächst befreien und sagt deswegen zu allen, die bei ihm sind (1Mo 35,2b-3): *„Tut die fremden Götter von euch weg, die in eurer Mitte sind, und reinigt euch und wechselt eure Kleider! So wollen wir uns aufmachen und nach Bethel hinaufziehen, dass ich dort einen Altar errichte für den Gott, der mir geantwortet hat zur Zeit meiner Not und der mit mir gewesen ist auf dem Weg, den ich gezogen bin!"*

Jakob nimmt nun das Ruder in die Hand und gibt seiner geistlich verwahrlosten Familie eine klare Richtung an. Seine Aufforderung enthält drei Teile:

1. Sie sollten die „fremden Götter" wegtun.
2. Sie sollten sich reinigen.
3. Sie sollten ihre Kleider wechseln.

Seine Familie folgt der Aufforderung, was mit folgenden Worten beschrieben wird (1Mo 35,4): *„Da lieferten sie Jakob alle fremden Götter aus, die in ihren Händen waren, samt den Ringen, die sie an ihren Ohren trugen, und Jakob verbarg sie unter der Terebinthe, die bei Sichem steht."*

Seine erste Aufforderung (alle fremden Götter wegzutun) wird wortwörtlich umgesetzt: Die Götzenbilder werden seinen Händen übergeben und er „verbirgt" sie unter der Terebinthe. Wie die „Reinigung" und das „Wechseln der Kleider" geschieht, wird nicht direkt gesagt. Stattdessen wird berichtet, dass sie nicht nur die „fremden Götter", sondern auch die Ohrringe ausliefern und begraben. Wahrscheinlich haben sie mit dieser Handlung den Befehl „reinigt euch" umgesetzt. Das hier verwendete hebräische Wort für „reinigen" (*sur*) kommt in der Bibel sehr häufig vor und wird nicht selten als „wegnehmen", „wegtun" oder auch „entfernen" übersetzt, aber nirgends als „waschen". Jakob meinte also nicht, dass seine Leute sich waschen sollten, sondern dass sie Dinge abgeben sollten, die zur Verehrung seines Gottes nicht passten. Es geht also um kultische Reinheit.

Es würde auch schon deswegen keinen Sinn machen, sich zu waschen, weil sie auf dem Weg nach Bethel wieder schmutzig werden würden. Dasselbe gilt für das Wechseln der Kleider: Wenn es nur darum ginge, *saubere* Kleidung zu tragen, so müssten sie die Kleider nach der Ankunft in Bethel umziehen, aber nicht vor der Reise. Wir müssen daher annehmen, dass auch die Art der Kleidung, die Jakobs Familie trug, in irgendeiner (uns nicht bekannten Weise) nicht den Maßstäben Gottes entsprach und sie sich deswegen anders kleiden sollten.

Der hier verwendete hebräische Begriff für „wechseln" (*châlaph*) bedeutet so viel wie „verändern"[11], „austauschen"[12], „abändern"[13] oder „erneuern"[14]. Die Aufforderung bezieht sich also nicht nur auf die äußere Sauberkeit der Kleidung, wie es beispielsweise in 2Mo 19,10 der Fall ist, wo die Israeliten „ihre Kleider waschen" müssen, um dem heiligen Gott in sauberer Kleidung zu begegnen. Es geht um einen Austausch der Kleidung, weil die „alten" Kleider zu dem Neuen, was ihnen jetzt bevorsteht, nicht passen.

Diese Art „Kleiderwechsel" finden wir bei Josef, als er aus dem Gefängnis geholt wird, um vor dem Pharao zu erscheinen (siehe 1Mo 41,14). Seine Gefängniskleidung ist nicht angemessen, um vor den König des Landes zu treten. Ebenso wechselt auch David seine Kleider, nachdem er sieben Tage lang fastend auf der Erde gelegen hat, bevor er aufsteht und in den Tempel geht, um Gott anzubeten (2Sam 12,20). Es geziemte sich nicht, in diesen Trauerkleidern vor Gott zu erscheinen (in diesem Fall vielleicht nicht wegen der Art der Kleidung, sondern weil sie durch das lange Liegen auf der Erde unansehnlich und unangenehm geworden war).

Es ist bemerkenswert, dass das Wort *châlaph* in der Geschichte

11 1Mo 31,7.41: Laban *veränderte* Jakobs Lohn
12 3Mo 27,10: ein gelobtes Tier darf nicht *ausgetauscht* werden
13 Jes 24,5: Satzungen wurden *abgeändert*
14 Jes 40,31: „aber die auf den HERRN harren, *kriegen neue* Kraft"; Jes 41,1: „Völker mögen *neue* Kraft gewinnen"

von David nicht nur mit „wechseln", sondern mit „andere Kleider anziehen" (Schlachter 2000) übersetzt wird[15]. Das bringt die Aussage besser auf den Punkt: Dadurch, dass David „andere Kleider" anzog, machte er deutlich, dass er nun nicht mehr trauerte. Dieselbe Übersetzung wäre im Grunde auch in der Geschichte von Jakob möglich. Dann würden seine Worte lauten: *„Zieht andere Kleider an! Wir gehen nach Bethel, dort werde ich für Gott einen Altar errichten..."*

Fazit: Es gehörte für Jakob zur Reinigung, nicht nur die fremden Götter wegzutun, sondern ebenso die Ringe aus den Ohren zu entfernen und angemessene Kleidung zu tragen, wenn er an den Ort ging, den er für heilig hielt (vgl. 1Mo 28,16-17), um dort den heiligen Gott anzubeten.

Wir hatten bei der Betrachtung von 1. Mose 24 erwähnt, dass gottesfürchtige Menschen nicht alles, was sie tun, auch immer ihrer Gottesfurcht wegen tun. Deswegen tun sie immer wieder auch Dinge, die Gott eigentlich gar nicht gefallen. Um bei dem erwähnten Beispiel zu bleiben: David heiratete mehrere Frauen, nicht *weil* er gottesfürchtig war, sondern *obwohl* er es war. Aber sein Wunsch, für Gott einen Tempel zu bauen, entstand aus seiner Liebe zu Gott – da gibt es eine direkte Verbindung. So müssen wir beim Betrachten biblischer (aber auch anderer) Vorbilder stets unterscheiden, welche ihrer Handlungen in direktem Zusammenhang mit ihrer Gottesfurcht stehen und welche damit eigentlich nichts zu tun haben.

Hier, bei Jakobs Aufbruch von Sichem, sehen wir eine Handlung, die aus einer neu erweckten Gottesfurcht heraus geschieht. Der Entschluss, Gott in Bethel einen Altar zu bauen und ihn dort anzubeten, hat Konsequenzen für Jakob und seine ganze Familie.

In diesem Kapitel sehen wir darum am Beispiel Jakobs, dass die (im Inneren) neu erweckte Gottesfurcht eine Reinigung des Lebens bis in die Äußerlichkeiten hinein bewirkt. Konkret bedeutet dies für die Familie Jakobs die Trennung von Dingen, von denen sie wissen, dass diese ihrem Gott nicht gefallen – nämlich von Götzenbildern, von Ohrringen und von Kleidern, die göttlichen Maßstäben nicht entsprechen.

Die Trennung von den Ohrringen wird häufig damit begründet, dass dieselben zu jener Zeit als Amulette (d.h. abergläubische Glücksbringer) getragen wurden und damit in enger Beziehung zu

---

15 Menge übersetzt: *„[David] legte die Trauerkleider ab".*

den „fremden Göttern" standen. So behauptet die Elberfelder-Bibel z.B. in der Anmerkung bezüglich des Ablegens der Ringe: „d.h., die sie als Amulette trugen". Die Fußnote in der Übertragung „Neues Leben" ist dagegen vorsichtiger formuliert: „Vermutlich wurden die Ohrringe als Amulette getragen." Es mag durchaus sein, dass die Ringe als Amulette getragen wurden, aber aus dem Text geht dies nicht hervor. Ob so oder anders – das Ablegen der Ohrringe ist jedenfalls eine konkrete Beschreibung dessen, wie die „Reinigung" in Jakobs Familie verstanden und praktisch vollzogen worden ist.

2.1.4 Zerrissene Kleider und wirr hängendes Haar

Sehr häufig stoßen wir in der Bibel darauf, dass Menschen „ihre Kleider" oder „ihr Gewand" zerreißen[16]. Dies geschieht in der altorientalischen Kultur als ein sichtbarer und sehr dramatischer Ausdruck des inneren Entsetzens oder der tiefen Trauer. Die zerrissenen Kleider sind ein Ausdruck für das innere Zerrissensein der Seele.

In zerrissenen Kleidern zu gehen wurde den Aussätzigen in Israel ausdrücklich befohlen (3Mo 13,45): *„Der Aussätzige, an dem die Plage ist, soll aber in zerrissenen Kleidern einhergehen, mit entblößtem Haupt, und seine Lippen soll er verhüllen, und er soll ausrufen: Unrein, unrein!"* Jeder sollte schon von weitem erkennen können: Hier geht ein kaputter, zerrissener Mensch durch die Welt.[17]

Dem Hohepriester dagegen war es ausdrücklich untersagt, seine Kleider zu zerreißen und andere ähnliche Symbole an sich zu vollziehen (3Mo 21,10): *„Derjenige aber, der Hoherpriester ist unter seinen Brüdern, auf dessen Haupt das Salböl gegossen wurde und dem man die Hand gefüllt hat, damit er die [heiligen] Kleider anziehe, der soll sein Haupthaar nicht wirr hängen lassen und seine Kleider nicht zerreißen."*

Es war Gott überhaupt nicht gleichgültig, wie der Mann, der dazu geheiligt war, sein Volk vor Gott zu vertreten, äußerlich gekleidet war, wie er seine Haare trug und ob er seine Kleider zerriss oder nicht. Ein Mann, der zum Mittler zwischen Gott und den Menschen berufen war, durfte sich nicht erlauben, sein Äußeres dem eines Aussätzigen, kultisch unreinen Menschen anzugleichen. Er sollte die Vollkom-

---

16 Siehe: 1Mo 37,29.34; 44,13; 4Mo 14,6; Jos 7,6; Ri 11,35; 1Sa 4,12; 2Sam 1,2.11; 3,31; 13,31; 1Kö 21,27; 2Kö 5,7; 6,30; 11,14; 18,37; 19,1; 22,11.19; 2Chr 23,13; 34,19; Esr 9,3; Est 4,1; Jes 37,1; Jer 41,5; NT: Mt 26,65; Mk 14,63; Apg 14,14.

17 Übrigens wird „Aussatz" fälschlicherweise weitläufig für Lepra gehalten. Die biblischen Beschreibungen des Aussatzes deuten allerdings darauf hin, dass es sich *nicht* um Lepra handelte und dass der Aussatz auch nicht ansteckend war (vgl. 3Mo 13; 2Kö 5).

menheit Gottes widerspiegeln – und durfte daher auch nicht seinen inneren Zerbruch (im Trauerfall) vor dem Volk demonstrieren, indem er seine Kleider zerstörte oder seine Haare wirr hängen ließ. (Auch der Herr Jesus hatte nie seine Kleider zerrissen.)

Dass die Menschen in biblischer Zeit durch das Zerreißen ihrer Kleider zum Ausdruck brachten, wie es ihnen innerlich ging, bestätigt einmal mehr, dass unsere Kleidung u.a. eben ein Mittel der Kommunikation darstellt. Und zerrissene Kleider vermitteln stets eine Botschaft. In den biblischen Berichten drücken die zerrissenen Kleider vor allem Trauer, Entsetzen und Unreinheit aus. Es war daher keineswegs normal für einen gesunden Menschen, dem es gut ging, in zerrissenen Kleidern umherzulaufen.

Wenn vor hundert Jahren Menschen in unserem Land zerrissene Kleider trugen, dann wohl nur deshalb, weil sie zu arm waren, um sich neue zu kaufen, oder aber zu faul, um die Kleider zu flicken. Ganz unwillkürlich demonstrierte das natürlich auch ihre Unvollkommenheit, denn die zerrissenen Kleider waren ein Beweis dafür, dass es in ihrem Leben an elementaren Dingen fehlte. Zerrissene Kleider waren damit ein Zeichen von Armut, Verwahrlosung und Unehre.

Was will aber ein verhältnismäßig wohlhabender Mensch damit sagen, wenn er heutzutage zerrissene Kleidung trägt? Auch er vermittelt damit eine Botschaft. In der Regel will er damit allerdings nicht dieselbe Botschaft vermitteln, wie die zerrissenen Kleider sie zu biblischen Zeiten hatten. Eine Botschaft haben die zerrissenen Kleider – meistens zerrissene Jeanshosen – aber auch noch heute. Die Internet-Zeitung „süddeutsche.de" schrieb am 16.04.2009[18] unter der Schlagzeile „Das Comeback der zerrissenen Jeans":

> Die Weltgeschichte lässt sich grob in zwei Phasen einteilen. Die, in der eine versehrte Hose eilig geflickt wurde. Und die, in der schon ein fransiges Loch in der Jeans ein Statement gegen den textilen Gruppenzwang – und im Grunde natürlich auch gegen alle übrigen Zwänge – bedeuten kann und deshalb nicht nur nicht geflickt, sondern provoziert wird.
> Die erste Phase dauerte ein paar tausend Jahre, die zweite begann erst in den späten Sechzigern des vergangenen Jahrhunderts. Während der großen Zeit des Punk feierte man in vollkommen zerrissenen Hosen vorbildlich die Unvollkommenheit und die große deutsche Band *Ton Steine Scherben* dichtete korrekt: „Macht kaputt, was euch kaputt macht."

18 http://www.sueddeutsche.de/leben/mode-das-comeback-der-zerrissenen-jeans-1.400547 (16.04.2009, 17:38)

Dann präsentierte sich das singende britische Pin-Up-Girl *Samantha Fox* in durchlöcherten Jeanshosen und abgerissenen Hot-Pants – und die *New Kids On The Block* oder sonstwelche Boy-Bands hoppsten in Chevignon-Hosen herum, deren weiträumige Löcher mit beschrifteten bunten Flicken des Labels unterlegt waren.

Ja, die Achtziger waren böse. Inzwischen tragen Prêt-à-Porter[19]-Models wie Mariacarla Boscono hier nebenan privat zerrissene Mode.

Aber vielleicht ist das doch keine so schlechte Pointe. Macht kaputt, was Euch kaputt macht!

Die zerrissene Jeans wird hier als ein Produkt der kulturellen Revolution der späten 60er Jahre verstanden, durch die viele traditionelle Werte „auf den Kopf gestellt" wurden. Sie wird als ein Erzeugnis der Popkultur (vor allem der Punk-Szene) und als Verherrlichung der Unvollkommenheit verstanden.

Die zerrissene Jeans ist nicht nur ein äußerst treffendes Symbol für den Zerfall der Werte, sondern dreht die Werte sogar um: Das Kaputte, Zerrissene, Hässliche wird für begehrenswert (sprich „cool") erklärt, das Heile, Schöne, Vollkommene wird als altmodisch und bieder (eben „uncool") abgestempelt.

Eine etwas „mildere Form" der zerrissenen Jeans sind die sogenannten „Used" (engl. für „benutzt") bzw. „Worn out" (engl. für „abgetragen") Effekte. Da ist der Stoff zwar unversehrt, aber die Hosen oder auch Röcke werden bewusst mit hellen Flecken versehen, sodass die Kleider aussehen, als wären sie schon alt und abgetragen. Früher würde man sagen, das sieht nach Arbeitskleidern aus und es ist peinlich, so etwas im Alltag zu tragen, höchstens zur Gartenarbeit oder ähnlichen Anlässen. Heutzutage aber wird diese Art Jeanskleidung (fast) überall getragen, zu Hause, beim Einkaufen, in der Schule und sogar im Gottesdienst.

Die wenigsten machen sich Gedanken darüber, was sie mit dieser Art Kleidung vermitteln und zu welchen Werten (oder: zu welchem Mangel an Werten) sie sich damit bekennen. Bei Frauen werden diese Effekte zudem meist an solchen Stellen angewendet, wo sie die weiblichen Konturen betonen und die Kleidung dadurch sinnliche Reize bekommt, auch wenn sie ansonsten recht bescheiden ist. Jeder

---

19 *Prêt-à-porter* ist Kleidermode, die, wie die wörtliche Übersetzung aus dem Französischen sagt, „bereit zum Tragen" ist. Unter dieser tragefertigen Bekleidung versteht man Kleidung, die im Gegensatz zur *Haute Couture* nicht nur für den Laufsteg und Models erschaffen wurde, sondern in Standardgrößen und im fertigen Zustand auf den Markt kommt.

solche helle Fleck ist eine Art „Hingucker" und lenkt die Augen der Mitmenschen eben nicht aufs Gesicht, sondern auf die Oberschenkel, auf das Gesäß oder auf das Becken. Solche Kleidung lenkt die Aufmerksamkeit nicht auf die Seele, sondern auf den Körper.

2.1.5 Tamars Witwenkleider und das improvisierte Hurengewand

Die Geschichte von Juda und Tamar ist ein weiterer Beleg dafür, dass Kleidung schon seit jeher eine Signalfunktion hat und zur wortlosen Vermittlung von Botschaften eingesetzt werden kann. Wir finden in 1Mo 38,14-15 gleich zwei Beispiele dafür, wie Kleidung Signalfunktion übernimmt: *„Da legte sie die Witwenkleider ab, bedeckte sich mit einem Schleier und verhüllte sich und setzte sich ans Tor von Enaim, am Weg nach Timna. Denn sie sah, dass Schela erwachsen war und sie ihm nicht zur Frau gegeben wurde. Als nun Juda sie sah, glaubte er, sie sei eine Hure; denn sie hatte ihr Angesicht bedeckt."*

Zunächst einmal lesen wir, dass Tamar ihre „Witwenkleider" ablegt. Es wird nicht näher beschrieben, wie diese Kleider aussehen. Das spielt im Grunde auch keine Rolle, denn diese Signalfunktion ist nicht natürlicher Art, sondern von Menschen zugeordnet[20]. Witwenkleider können in einer Kultur schwarze Kleider sein, in einer anderen Kultur wiederum ganz anders aussehen. Tatsache ist aber, dass jeder Mensch aus Tamars Umgebung an ihrer Kleidung erkennen konnte, dass sie eine Witwe war.

Nachdem Tamar die Witwenkleider abgelegt hat, bedeckt sie sich mit einem Schleier, verhüllt ihr Gesicht und setzt sich ins Tor. Wie aus dem Text erkennbar, sind das zu ihrer Zeit verständliche und eindeutige Signale, die sie gezielt einzusetzen weiß. Ohne dass sie auch nur ein Wort sagen muss, hat sie dem vorübergehenden Juda signalisiert: „Diese Frau bietet sexuelle Dienstleistungen gegen Bezahlung an. Sie ist eine Prostituierte."

Auch in Sprüche 7,10 (also etwa 1000 Jahre später) ist von „Hurenkleidung" die Rede. Die Art dieser Kleidung wird nicht näher beschrieben, es wird aber deutlich, dass die Prostituierten durch die Jahrtausende hindurch ihre Kleidung benutzten, um ihre sündigen Dienstleistungen anzubieten.

In Tamars Fall geschah dieses Werben durch zugeordnete Symbo-

---

20 d.h.: Es gibt ein von Menschen bestimmtes Symbol, das in einer bestimmten Kultur eine bestimmte Bedeutung hat.

lik, ohne dass die sinnlichen Reize ihres weiblichen Körpers sichtbar zur Geltung kamen. Die Hurenkleider waren lediglich ein „Aushängeschild", aber kein „Schaufenster". Heutzutage dagegen sehen Hurenkleider ganz anders aus – nämlich schamlos. Eine Prostituierte, die heute am Straßenrand nach „Klienten" Ausschau hält, fällt meist dadurch auf, dass sie sich schamloser und aufreizender kleidet als jede „gewöhnliche" Frau. Und je schamloser die Kleidung der „normalen" Bevölkerung wird, desto schamloser werden die Hurenkleider, denn sie müssen sich ja immer noch von den anderen absetzen.

Nach damaliger Hurenart verhüllte Tamar ihr Gesicht – und das geschah vermutlich als Zeichen der Anonymität. Es war schändlich, eine Hure zu sein. Frauen, die diesem niedrigen Gewerbe nachgingen, wollten offensichtlich nicht, dass man ihr Gesicht erkennen konnte. Tamar wollte erst recht nicht erkannt werden, da ihr „Klient" ihr eigener Schwiegervater war.

Die anonyme Art, mit der die Huren sich damals kleideten, kam für Tamar gerade passend. In heutiger Hurenkleidung hätte sie ihren Plan nicht verwirklichen können, denn heute enthüllen die Prostituierten nicht nur ihr Gesicht, sondern stellen ihren ganzen Körper „ins Schaufenster". Sie tragen keine verhüllenden Gewänder, sondern enge und kurze Kleidung, die viel Haut zeigt und die Körperform entblößt. Das ist sicher vor allem deswegen möglich, weil unsere Gesellschaft insgesamt viel schamloser ist als früher. Die Signalwirkung heutiger Hurenkleidung ist daher nicht einfach nur zugeordneter Natur (also nicht nur ein symbolisches Aushängeschild), sondern bedient sich der natürlichen Reize, die der weibliche Körper auf das männliche Auge ausübt – und verstärkt diese zusätzlich.

Wie hilft uns die Betrachtung dieser Stelle nun weiter im Bezug auf unsere Frage? (Die haben wir ja hoffentlich stets im Hinterkopf: Als geliebte Kinder Gottes wollen wir im „Lehrbuch" unseres himmlischen Vaters erfahren, wie er denkt und empfindet.) Sicher teilt uns diese Stelle noch nichts darüber mit, wie Gott denkt, aber sie zeigt uns, dass unsere Kleider wirkungsvolle Signalträger sein können – nämlich dass wir (insbesondere die Frauen unter uns) durch unsere Kleider bei anderen Menschen den Eindruck erwecken können, dass wir etwas anzubieten haben, was wir als Christen aber gar nicht anbieten wollen. Die folgende Begebenheit soll diese Tatsache verdeutlichen:

Eine gläubige Jugendliche ging täglich entlang einer Hauptstraße zu Fuß nach Hause. Ein junger Mann aus derselben Gemeinde, zu der sie gehörte, musste auch hin und wieder dieselbe Strecke fahren und nahm sie manchmal ein Stück des Weges mit. Eines Tages hielt er neben ihr an, aber sie ging ohne sich umzuschauen weiter. Er fuhr noch ein Stück vor und als sie ihn dann erkannte, stieg sie ein. Im Auto beschwerte sie sich darüber, dass sie ständig von Männern „angemacht" wird, dauernd hält jemand an und macht zweideutige Bemerkungen. Nun hatte sie leider nicht bemerkt, dass sie dieses Verhalten zum Teil selbst herabbeschwörte, natürlich ganz ohne es zu wollen.

Eigentlich war sie sehr „keusch" gekleidet, sie trug einen langen, relativ weiten Rock. Doch dieser Rock hatte einen Schlitz, der bis übers Knie reichte. Beim Gehen wurden die Waden stets entblößt.

Abb. 3: Das Äußere – Sichtschutz oder Blickfang?

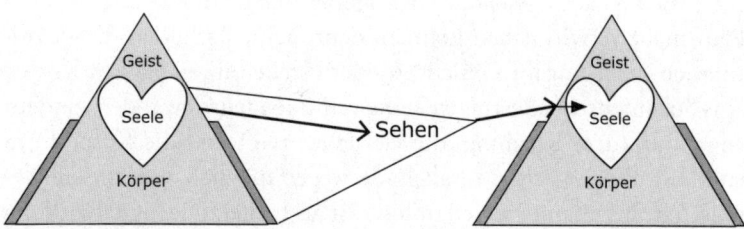

a) Ist die Kleidung und Frisur eines Menschen eher unauffällig, so konzentriert sich der Seh-Sinn seines Gesprächspartners vor allem auf sein Gesicht (das „Spiegelbild der Seele").

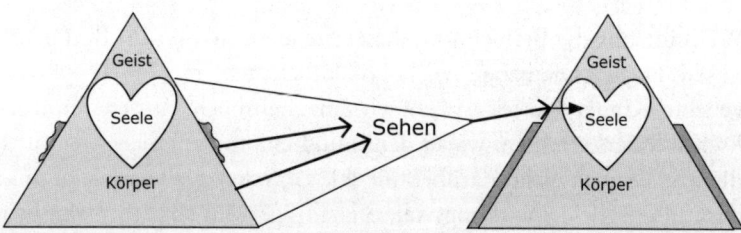

b) Ist die Person dagegen aufreizend gekleidet, so wird der Seh-Sinn ihres Gegenübers sehr stark durch eben diese Reize abgelenkt. Solche Reize können z.B. extravagante oder körperbetonte Kleidung sein, aber auch Schmuckgegenstände oder Frisur.

Jeder Schritt pulsierte somit Signale aus, die von den Männeraugen empfangen wurden – denn Frauenbeine üben eine enorme Anziehungskraft auf Männeraugen aus. Diese Anziehungskraft wird natürlich umso größer, je weiter das Bein zum Intimbereich hin entblößt wird. Die Tatsache, dass das Bein durch den Schlitz nicht ständig zu sehen ist, sondern nur ab und zu „aufblitzt", macht die Versuchung umso reizender – das Bein wird zum absoluten Hingucker.

Hätte sie den gleichen Rock ohne diesen langen Schlitz getragen – ich bin sicher, die meisten Männer würden sie für ein zurückhaltendes Mädchen halten, bei dem es nichts zu holen gibt. Aber der Schlitz, der die Signalwirkung der nackten Waden nicht nur entblößte, sondern noch verstärkte, brachte eine andere Botschaft zum Ausdruck. Ohne dies zu wollen, stellte die junge Frau im Bilde gesprochen „Ware" ins Schaufenster, die sie gar nicht verkaufen wollte. Ja, auch wenn es hart klingt, man kann wirklich sagen, dass sie mit ihrer Kleidung genau dieselben Signale mit ihrer Kleidung aussendete wie eine Hure (aber natürlich viel dezenter). Darum erntete sie auch ähnliche Reaktionen seitens ihrer männlichen Umwelt.

Da wir wissen, dass Gott Hurerei und Unzucht scharf verurteilt, sollten wir (als seine geliebten Kinder und als seine Nachahmer) unsere Kleidung bewusst anders gestalten als die heutigen Huren. Während die Prostituierten darum bemüht sind, sich vom Durchschnitt der Bevölkerung durch extrem provozierende Kleidung abzusetzen, sollten wir als Christen, da wir zur Heiligung berufen sind, uns vielmehr durch „reizarme" Kleidung absetzen; also durch Kleidung, die darauf aus ist, die körperlich-sinnlichen Reize zu verhüllen, statt sie hervorzuheben oder zu verstärken. Die Tendenz unseres Kleidungsstils sollte genau entgegengesetzt der heutigen „Hurenmode" sein.

Im Klartext bedeutet dies: Unsere Kleidung sollte nicht möglichst eng und figurbetont, sondern locker und Figur verhüllend sein. Nicht möglichst kürzer, sondern möglichst länger als beim Durchschnitt der Bevölkerung. Nicht möglichst geschlitzt oder durchsichtig, sondern möglichst blickdicht (vgl. Abb. 3).

Nun ist es ja wahr, dass auch Männer an dieser Stelle unterschiedlich empfinden. Viele christliche Männer sagen, es würde ihnen gar nichts ausmachen, wenn Frauen geschlitzte oder kurze Röcke und andere aufreizende Kleider tragen. In vielen „konservativen" Gemeinden ist es sogar an der Tagesordnung, dass die Frauenröcke gerade mal bis zum Knie reichen und auch die Oberbekleidung nicht gerade blickdicht ist. Da niemand etwas dagegen sagt, scheint das ja nicht so schlimm zu sein.

Doch wir sollten uns da nicht so leicht täuschen lassen. Zum einen ist es so, dass Männer ihre Schwächen nicht gerne zugeben und sich schwer damit tun, in der Öffentlichkeit zu bekennen, dass ihnen dieser oder jener Kleidungsstil Versuchungen bereitet. Vielleicht wird das Problem sogar verdrängt und nur ein guter Seelsorger kommt dahinter, wie viel Not aufreizende Kleidung in den Gemeinden tatsächlich verursacht.

Auf der anderen Seite sollten wir dieses „Macho-Verhalten" natürlich nicht allen Männern unterstellen. Manche christliche Männer sind in dieser Hinsicht tatsächlich weniger anfällig als andere. Das liegt vielleicht gerade daran, dass sie genau wissen, dass es Ehebruch ist, eine Frau begehrlich anzuschauen (Mt 5,28): *„Ich aber sage euch: Wer eine Frau ansieht, um sie zu begehren, der hat in seinem Herzen schon Ehebruch mit ihr begangen."* Sie üben sich daher bewusst darin, ihre Gedanken zu kontrollieren, und nehmen solche Reize irgendwann tatsächlich nicht mehr als Versuchung wahr. Zudem kommt hinzu, dass sie sich an diese Reize gewöhnen und dadurch gewissermaßen abhärten und deswegen unempfindlich werden.

Nun, das mag für diese Männer selbst zwar hilfreich sein[21], doch merken sie dann nicht, wie ihre Frauen und Töchter auf andere Männer wirken; sowohl auf ungläubige Männer als auch auf Christen, die auf diesem Gebiet empfindlicher sind als sie selbst.

Ungläubige Männer empfinden es gewöhnlich nicht als Schwäche, eine Frau begehrlich anzuschauen, sondern machen sich einen Spaß daraus. Sie gehen mit solchen Reizen in der Regel anders um als „starke" Christen. Sie haben meist keine Hemmungen, ihrer Begierde freien Lauf zu lassen (in Gedanken versteht sich). Sie fahren an heißen Tagen sehr gern durch die Stadt, um sich die leicht bekleideten Frauen und Mädchen anzusehen. Wenn man sie dann fragt, ob sie nicht eigene Frauen zu Hause haben, heißt es: „Den Appetit holt man sich auf der Straße, gegessen wird zu Hause."

---

21 Diese Abhärtung hat allerdings auch negative Seiten, nämlich die, dass durch die Abhärtung immer größere Reize zur Befriedigung des natürlichen Geschlechtstriebes erforderlich werden. Das Sexualleben in der Ehe kann darunter leiden.

Diese Erfahrung habe ich zumindest in meiner Zeit als Zivildienstleistender im Krankenwagen gemacht. Ich wollte am liebsten die Innenstadt „weiträumig umfahren", um mir die spärlich bekleideten Frauen nicht anschauen zu müssen – mein ungläubiger Kollege bestand jedoch darauf, dass wir durch die Innenstadt fahren, eben wegen seiner Lust auf diese „Fleischbeschau", wie er das nannte.

Viele Christen merken daher gar nicht, welche Wirkung ihre Frauen und Töchter mit ihren kurzen Röcken und engen Blusen auf ihre ungläubige Umwelt ausüben, indem sie sich zum Objekt ihrer Lust machen.

Aber auch wenn es um gläubige Christen geht – viele Männer sind in dieser Hinsicht eben „schwach". Sie stoßen sich daran, wenn gläubige Frauen und Mädchen so viel Haut zeigen, weil sie dadurch ständig abgelenkt werden oder weil sie gegen die Begierde in ihrem Inneren ankämpfen müssen. Die Versammlung der Gläubigen, die doch eine geistliche Oase sein sollte, wird für sie zu einem Ort der Versuchung und des Kampfes. Statt geistliche Erbauung zu empfangen, gehen sie leer oder geknickt oder verärgert nach Hause, oder sogar mit einem schlechten Gewissen.

Auf diese „Schwäche" christlicher Brüder sollte man Rücksicht nehmen und sie nicht negativ auffassen, denn sie gehört zu der von Gott geschaffenen Männlichkeit. Und wenn eine gewisse Gewöhnung auf diesem Gebiet für christliche Männer in der gottlosen Gesellschaft leider unumgänglich zu sein scheint, um ihre innere Reinheit zu bewahren, so sollten doch ihre Schwestern im Herrn ihnen den Kampf nicht zusätzlich schwer machen (Röm 14,21): *„Es ist gut, wenn du [nichts] tust, woran dein Bruder Anstoß oder Ärgernis nehmen oder schwach werden könnte."*

2.1.6 Josefs Kleider und die goldene Kette

Die Geschichte von Josef ist eine weitere Illustration dafür, dass Kleider (und andere Gegenstände am Körper) eine wichtige, kommunikative Rolle in der Gesellschaft spielen. Mehrfach erleben wir einen „Kleiderwechsel" in seinem Leben, der immer auch mit einem Wechsel in seiner Stellung gegenüber anderen Menschen zu tun hat.

Der erste Wechsel geschieht, als sein Vater Jakob ihm einen „bunten Leibrock" macht. Andere übersetzen diesen Begriff mit „Ärmelkleid" oder „langer Leibrock", es ist dasselbe hebräische Wort wie in

1Mo 3, wo es die von Gott für Adam und Eva gemachten Gewänder beschreibt.

Dieses neue Kleid ist vermutlich ein Zeichen dafür, dass Jakob in Josef seinen Erstgeborenen sieht (er war ja auch der erste Sohn von Rahel, die er eigentlich allein heiraten wollte). Jedenfalls bringt Jakob mit diesem Kleid deutlich zum Ausdruck, dass er Josef allen anderen Brüdern bevorzugt und ihn mehr liebt als alle anderen Söhne (1Mo 37,3-4): *„Israel aber hatte Joseph lieber als alle seine Söhne, weil er ihn in seinem Alter bekommen hatte; und er hatte ihm einen bunten Leibrock machen lassen. Als nun seine Brüder sahen, dass ihr Vater ihn lieber hatte als alle seine Brüder, hassten sie ihn und wollten ihn nicht mehr mit dem Friedensgruß grüßen.“*

Dieses Kleidungsstück ist ein Statussymbol: Es demonstriert die bevorzugte Stellung Josefs vor seinem Vater und bringt ihm den Hass seiner Brüder ein. Es bringt gewisserweise „das Fass zum Überlaufen", und bei der nächsten Gelegenheit ergreifen sie Josef, ziehen ihm sein Gewand aus und wollen ihn töten. Doch dann entscheiden sie anders und verkaufen ihn nach Ägypten. Seines besonderen Kleides beraubt sinkt er nun hinab auf den Status eines Sklaven.

In Ägypten steigt Josef zunächst zum Hausverwalter des Obersten der Leibwache auf. Dann kommt er aufgrund einer gemeinen Intrige der Frau seines Herrn ins königliche Gefängnis, wo er einige Jahre seines jungen Lebens fristen muss. Als Gottes Zeitpunkt gekommen ist, wird Josef herausgeholt und erlebt an diesem Tag gleich zweimal einen „Kleiderwechsel". Jedes Mal zeigen die Kleider einen neuen gesellschaftlichen Status an.

Das erste Mal ist es der Wechsel von einem Häftling zu einem königlichen Berater, der neue Kleider erfordert (1Mo 41,14): *„Da sandte der Pharao hin und ließ Joseph rufen. Und sie entließen ihn schnell aus dem Loch. Er aber ließ sich scheren und wechselte seine Kleider und ging zum Pharao hinein.“*

Und bereits eine kurze Zeit später erfolgt ein weiterer Wechsel, dieses Mal zum Herrscher von Ägypten (1Mo 41,42-43): *„Und der Pharao nahm den Siegelring von seiner Hand und steckte ihn an die Hand Josephs, und er bekleidete ihn mit weißer Leinwand und legte eine goldene Kette um seinen Hals; und er ließ ihn auf seinem zweiten Wagen fahren; und man rief vor ihm aus: ‚Beugt eure Knie!' Und so wurde er über das ganze Land Ägypten gesetzt.“*

Dass der Pharao Josef in „weiße Leinwand" kleidet, mag für unsere Augen vielleicht nicht besonders attraktiv erscheinen. Andere übersetzen das Wort mit Byssus, was so viel wie *feinster weißer Stoff aus Leinen oder Baumwolle* bedeutet. Wir können annehmen, dass Josefs neue Kleider aus dem kostbarsten Stoff Ägyptens hergestellt worden sind. Sie sind weitaus wertvoller als sein „bunter Leibrock", den sein Vater ihm einst in seiner Jugend gemacht hatte.

Diese kostbaren, strahlend weißen Kleider sind ein passendes Symbol für die neue Stellung Josefs. Ebenso die goldene Kette, die um seinen Hals gehängt wird. Diese Kette ist hier mehr als bloß ein Schmuckstück, sie ist ein Statussymbol. Ein Symbol dafür, dass der Mann, der sie trägt, der zweite Herrscher des Landes ist. Ebenso lässt Belsazar (der Vize-König Babylons) mehr als tausend Jahre später dem Propheten Daniel eine goldene Kette umhängen, um anzuzeigen, dass er der dritte Herrscher des Landes sein soll (vgl. Dan 5,29).

Zwei Mal finden wir im Alten Testament die goldene Kette als Abzeichen des obersten Regierungsbeamten, der aber *unter* dem eigentlichen Herrscher des Landes steht. In beiden Fällen handelt es sich um heidnische Könige, die dieses Symbol verleihen (ein Ägypter und ein Babylonier). Die beiden Ereignisse liegen mehr als ein Jahrtausend voneinander entfernt und doch hat die goldene Kette genau die gleiche Symbolik: Ihr Träger ist *nach dem König* der höchste Mann im Land. Die goldene Kette taucht in der Bibel aber nicht als Symbol des obersten Herrschers selbst auf.

Auch bei den Königen Israels werden als Symbole der obersten Herrschaft andere Gegenstände aus Gold oder Edelsteinen erwähnt, nämlich Krone und Armspange bei Saul (2Sam 1,10), mit Edelsteinen besetzte Krone bei David (2Sam 12,30; 1Chr 20,2), eine Krone bei Joas (2Chr 23,11). Offensichtlich ist im alten Orient die Krone auf dem Haupt das Symbol des obersten Landesherrschers und die goldene Halskette (unterhalb des Kopfes) das Symbol desjenigen, der zwar *unter* dem obersten Herrscher steht, aber *über* allem anderen Volk.[22]

Auch heute gibt es Gegenstände aus Gold, die einen symbolischen Charakter haben und den gesellschaftlichen Status einer Person an-

---

22 Im Neuen Testament tauchen goldene Kronen erst in der Offenbarung auf. Zunächst auf den Köpfen der 24 Ältesten (Off 4,4.10), hier wohl im Sinne von Ehrenkronen, dann „etwas wie Kronen" in 9,7 auf den Häuptern der „Heuschrecken" während der Zeit der fünften Posaune (wohl als Symbol eigenmächtiger Herrschsucht). Und schließlich auf dem Haupt des Einen, der „einem Sohn des Menschen glich" (14,14).

zeigen – wie zum Beispiel der Ehering, der anzeigt: Diese Person ist verheiratet. Ebenso wie die goldene Kette den Josef natürlich zugleich schmückte, aber vor allem ein Statussymbol war, ist auch der Ehering anzusehen. Natürlich schmückt er den Träger, er verunstaltet ihn ja nicht, aber in erster Linie ist es ein gesellschaftliches Status- oder besser gesagt ein Standessymbol.

2.1.7 Weitere Beispiele dafür, wie Kleider eine Botschaft vermitteln

Wir haben bereits erwähnt, dass Kleidung seit Menschengedenken eine kommunikative Funktion hat, mit anderen Worten: Sie vermittelt eine Botschaft. Eine ganze Reihe von Bibelstellen bezeugt diese Wirkung der Kleidung und anderer Äußerlichkeiten. Auf einige werden wir noch ausführlicher eingehen, andere seien hier nur kurz erwähnt:

- 2Sam 10,4-5 – Bis zum Gesäß abgeschnittene Gewänder (und damit die Entblößung der Oberschenkel) und verunstaltete Bärte waren eine Schande und eine Demütigung für die königlichen Gesandten Davids.
- 2Sam 13,18 – Davids unverheiratete Töchter trugen lange, bunte Kleider. Das war das Zeichen der Königstöchter. (Vgl. Ps 45,13-14; 2Sam 1,24)
- 2Sam 13,19 – Zerrissene Kleider und Asche auf dem Kopf waren Zeichen für tiefes Leid und großen Kummer.
- 2Sam 14,2 – „Trauerkleider" und ein ungepflegtes Äußeres waren Zeichen einer trauernden Witwe.
- 1Kö 22,10 – Ein König trug besondere Kleider, die ihn als König erkennen ließen. Niemand sonst trug solche Kleider.
- 1Kö 22,30 – Legte ein König seine königlichen Kleider ab, wurde er nicht mehr als König erkannt.
- 2Kö 9,13 – Als Zeichen der Unterwerfung breiten Männer ihre Gewänder zu Füßen des neuen Königs aus. (Vgl. Mt 21,7-8; Mk 11,7-8; Lk 19,35-36)
- 2Chr 9,4 – Sogar die Kleidung der Diener Salomos war ein Zeugnis seiner großen Weisheit.
- Esr 3,10 – Die Priester waren von dem Volk an ihren besonderen Gewändern erkennbar.
- Neh 9,1 – In Sacktuch gekleidet (und häufig mit Erde auf dem

Kopf) bezeugten Menschen ihre Reue und Buße und baten Gott um Vergebung. (Vgl. Ps 35,13; Jon 3,5)

- Est 6,8-11; 8,15 – Es war ein Ausdruck höchster Ehrung durch den König, wenn er jemanden in königlichen Kleidern vorführte.
- Dan 5,7.16.29 – Daniel wurde mit Purpur und goldener Kette als der dritte Herrscher im Land gekennzeichnet (s.a. 2.1.6).
- Im Neuen Testament erzählt Jesus im Gleichnis vom verlorenen Sohn, dass sein Vater ihm nach seiner Heimkehr das beste Kleid anzieht und – als Symbol der Sohnschaft – einen Ring an den Finger steckt (Lk 15,22). Mit dieser Handlung wird die Heilung einer zerbrochenen Beziehung sichtbar dargestellt.

2.1.8 Israeliten fordern Kleider und Wertgegenstände von den Ägyptern

Als Gott Mose den Auftrag gab, das Volk Israel aus der ägyptischen Sklaverei heraus in das verheißene Land zu bringen, gab er ihm eine spezielle Anweisung für das Volk (2Mo 3,21-22): *„Und ich will diesem Volk Gunst verschaffen bei den Ägyptern, sodass ihr nicht leer ausziehen müsst, wenn ihr auszieht; sondern die Frau eines jeden von euch soll von ihrer Nachbarin und Hausgenossin silberne und goldene Geräte und Kleider fordern; die sollt ihr euren Söhnen und Töchtern geben und Ägypten berauben."*

Einige Kapitel weiter lesen wir, dass die Israeliten den Auftrag ausführten und dass auch Gott zu seinem Versprechen stand (2Mo 12,35-36): *„Und die Kinder Israels handelten nach dem Wort Moses und forderten von den Ägyptern silberne und goldene Geräte und Kleider. Dazu gab der HERR dem Volk bei den Ägyptern Gunst, dass sie ihr Begehren erfüllten; und so beraubten sie Ägypten."*

Die „Gunst bei den Ägyptern" mag wohl darin bestanden haben, dass diese froh waren, ihre hebräischen Nachbarn loszuwerden. So gaben sie bereitwillig ihren Besitz auf, in der Hoffnung, mit den Hebräern auch die göttlichen Plagen loszuwerden. Und wenn es auch heißt, dass die Hebräer die Ägypter „beraubt" haben, so war ihre Beute doch zugleich eine Entschädigung für ihre harte Arbeit, die sie viele Jahrzehnte lang für die Ägypter geleistet haben. William MacDonald drückt es so aus: *„Wenn Gott mit den Ägyptern fertig war, wären sie froh, den Jüdinnen alles zu geben, was diese forderten! Der Reichtum, den sie so bekommen sollten, war nur eine gerechte Ent-*

schädigung für all die Sklavenarbeit, die die Juden unter der Knute der Ägypter hatten leisten müssen. Es ging nicht um Betrug, nur um eine gerechte Lohnzahlung.“[23]

Doch was sollten die Hebräer von den Ägyptern fordern? Kleider und goldene Geräte. Das mit „Geräte" übersetzte Wort bedeutet soviel wie „Utensilien", also von Menschen gemachte Gegenstände. Dasselbe Wort wird u.a. auch als „Gefäß", „Waffe", „Geschirr" oder auch „Geschmeide" übersetzt. Die Betonung liegt hier also nicht auf einer bestimmten Art von Gegenständen, sondern auf den Materialien, aus denen sie gemacht waren: Gold und Silber. Das Volk Israel sollte sich mit Gold und Silber „eindecken".

Wozu brauchte das Volk das ganze Gold und Silber? Sie würden diese wertvollen Edelmetalle nicht nur zum persönlichen Gebrauch, sondern auch für die Ausstattung der Stiftshütte, also für den Gottesdienst benötigen. So lesen wir in 2Mo 35,21-22: *„Und sie kamen – jeder, den sein Herz dazu trieb, und jeder, dessen Geist willig war; sie brachten dem HERRN eine freiwillige Gabe für das Werk der Stiftshütte und seinen ganzen Dienst und für die heiligen Kleider. Es kamen aber die Männer samt den Frauen, alle, die willigen Herzens waren, und sie brachten Nasenringe, Ohrringe und Fingerringe und Halsketten und allerlei goldene Geräte; alle, die dem HERRN Gold als freiwillige Gabe brachten."*

Gold, Silber und Edelsteine sind von Gott geschaffene Materialien, die im menschlichen Gebrauch einen besonders hohen Wert haben, teils wegen ihrer Schönheit, teils wegen ihrer Beständigkeit (da sie nicht rosten). Diese wertvollen Materialien sollten (u.a.) zur Herstellung und zur Dekoration der Stiftshütte und der dazu gehörenden Gegenstände verwendet werden. Im gottesdienstlichen Gebrauch symbolisierten sie somit Gottes Erhabenheit, seinen besonderen Wert, aber auch seine Heiligkeit.

Leider hat das Volk einen Teil des Goldes bereits vorher für den Götzendienst verwendet (2Mo 32,2-4): *„Da sprach Aaron zu ihnen: Reißt die goldenen Ohrringe ab, die an den Ohren eurer Frauen, eurer Söhne und eurer Töchter sind, und bringt sie zu mir! Da riss sich das ganze Volk die goldenen Ohrringe ab, die an ihren Ohren waren, und sie brachten sie zu Aaron. Und er nahm es aus ihrer Hand entgegen und bildete es mit dem Meißel und machte ein gegossenes Kalb. Da sprachen*

---

23 MacDonald: „Kommentar zur ganzen Bibel", Textfassung von der Software „CleVer", CLV Bielefeld.

sie: Das sind eure Götter, Israel, die dich aus dem Land Ägypten herauf-geführt haben!"

Die hebräischen Frauen, Mädchen und sogar Jungen trugen goldene Ohrringe. Diese Ringe müssen wohl ein Teil ihrer „Beute" aus Ägypten gewesen sein. Dass Aaron die Ringe sogar an den Ohren der Söhne des Volkes sah, erweckt den Anschein, dass das Volk mit dem neu erworbenen Reichtum nicht richtig umgehen konnte. Vor einigen Tagen waren sie noch Sklaven gewesen, nun aber hatten sie eine Menge Gold. So viel, dass nicht nur die Frauen und Mädchen, sondern sogar die Söhne des Volkes Ringe an die Ohren bekamen. Die goldenen Ringe an ihren Ohren sind durchaus als ein Ausdruck von Überfluss an Gold zu deuten. Während Mose auf dem Berg mit Gott redet und – unter anderem – Anweisung erhält, welche Geräte aus diesem Gold für den Gottesdienst hergestellt werden sollten (vgl. 2Mo 24,18-28,38), weiß das Volk damit nicht richtig umzugehen. So verzieren sie nicht nur ihre Frauen, sondern sogar Jungen mit Ohrringen. Und genau aus diesem Gold macht Aaron ihnen dann den ersten Götzen des Volkes, das „goldene Kalb".

Wir sehen, dass das Gold zu jener Zeit eine hohe Bedeutung für die Religionsausübung hatte, und zwar sowohl für den Götzendienst als auch für den wahren Gottesdienst in der Stiftshütte und später im Tempel. Das Volk war in 2Mo 35 bereit, ihre wertvollen Goldsachen für den Dienst in der Stiftshütte zu opfern. Vorher war es leider auch dazu bereit, ihr Gold für einen Götzen hinzugeben.

Und doch sehen wir zwischen den beiden Begebenheiten einen großen Unterschied: Der Götze „reißt ab" und reißt an sich, was eigentlich Gott gehört. Gott aber fordert zu freiwilligen Gaben auf. Aaron befahl dem Volk, dass sie ihren Frauen und Töchtern die Ringe von den Ohren „abreißen" und ihm bringen sollten. Gott aber sagte (2Mo 35,5): *„Bringt aus eurer Mitte eine freiwillige Gabe für den HERRN; jeder, den sein Herz dazu treibt, der soll sie bringen, die frei-willige Gabe für den HERRN, nämlich Gold, Silber und Erz..."*

Unter den goldenen „Geräten", die das Volk dann als freiwillige Gabe für Gott brachte, waren ebenfalls allerlei Schmuckgegenstände (2Mo 35,22). Diese schienen jedoch aus den Vorräten des Volkes entnommen zu sein. Es wird nicht gesagt, dass diese freiwilligen Gaben „von den Ohren gerissen" oder dass die goldenen Nasenringe etwa von den Nasen gezogen wurden. Es handelte sich um Gaben aus den Goldvorräten des Volkes.

2.1.9 Kleider waschen, um Gott zu begegnen

2Mo 19,9-11.14: *„Da sprach der HERR zu Mose: Siehe, ich will in einer dichten Wolke zu dir kommen, damit das Volk meine Worte hört, die ich mit dir rede, und auch dir für alle Zeit glaubt. [...] Geh zum Volk und heilige sie heute und morgen; und sie sollen ihre Kleider waschen; und sie sollen bereit sein für den dritten Tag; denn am dritten Tag wird der HERR vor den Augen des ganzen Volkes herabsteigen auf den Berg Sinai. [...] Da stieg Mose vom Berg herab zum Volk und heiligte das Volk; und sie wuschen ihre Kleider.“*

Im dritten Monat seit dem Auszug aus Ägypten plant Gott, seinem Volk in der Wüste in einer ganz besonderen Weise zu begegnen. Er will aus einer „dichten Wolke" heraus mit einer hörbaren Stimme zu ihnen reden. Auf diese Erscheinung muss das Volk sich aber vorbereiten, indem es sich „heiligt" und die Kleider wäscht.

Als Gott seinen Plan ausführt und seinem Volk erscheint, stehen die Männer und Frauen alle in sauberen, frisch gewaschenen Kleidern vor ihm. Damit bringt Gott dem Volk bei: Ich bin ein reiner, heiliger Gott, darum ist es nicht angemessen, in schmutziger Kleidung vor mir zu erscheinen[24]. Würde nun jemand vom Volk sich dem Befehl widersetzen und in schmutzigen Kleidern erscheinen, so würde er damit seine Verachtung gegenüber Gottes Befehl und gegenüber seiner Reinheit zum Ausdruck bringen.

Auch heute ist es so, dass ein Mensch mit seiner Kleidung zeigt, was ihm der Anlass, zu dem er kommt, bedeutet. Auf eine Baustelle kommt man schon mal in unsauberer Kleidung, weil man sie ohnehin wieder schmutzig macht. Aber je wichtiger ein gesellschaftlicher Anlass ist, zu dem jemand eingeladen ist, desto mehr Wert wird auf ein sauberes und ordentliches Erscheinen gelegt. Wenn jemand zur Vorsprache beim Bundeskanzler eingeladen ist, wird er sicher darauf achten, in sauberen, frisch gewaschenen Kleidern vor ihn zu treten

---

24 Bei dieser Begebenheit finden wir im Grunde die „erste Lektion" über das Waschen der Kleider, die Gott seinem Volk erteilt. In 3Mo 15-17 und anderen Stellen finden wir eine Menge weiterer Anweisungen bezüglich des Waschens der Kleider. Diese Gebote haben vor allem einen kultischen oder symbolischen Charakter (das Volk des heiligen, reinen Gottes muss ein reines Volk sein). Sie trugen aber auch enorm zur „allgemeinen Volksgesundheit" bei, weil sie ein hohes Maß an Hygiene festsetzten.

– und nicht im verschwitzten T-Shirt, das man schon eine Woche getragen hat.

Man könnte die Frage stellen: Was kümmert es Gott, ob die Kleider des Volkes gewaschen sind? Stört ihn etwa der Schweißgeruch? Oder die anderen Verschmutzungen? Das ist ganz sicher nicht der Fall... Sieht Gott nicht das Herz an? Stört er sich nicht vielmehr an der Sünde im Inneren des Menschen?

Verschmutzte Kleider sind kein Hindernis, vor Gott zu erscheinen oder seine Stimme zu hören. Wir haben zahlreiche Beispiele dafür, wie Gott zu einzelnen Menschen spricht, die ganz unvorbereitet sind. Zum Beispiel spricht Gott ganz unerwartet zu Mose, während dieser in der Wüste die Schafe hütet. Er redet zu Gideon, während dieser in verschwitzten Kleidern Weizen drischt. Das ist alles kein Problem. Warum fordert Gott hier aber frisch gewaschene Kleider?

Dass er es tut, liegt offensichtlich daran, dass die Menschen *als Gruppe* vor ihm erscheinen. Mit ihren Kleidern teilen sie sich ja gegenseitig mit, welche Bedeutung dieser Anlass, die gemeinsame Begegnung mit Gott – und damit Gott selbst – in ihren Augen hat.

Es ist Gott nicht egal, wie Menschen in Gegenwart anderer vor ihm erscheinen, wenn sie Zeit haben, sich darauf vorzubereiten. Das gilt auch heute: Ich kann immer und in jeder Kleidung zu Gott beten. Aber wenn ich beispielsweise zu einem Gottesdienst komme und Zeit habe, mich darauf vorzubereiten, dort aber verschwitzt, schmutzig und unordentlich ankomme, zeige ich den anwesenden Geschwistern oder auch Gästen, dass mir dieser Anlass nichts – oder nur sehr wenig – bedeutet.

2.1.10 Heilige Kleider des Priesters

Es ist bemerkenswert, welchen hohen Stellenwert die Kleidung des Hohenpriesters (und seiner Söhne) bei Gott hatte. Mehrere Kapitel des Alten Testaments sind der Beschreibung dieser Kleider gewidmet. In 2Mo 28 gibt Gott die Anordnung, wie diese Kleider aussehen sollen und in 2Mo 39 wird dann beschrieben, wie die Kleider dann – ganz entsprechend dieser Anordnung – tatsächlich hergestellt wurden. Auch in der Prophetie Hesekiels spielen die heiligen Priesterkleider eine Rolle (vgl. Hes 42 und 44).

Die Kleidung des Priesters ist nicht nur aus kostbarem Material und von hoher Qualität, sondern ist auch voll von Sinnbildern. Da der menschliche Hohepriester im Alten Testament ein „Schattenbild" von dem einzig wahren Hohepriester – Jesus Christus – ist, gibt es allen Grund, in seiner Kleidung Symbole auf Christus hin zu erkennen.

Diese Symbolik zu betrachten passt allerdings nicht zu unserer Thematik. Wir greifen daher nun einige Verse heraus, um einen Eindruck davon zu bekommen, wie genau Gott es mit der Kleidung seines „Stellvertreters" nahm, gehen aber nicht auf ihre symbolische Bedeutung ein.

2Mo 28,2.4-5: *„Und du sollst deinem Bruder Aaron heilige Kleider anfertigen zur Ehre und zur Zierde. [...] Das sind aber die Kleider, die sie anfertigen sollen: ein Brustschild und ein Ephod, ein Oberkleid und einen Leibrock aus gemustertem Stoff, einen Kopfbund und einen Gürtel. So sollen sie deinem Bruder Aaron und seinen Söhnen heilige Kleider machen, damit er mir als Priester diene. Dazu sollen sie Gold nehmen und Garne von blauem und rotem Purpur und Karmesin und von Leinen."*

Die Priesterkleider waren „heilige Kleider". Das bedeutet auch, dass niemand sonst im Volk sich solche Kleider hätte anfertigen oder anziehen dürfen. Sie waren ausschließlich für gottesdienstlichen Gebrauch bestimmt.

2Mo 28,32: *„Und oben in der Mitte soll eine Öffnung für den Kopf sein und ein Saum um die Öffnung her, in Weberarbeit, wie der Saum eines Panzerhemds, damit es nicht zerreißt."*

Der Hinweis auf die gesäumte Öffnung zeigt, dass die Priesterkleidung äußerst stabil und haltbar gemacht werden musste. Es war Kleidung von höchster Qualität.

2Mo 28,42-43: *„Und du sollst ihnen leinene Beinkleider machen, um das Fleisch der Blöße zu bedecken, von den Hüften bis an die Schenkel sollen sie reichen. Und Aaron und seine Söhne sollen sie tragen, wenn sie in die Stiftshütte hineingehen oder wenn sie dem Altar nahen, zum Dienst am Heiligtum, damit sie keine Schuld auf sich laden und nicht sterben müssen. Das soll eine ewige Ordnung sein für ihn und seinen Samen nach ihm!"*

Nicht nur Ober- und Untergewänder der Priester wurden vorge-schrieben, sondern sogar die Unterwäsche. Unter ihrem Untergewand sollten die Priester eine Hose tragen, die „bis an die Schenkel reichen" sollte. Da die darüber getragenen Gewänder bis zum Knöchel reichten, war dieses Kleidungsstück von außen gar nicht sichtbar – und doch bei Androhung des Todes von Gott befohlen.

Die Hose unter dem Gewand durfte nicht fehlen, wenn der Priester seinen Dienst am Altar oder am Heiligtum versah, sonst würde er Schuld auf sich laden. Vielleicht ist das ein symbolischer Hinweis darauf, dass Gott den Menschen eben von allen Seiten – sogar von unten – sieht. Und dass Gott gerade bei diesem verborgenen Kleidungsstück so ernst befahl, es unbedingt zu tragen, deutet darauf hin, dass der Priester seinen Dienst nicht vor Menschen, sondern vor Gott verrichten musste. Gottes Vorschriften mussten genau eingehalten werden, auch wenn der Unterschied vor Menschen nicht auffallen würde.

Die gesamte Kleidung des Priesters steckt voller Symbolik und kann natürlich nicht direkt als Maßstab für unsere Kleidung gelten. Es war ja auch nicht die Kleidung des normalen Volkes. Wobei man dazu sagen muss: Wir sind laut 1Pe 2,9 ebenfalls kein „normales Volk", sondern eine „königliche Priesterschaft". Und doch ist unser Priestertum von einer ganz anderen Art, nämlich von unsichtbarer Herrlichkeit, vgl. 2Kor 3,9+4,7 (Anmerkungen in geschweiften Klammern sind hinzugefügt):

2Kor 3,9: *„Denn wenn der {alttestamentliche} Dienst der Verdammnis Herrlichkeit hat, so ist noch viel mehr der {neutestamentliche} Dienst der Gerechtigkeit überströmend in Herrlichkeit."*

2Kor 4,7: *„Wir haben aber diesen Schatz in irdenen Gefäßen, damit die Überfülle der Kraft sei Gottes und nicht aus uns."*

Da wir im „neutestamentlichen Priestertum" stehen, besteht natürlich nicht der geringste Grund dazu, zu denken, wir müssten unser Äußeres mit kostbaren Kleidern, mit Gold und Edelsteinen verzieren. Im Alten Testament wird Gottes Herrlichkeit oft durch materielle, irdische Kostbarkeiten zum Ausdruck gebracht, im Neuen Testament dagegen verlieren diese ihre Bedeutung. Paulus bringt sehr deutlich zum Ausdruck, dass sein Apostelamt keineswegs mit irdischem Prunk („sichtbarer Herrlichkeit") verziert gewesen ist.

Die wahre Herrlichkeit Gottes ist in Jesus Christus – in aller Bescheidenheit, ohne Gold und Edelsteine – offenbart worden, und eben „diesen Schatz" tragen wir in „irdenen[25] Gefäßen". Mit „irdenen Gefäßen" meint Paulus unsere schwachen, zerbrechlichen Körper. Da seine ganze Rede in 2Kor 3-4 einen Vergleich zwischen dem Dienst im Alten und Neuen Testament darstellt, stehen hier die „irdenen Gefäße", d.h. Apostel bzw. Christen, im Kontrast zu den „goldenen Gefäßen", also den Priestern des Alten Testaments, die eine sichtbare Herrlichkeit ausgestrahlt haben.

Im Alten Testament war der Gottesdienst „herrlich" – und zwar war es eine sichtbare Herrlichkeit. Der Dienst des Neuen Testaments hat auch Herrlichkeit, sogar noch größere – aber diese ist vor den Augen nicht sichtbar. Sie wird in der „Überfülle der Kraft" erlebt, aber nicht in Gold und Edelsteinen. Daher ist es auch nicht angebracht, wenn christliche Kirchen (oder ihre Vorsteher) nach dem Vorbild des Tempels mit Gold und Edelsteinen verziert werden. Und erst recht passen Gold, Silber, Edelsteine und kostbare Kleider nicht zu uns Christen – sind wir doch „irdene Gefäße", welche die Herrlichkeit Christi inwendig tragen. Deshalb werden wir (vor allem die Frauen unter uns) dazu aufgefordert, auf diese Art von Schmuck zu verzichten (vgl. 1Tim 2,9; 1Pe 3,3).

Und die Tatsache, dass Gott der Beschreibung der Priesterkleidung so viel Raum widmet, zeigt uns ein weiteres Mal: Das Äußere seiner Heiligen – insofern sie Einfluss darauf haben – ist Gott nicht gleichgültig. Deswegen wird auch im Neuen Testament Stellung dazu genommen. Nur sieht die „priesterliche Kleidung" von uns Christen ganz anders aus, als von den Priestern des Alten Testaments. Ihre Kleidung war prunkvoll – weil Gott es so gewollt hat. Unser Äußeres dagegen soll bescheiden sein, ohne Gold und Edelsteine – eben weil Gott es von seinem neuen „königlichen Priesterum" so wünscht. Die Priester mussten die Kleider „per Gesetz" tragen, zum Teil unter Androhung von Todesstrafe. Wir sind aufgerufen, aus Liebe zu seinem Sohn danach zu streben, IHM in allem ähnlich zu werden und uns als „geliebte Kinder" unter den Willen unseres Vaters zu stellen.

---

25   irden = aus Erde bestehend; hier eine Anspielung auf die äußerliche Unansehnlichkeit bzw. Wertlosigkeit

2.1.11 Kleider aus zweierlei Stoff

3Mo 19,19b (s.a. 5Mo 22,11): *„...und es soll kein Gewand auf deinen Leib kommen, das aus zweierlei Garn gewoben ist.“*

Die Aufforderung, keine Kleider aus verschiedenen Materialien herzustellen, stellt uns vor die Frage: Wo ist dieses Gebot einzuordnen? Warum hat Gott es gegeben? Hat es einen moralischen oder einen zeremoniellen Charakter?

Wie bereits erwähnt macht das Alte Testament keine „kapitelweise“ Einteilung zwischen moralischen und zeremoniellen Geboten. So lesen wir im Vers davor (3Mo 19,18): *„Du sollst nicht Rache üben, noch Groll behalten gegen die Kinder deines Volkes, sondern du sollst deinen Nächsten lieben wie dich selbst! Ich bin der HERR.“* Das ist ganz offensichtlich ein moralisches Gebot, nicht nur weil Jesus das später bestätigt, sondern weil Gott selbst den Hinweis macht: „Ich bin der HERR.“ Dieses Gebot gründet sich auf Gottes „Moralvorstellungen“.

Der Vers 19 dagegen wird mit anderen Worten eingeleitet. Lesen wir den Vers einmal ganz: *„**Meine Satzungen** sollt ihr halten. Bei deinem Vieh sollst du nicht zweierlei Arten sich paaren lassen und dein Feld nicht mit zweierlei Samen besäen, und es soll kein Gewand auf deinen Leib kommen, das aus zweierlei Garn gewoben ist.“*

Die Überleitung auf die Anti-Vermischungs-Befehle ist also im Grunde: *„Ich bin der HERR. Meine Satzungen sollt ihr halten.“* Der Vers 19 beschreibt somit einige „Satzungen“ Gottes, die er für sein auserwähltes Volk gegeben hat.

Was sind denn Satzungen? Wir lesen immer wieder, dass in der Bibel Gottes Vorschriften in „Gebote“, „Gesetze“ und „Satzungen“ differenziert werden, zum Beispiel:

1Mo 26,5: *„weil Abraham meiner Stimme gehorcht und meine Vorschriften, meine **Gebote**, meine **Satzungen** und meine **Gesetze** beachtet hat.“*

2Mo 18,20: *„und erläutere ihnen die **Satzungen** und die **Gesetze**, und tu ihnen den Weg kund, auf dem sie wandeln, und das Werk, das sie tun sollen.“*

Lk 1,6: *„Beide aber waren gerecht vor Gott und wandelten untadelig in allen **Geboten** und **Satzungen** des Herrn.“*

Ganz gleich ob Gesetz, Gebot oder Satzung – für das Volk Israel war alles gleicherweise verbindlich. Darum ist es oft nicht einfach, das eine vom anderen zu unterscheiden. Aber die Tatsache, dass Gott selbst eine Unterscheidung seiner Anweisungen vornimmt, zeigt uns, dass die einzelnen Vorschriften durchaus verschiedenen Charakter haben können.

Im heutigen Sprachgebrauch bezeichnen wir als „Gesetze" allgemein verbindliche Rechtsnormen, die in einem förmlichen Verfahren von dem dazu ermächtigten staatlichen Organ (Gesetzgeber) erlassen worden sind. Unter einer „Satzung" dagegen verstehen wir eine schriftlich niedergelegte rechtliche Ordnung, die sich ein Zusammenschluss von Personen (z.B. ein Verein oder eine Körperschaft) gibt.

Eine Satzung ist nie allgemein verbindlich, sondern nur für einen bestimmten Personenkreis. So ist im Alten Testament auch die Rede von den Satzungen der Nachbarvölker Israels, die sie sich selbst auferlegt hatten. Israel aber sollte Gottes Satzungen halten (vgl. 3Mo 20,22-23).

Gott gab seinem Volk neben den Gesetzen (den allgemein verbindlichen Maßstäben, die allen Menschen gelten) auch Satzungen, ganz speziell für sie und ihr Leben im Lande Kanaan. Die Anweisung, keine Kleider aus zwei Stoffen herzustellen und solche nicht zu tragen, ist eine solche Satzung. Sie diente wahrscheinlich als ein „Denkzettel", sich nicht mit heidnischen Völkern zu vermischen, und gehört in eine Reihe mit ähnlichen Geboten, in deren Zusammenhang sie erwähnt wird:

3Mo 19,19: „.... *Bei deinem Vieh sollst du nicht zweierlei Arten sich paaren lassen und dein Feld nicht mit zweierlei Samen besäen...*"

5Mo 22,9-10: „*Du sollst deinen Weinberg nicht mit zweierlei Samen besäen, damit nicht das Ganze dem Heiligtum verfällt,*[26] *der Same, den du gesät hast, und der Ertrag des Weinbergs. Du sollst nicht zugleich mit einem Rind und einem Esel pflügen.*"

Im gewissen Sinne sind diese Gebote eine Illustration eines Prinzips, das wir im Neuen Testament finden (2Kor 6,14): „*Zieht nicht in einem fremden Joch mit Ungläubigen! Denn was haben Gerechtigkeit und Gesetzlosigkeit miteinander zu schaffen? Und was hat das Licht für Gemeinschaft mit der Finsternis?*"

---

26 Der Ausdruck „*damit nicht das Ganze dem Heiligtum verfällt*" ist ein Hinweis darauf, dass es sich hier um ein zeremonielles Gesetz handelt, das in Verbindung mit dem Tempeldienst steht.

2.1.12 Die Quaste an den Zipfeln der Oberkleider

Wenn wir in 5Mo 22 gleich den nächsten Vers lesen, stoßen wir auf eine weitere Satzung Gottes für sein Volk Israel (5Mo 22,12): *„Du sollst dir Quasten machen an die vier Zipfel deines Überwurfs, mit dem du dich bedeckst."* Der Sinn dieser Satzung ist in diesem Kapitel nicht ersichtlich, wird aber klar, wenn wir in 4Mo 15 nachlesen, wann und warum Gott seinem Volk diese Satzung gegeben hat. Zunächst lesen wir von einem Mann, der – Gottes Geboten zum Trotz – am Sabbat seine Alltagsarbeit verrichtet hat. Nach seiner Bestrafung setzt Gott die Quasten an den Zipfeln der Kleider als eine Art „Denkzettel" für sein Volk ein (4Mo 15,32-41):

„Als die Israeliten sich in der Wüste befanden, trafen sie einen Mann, der am Sabbattage Holz auflas. Da brachten die, welche ihn beim Holzlesen angetroffen hatten, ihn zu Mose und Aaron und zu der ganzen Gemeinde, und man legte ihn in Gewahrsam; denn es lag noch keine Bestimmung darüber vor, was mit ihm geschehen solle. Da gebot der HERR dem Mose: ‚Der Mann soll unbedingt mit dem Tode bestraft werden: die ganze Gemeinde soll ihn außerhalb des Lagers steinigen!' So führte ihn denn die ganze Gemeinde vor das Lager hinaus, und man warf ihn mit Steinen tot, wie der HERR dem Mose geboten hatte.

Weiter gebot der HERR dem Mose folgendes: ‚Gib den Israeliten die Weisung, dass sie sich Quasten an die Zipfel ihrer Obergewänder setzen, sie und ihre kommenden Geschlechter, und dass sie an jeder Zipfelquaste eine Schnur von blauem Purpur anbringen. **Die Quasten sollen euch dann dazu dienen, dass ihr bei ihrem Anblick aller Gebote des HERRN gedenkt,** *um nach ihnen zu tun und nicht von mir abzufallen nach den Gelüsten eures Herzens und eurer Augen, durch die ihr euch zum Treubruch verführen lasst. Ihr sollt vielmehr aller meiner Gebote eingedenk bleiben und nach ihnen tun und so eurem Gott geheiligt sein: ich bin der HERR, euer Gott, der euch aus dem Land Ägypten weggeführt hat, um euer Gott zu sein, ich, der HERR, euer Gott!'"*

Da diese Satzung speziell für das Volk Israel in der Zeit des Gesetzes gilt und ganz offensichtlich keinen direkten moralischen Wert hat, ist es klar, dass wir als Christen keine Quasten an den Kleidern tragen müssen. Auch wenn es nicht falsch ist, sich selbst irgendwelche „Denkzettel" anzueignen (wie z.B. die „WWJD[27]"-Armbänder), um ständig an Gottes Willen erinnert zu werden, haben wir doch das gewaltige Vorrecht, dass Gottes Geist in uns wohnt, der uns zur rechten Zeit

27 WWJD = „What would Jesus do?", dt.: „Was würde Jesus tun?"

an Gottes Worte erinnert (Joh 14,26): *„der Beistand aber, der Heilige Geist, den der Vater senden wird in meinem Namen, der wird euch alles lehren und euch an alles erinnern, was ich euch gesagt habe."*

2.1.13 Haupthaar, Bart, Einschnitte, Tätowierungen

3Mo 19,27-28: *„Ihr sollt den Rand eures Haupthaares nicht rundum abschneiden, auch sollst du den Rand deines Bartes nicht beschädigen. Ihr sollt keine Einschnitte an eurem Leib machen für eine abgeschiedene Seele, und ihr sollt euch keine Zeichen einätzen! Ich bin der HERR."*

In diesen zwei Versen lesen wir vier Vorschriften, die sich alle auf das Äußere eines Menschen beziehen und bei den Nachbarvölkern Israels offensichtlich verbreitet waren:

* Rand des Haupthaares nicht rundum abschneiden
* Rand des Bartes nicht beschädigen
* Keine Einschnitte am Körper machen
* Keine Zeichen einätzen

Die Abschlussworte „Ich bin der HERR" scheinen auch hier eine Art Bekräftigung zu sein: „So wahr ich der HERR bin, sollst du das nicht tun." Das ist auch ein Hinweis darauf, dass es hier um göttliche Moralvorstellungen gehen muss.

Die erste Vorschrift betrifft den Rand (oder „die Ecken") des Haupthaares. Menge übersetzt: *„Ihr dürft euer Haupthaar an den Schläfen nicht rund scheren."* Diese Übersetzung ist wahrscheinlich die sinnvollste.[28] Der Gedanke hinter dieser Vorschrift erschließt sich nämlich durch den Zusammenhang mit den drei folgenden Anweisungen. Diese drei beziehen sich eindeutig auf die Beschädigung oder Verunstaltung des eigenen Körpers. Daher ist anzunehmen, dass diese Aufforderung sich auf eine Art von „Frisur" bezieht, durch welche das natürliche Aussehen eines Menschen zerstört und sein Äußeres damit verunstaltet wird.

Die zweite Aussage betrifft den Bart – sein Rand soll nicht „beschädigt" (oder „verdorben") werden. Laut Dr. Roger Liebi sind mit dem „Rand des Bartes" die Haare im Übergang von Bart- zu Haupthaar gemeint. Im Judentum wurde daraus abgeleitet, dass der Bart nicht wegrasiert werden sollte. Allerdings geht es hier nicht um eine

---

28 „Nicht rund abschneiden die Ecken des Hauptes" ist laut Dr. Roger Liebi ein „Verbot des randförmigen Rasierens des Schläfenbereiches bis zum anderen Schläfenbereich (wie es gemäß Herodot 3,8 gewisse arabische Stämme zur Ehre eines ihrer falschen Götter taten)."

„Entfernung", sondern um eine „Beschädigung" des Bartes. Das Verb „beschädigen" wird an vielen Stellen der Bibel verwendet, wo es um vorsätzliche, gewaltsame Zerstörung geht. Es bezieht sich nicht auf ein einfaches „Entfernen", sondern auf das „Ruinieren" einer Sache oder Person. So bedeuten diese Worte wohl kaum, dass alle Männer Bärte tragen müssen. Es geht hier darum, dass ein Mann, der einen Bart trägt, diesen nicht wild verunstalten darf.[29]

Die dritte Vorschrift spricht über Selbstverstümmelung und ist sehr einfach zu verstehen. Gott will nicht, dass wir unserem Körper vorsätzliche Verletzungen zufügen. Nicht als ein Zeichen der Totenklage und auch nicht aus anderen Gründen. Auch die vierte Vorschrift spricht über eine Art Selbstverstümmelung, nämlich über Tätowierung, bei der beliebige Zeichen in die Haut eingeätzt werden.

Fazit: Sowohl die erste als auch die zweite Vorschrift lehren uns, dass Gott – unser himmlischer Vater – Wert darauf legt, dass wir unsere Haare und den Bart nicht verunstalten – wie es bei heidnischen Völkern wahrscheinlich Sitte war. Unser Äußeres soll in natürlicher Weise gepflegt sein. Die dritte und die vierte Vorschrift lehren uns, dass es ihm nicht gefällt, wenn wir unserem Körper Verletzungen durch Einschnitte oder Tätowierungen zufügen.

2.1.14 Männersachen und Frauenkleider

5Mo 22,5: *„Eine Frau soll keine Männersachen auf sich haben, und ein Mann soll keine Frauenkleider anziehen; denn jeder, der dies tut, ist dem HERRN, deinem Gott, ein Gräuel."*

Wir haben bereits einige Satzungen Gottes in 5Mo 22 betrachtet, die Gott dem Volk Israel gab. Dieses Kapitel enthält jedoch auch eine Reihe von Geboten, die einen moralischen Charakter haben. Dazu gehören vor allem die ersten acht Verse. Schauen wir uns die Verse einmal an.

a) Der unmittelbare Zusammenhang der Anweisung

Ein Großteil der Vorschriften in den Versen 5Mo 22,1-8 ist auch in unserer heutigen Gesetzgebung fest verankert. Zwar ist die Formulierung anders – aber der Grundgedanke bleibt derselbe.

---

29 Obwohl es in der griechisch-römischen Kultur üblich war, keinen Bart zu tragen, wird dieses Gebot im Neuen Testament nirgends zur Sprache gebracht. Das bestätigt die aus dem Zusammenhang abgeleitete Auslegung, dass Gott sich hier nicht gegen eine Entfernung des Bartes, sondern gegen seine Verunstaltung wendet.

5Mo 22,1-4: *„Du sollst nicht zusehen, wie das Rind oder Schaf deines Bruders irregeht, und du sollst dich ihnen nicht entziehen; sondern du sollst sie deinem Bruder unbedingt wieder zurückbringen. Wenn aber dein Bruder nicht in deiner Nähe wohnt oder du ihn nicht kennst, so sollst du sie in dein Haus aufnehmen, dass sie bei dir seien, bis dein Bruder sie sucht, und dann sollst du sie ihm zurückgeben. Ebenso sollst du es auch mit seinem Esel machen, und so sollst du es mit seinem Gewand machen, und so sollst du es mit allem Verlorenen machen, das dein Bruder verliert und das du findest; du kannst dich ihm nicht entziehen. Du sollst nicht zusehen, wie der Esel deines Bruders oder sein Rind auf dem Weg fallen, und du sollst dich ihnen nicht entziehen, sondern du sollst ihnen unbedingt aufhelfen."*

Nur weil die meisten von uns heute keine Esel und Rinder haben, heißt das noch lange nicht, dass diese Gebote für uns ohne Bedeutung sind. Es geht hier um die Frage: Wie gehe ich mit dem Besitz meines Nächsten um? Wie gehe ich damit um, wenn ich etwas finde, was ein anderer verloren hat? Wie gehe ich damit um, wenn ich sehe, dass der Besitz meines Nächsten in Gefahr geraten ist? Die Antwort ist: Kümmere dich um den verlorenen oder gefährdeten Besitz deines Nächsten! Einen Verstoß gegen diese Gebote nennen wir heutzutage auch „Unterlassene Hilfeleistung".

Da es hier in erster Linie um „lebenden Besitz" geht, steckt zugleich auch die Moral in diesen Versen, dass man eine gewisse „Achtung vor dem Leben" haben soll: Nur weil der gestürzte Esel nicht *dir* gehört, heißt es nicht, dass du ihm nicht helfen sollst. Gehe nicht rücksichtslos mit deinen Mitgeschöpfen um, sondern schütze die Schöpfung!

Auf den Vers 5 kommen wir gleich zu sprechen, lesen wir zuerst noch die Verse 6-8.

5Mo 22,6-7: *„Wenn du zufällig auf dem Weg ein Vogelnest antriffst, auf irgendeinem Baum oder auf der Erde, mit Jungen oder mit Eiern, während die Mutter auf den Jungen oder auf den Eiern sitzt, so sollst du die Mutter nicht samt den Jungen nehmen; sondern du sollst die Mutter auf jeden Fall fliegen lassen, und die Jungen kannst du dir nehmen, damit es dir gut geht und du lange lebst."*

In unserer Zeit hören wir immer wieder Stichworte wie „Nachhaltige Wirtschaft" und „Artenschutz". Genau darum geht es auch hier. Schütze die Schöpfung, beute sie nicht rücksichtslos aus, nimm nicht alles, was du bekommen kannst, sondern achte darauf, dass die

Natur sich regenerieren kann – „damit es dir gut geht"! Denn wenn es der Natur gut geht, geht es auch dir gut.

Auch der Vers 8 ist für uns durchaus von Bedeutung (5Mo 22,8): *„Wenn du ein neues Haus baust, so mache ein Geländer um dein Dach herum, damit du nicht Blutschuld auf dein Haus lädst, falls jemand von ihm herunterfällt."*

Im alten Orient war das Dach eines Hauses nicht einfach nur eine Abschirmung gegen Sonne, Wind und Regen, sondern auch ein Aufenthaltsort. Man könnte seine Funktion mit einem heutigen Balkon vergleichen. Und wer heute einen Balkon ohne Geländer baut, macht sich strafbar, weil er Menschen in ernsthafte Gefahr bringt. Er riskiert damit, der „fahrlässigen Tötung oder Körperverletzung" (bzw. „Blutschuld") schuldig zu werden.

In Deutschland ist es auch nicht erlaubt, ein Dach zu decken, ohne das ganze Haus vorher einzurüsten und die Bauarbeiter mit entsprechenden Auffangnetzen abzusichern. Ähnliche Sicherheitsvorschriften finden wir auch in allen Berufsgenossenschaften, denn der Personenschutz ist in Deutschland ein wichtiges Thema. Auch hier geht es um den Schutz der Schöpfung Gottes. Dieser Schutz wird durch vorausschauende Sicherheitsvorkehrungen verwirklicht, die das Leben und die Gesundheit von Menschen schützen sollen.

b) Die Anweisung im Licht der benachbarten Verse

Wenden wir uns nun dem ausgelassenen Vers zu.

5Mo 22,5: *„Eine Frau soll keine Männersachen auf sich haben, und ein Mann soll keine Frauenkleider anziehen; denn jeder, der dies tut, ist dem HERRN, deinem Gott, ein Gräuel."*

Was hat dieser Vers inmitten von „Schutzgesetzen" verloren?

1. Genauso wie es Gott wichtig ist, dass wir fremden Besitz zurückgeben, ist ihm auch wichtig, dass wir nicht die Kleidung des anderen Geschlechts anziehen.

2. Genauso wie es Gott wichtig ist, dass wir die Artenvielfalt schützen, ist ihm auch wichtig, dass wir den von ihm geschaffenen Unterschied zwischen Mann und Frau auch im äußeren Erscheinen schützen.

3. Genauso wie es Gott wichtig ist, dass wir am Balkon ein Geländer aufbauen, damit niemand herunter fällt, ist ihm auch wichtig,

dass wir ein „Geländer" aufbauen, welches dafür sorgt, dass ein Mann ein Mann bleibt und eine Frau eine Frau bleibt.

Genauso? Nein, eigentlich sogar noch mehr. Keine andere Schutzvorschrift wird so radikal begründet: *denn jeder, der dies tut, ist dem HERRN, deinem Gott, ein Gräuel.* " Die Begründung lautet somit: „Gott verabscheut jeden, der so etwas tut."

Dieser Nachsatz bringt unmissverständlich zum Ausdruck, dass es sich bei dieser Vorschrift um ein zeitloses, moralisches Gebot handelt, weil es um Gottes (zeitlose) Moralvorstellung geht. Die besondere Härte liegt darin, dass Gott nicht bloß dieses Verhalten, sondern die Person, die „dies tut", verabscheut. Wir kommen nicht umhin zu sagen, dass dies auch heute noch gilt: Eine Person, die ganz bewusst Kleidung (oder andere[30] äußerliche Merkmale) des anderen Geschlechts trägt, macht sich vor Gott zu etwas Abscheulichem.

Wir haben bereits betrachtet, dass Kleidung einen kommunikativen Charakter hat. Wer Kleidung des anderen Geschlechts trägt, vermittelt damit eine Botschaft, nämlich die, dass er oder sie für einen Menschen vom anderen Geschlecht gehalten werden möchte. Damit bringt die Person eine Rebellion zum Ausdruck. Entweder die Rebellion dagegen, dass sie eine Frau oder ein Mann ist, oder eine allgemeine Rebellion gegen die göttliche Schöpfungsordnung der Geschlechtlichkeit überhaupt.

c) Gedankliche Verbindung zur heutigen Frauenhose

In unserer Zeit bringt dieser Vers vor allem die Frage hervor, ob eine Hose als Frauenkleidung gelten kann oder nicht. In unserer Gesellschaft hat sich die Hose – die über Jahrhunderte hinweg ein Kleidungsstück der Männer war – mittlerweile auch als Frauenkleidung eingebürgert. Die wenigsten Frauen tragen Hosen tatsächlich mit der Absicht, für Männer gehalten zu werden. Daher ist es sicherlich nicht berechtigt, einfach pauschal zu behaupten, dass eine Frau in Hosen ein „Gräuel" vor Gott ist, obwohl sie nicht im Geringsten daran denkt, dass sie Männerkleidung tragen könnte. Auch tragen manche Frauen zu Hosen andere Kleidungsstücke oder Frisuren, die „typisch weiblich" sind und achten damit bewusst insgesamt auf ein

---

30 Das Wort „Männer*sachen*" ist nicht nur auf Kleidung bezogen, sondern kann auch andere für den Mann typische Gegenstände bezeichnen. „Frauen*kleider*" ist allerdings ein Wort, das sich ausdrücklich auf Kleidung bezieht.

typisch weibliches Erscheinungsbild. Wir wollen daher keine voreiligen und falschen Pauschalurteile aussprechen. Wir wollen die Frage damit aber auch nicht einfach abtun, denn auch das wäre voreilig und falsch.

Die Frage einfach abzutun wäre falsch und leichtfertig, weil es sich nicht leugnen lässt, dass die heutige Frauenhose das Produkt einer antigöttlichen ideologischen Bewegung ist, deren erklärtes Ziel unter anderem darin liegt, den Unterschied zwischen Mann und Frau auszulöschen. Gerade die Tatsache, dass die Hose in unserer Zeit als Kleidung für Frauen akzeptiert wird, ist ein Meilenstein der feministischen Bewegung. Daran wird erkennbar, wie weit diese Bewegung unsere Gesellschaft bereits durchsetzt hat.

Lutz von Padberg schreibt über die Ziele der feministischen Bewegung der 68er: *„Kinderversorgung und Hausarbeit sollen ebenso wie die Erziehung zwischen Mann und Frau bzw. der Wohngemeinschaft aufgeteilt oder von öffentlichen ‚Kinderversorgungseinrichtungen‘ übernommen werden. Jungen und Mädchen sollen vollkommen gleich erzogen werden, um jede Form von ‚Sex-Stereotypen‘ zu vermeiden. **Dadurch werden sich die Geschlechter in Kleidung, Haartracht und Verhalten annähern...**"*[31]

Dieses Zitat macht uns deutlich, dass die Frauenhose keine kulturell neutrale Angelegenheit darstellt. Sie ist ein wichtiges Zwischenziel auf dem Weg einer gottlosen Ideologie, ein Markenzeichen für den Abbau der Geschlechterunterschiede.

Wir sollten uns also im Klaren darüber sein, dass eine Frau in Hosen sich (auch heute noch) zur Gleichstellung der Geschlechter bekennt – bewusst oder unbewusst. Ein „Ja" zur Frauenhose ist darum immer auch ein „Ja" zur Gleichstellung[32] der Geschlechter.

Auf die Frage: „Ist eine Frau in Hosen ein Gräuel vor Gott?", könnte man deshalb auch anders antworten: Insofern sie damit nicht die Absicht hat, sich wie ein Mann zu kleiden, dürfen wir das über sie nicht sagen. Genauso wenig ist eine Person ein Gräuel vor Gott, die gewaltsam (gegen ihren Willen) in Kleidung des anderen Geschlechts hinein gezwängt worden ist. Eine Sünde geschieht nämlich immer im Herzen.

---

31 L. v. Padberg, „Feminismus", S. 105; Hervorhebung hinzugefügt.

32 Mann und Frau sind vor Gott gleichwertig, aber verschiedenartig. Wenn wir hier negativ von der Gleichstellung der Geschlechter reden, so bezieht sich das nicht auf die Gleichwertigkeit von Mann und Frau, sondern auf die Verwischung der göttlichen Schöpfungsordnung in der Gesellschaft.

Wenn die Frau nun aber (unbewusst) von einer anti-göttlichen Ideologie in diese Kleidung „kulturell hineingezwängt" worden ist, so müssen wir sagen: **Diese Ideologie ist ein Gräuel vor Gott!** Denn es heißt: *„wer solches tut, ist ein Gräuel"*. Eine Ideologie, die den Frauen die gleiche Kleidung verpasst wie Männern, ist ein Gräuel vor Gott.

Es geht also darum, zu durchschauen, von wem ich meine Maßstäbe für akzeptable Kleidung herleite – und welche Ideologie ich mit meiner Kleidung unterstütze.

d) Eine herausfordernde Konfrontation mit der Gesellschaft

Wir merken, dass wir langsam heißen Boden unter den Füßen bekommen. Plötzlich geht es nicht mehr um die Frage: „Ist die Hose in unserer Zeit ein weibliches Kleidungsstück?" Diese Frage hat unsere Gesellschaft längst mit einem „Ja" beantwortet. Es geht aber nun um die Frage, ob unsere Gesellschaft denn überhaupt einen Wert darauf legt, dass Frauen und Männer sich im Äußeren unterscheiden. Die Antwort ist „Nein". Damit disqualifiziert sich unsere Gesellschaft aber als entscheidende Instanz in unserer Frage. Denn wer keinen Wert darauf legt, dass Männer und Frauen sich unterscheiden, der ist auch nicht dazu befähigt, festzulegen, was männliche und was weibliche Kleidung ist.

Die nächste Frage ist daher: Bin ich bereit, mich gegen den Trend der Gesellschaft zu stellen? Bin ich bereit, mich dazu zu bekennen, dass Gott Mann und Frau verschiedenartig und mit verschiedenen gesellschaftlichen Aufgaben geschaffen hat? Und dazu, dass er offensichtlich einen Unterschied in ihrer Bekleidung haben möchte?

Die antigöttliche Tendenz der heutigen Gesellschaft zielt darauf ab, den Unterschied zwischen Mann und Frau so weit wie möglich zu verwischen – und zwar in allen Instanzen: In der Politik, auf dem Arbeitsplatz, in der Freizeit, in der Familie und auch in der Gemeinde. Wenn wir (als Gottes geliebte Kinder) uns „nicht dieser Welt gleich formen" wollen, müssen wir uns diesem Trend entgegenstellen und – für uns persönlich – klare Grenzen ziehen. Dazu gehört auch eine klare Grenze in der Kleidung, die einen deutlichen Unterschied zwischen Männern und Frauen gewährleistet.

Angesichts der massiven Veränderungen in der Gesellschaft mag es uns vielleicht sinnlos erscheinen, uns diesen entgegenzustellen.

Abb. 4: Moralische Schranken und der Zerfall der Werte

Eine Kugel auf einer schiefen Ebene hat stets die Neigung, nach unten zu rollen. Ihre Abwärtsbewegung kann jedoch mit einer Schranke aufgehalten werden. Wird die Schranke jedoch entfernt oder zu niedrig angesetzt, rollt die Kugel weiter hinab, bis sie wieder an eine Schranke stößt.

Dasselbe Prinzip lässt sich auf den Zerfall moralischer Werte übertragen:
* *Es gibt gewisse Schranken, die den Zerfall einer Gesellschaft oder Gemeinschaft aufhalten können.*
* *Werden diese Schranken abgebaut, sinkt das moralische Niveau bis zur nächsten Schranke herab, usw.*

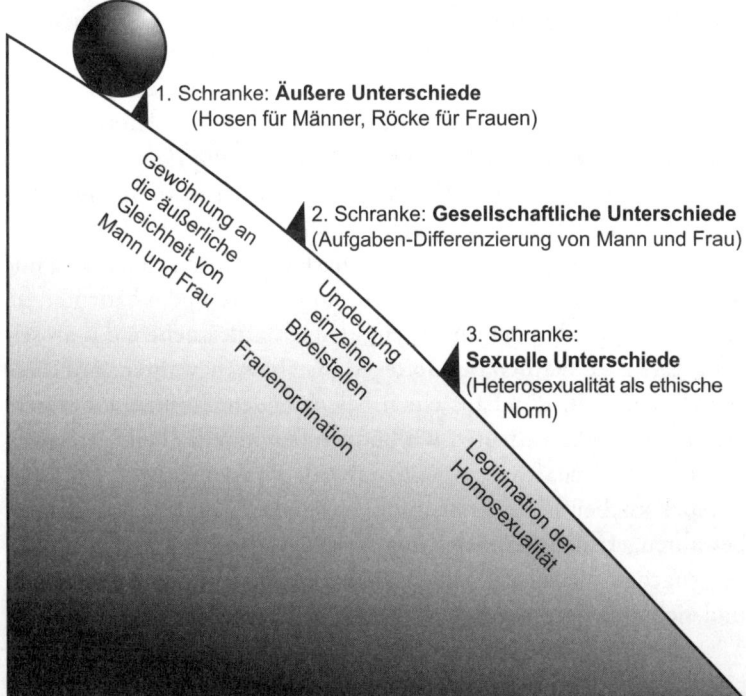

1. Schranke: **Äußere Unterschiede**
   (Hosen für Männer, Röcke für Frauen)

Gewöhnung an die äußerliche Gleichheit von Mann und Frau

2. Schranke: **Gesellschaftliche Unterschiede**
   (Aufgaben-Differenzierung von Mann und Frau)

Umdeutung einzelner Bibelstellen

Frauenordination

3. Schranke:
Sexuelle Unterschiede
(Heterosexualität als ethische Norm)

Legitimation der Homosexualität

Diese Grafik soll verdeutlichen, warum es sich lohnt, den Kampf um die (erste) moralische Schranke in der Gemeinde nicht aufzugeben: Geben wir den Kampf an dieser Front auf, so eröffnen sich automatisch neue Fronten, die keineswegs „angenehmer" sind.
In vielen bibeltreuen Gemeinden ist die erste Schranke heute kein Thema mehr; dafür aber bewegen sich die Kämpfe auf umso „heißerem Boden" (wie z.B. Legitimierung der Frauenordination oder der Homosexualität).

Die Maßstäbe werden schrittweise heruntergeschraubt und wir haben den Eindruck, dass wir nichts dagegen unternehmen können, wir fühlen uns klein wie Grashüpfer, die Riesen bekämpfen müssen[33]. Man redet uns ein, dass jeder Trend der Gesellschaft nach etwa 20 Jahren auch in die Gemeinde kommt. „Wozu sich denn so lange wehren?", fragt sich manch ein Christ. Wenn wir früher oder später ohnehin mitgehen – warum nicht gleich? Müssen wir der Zeit immer einfach nur hinterher hinken als ewige Hinterwäldler?

Nun ist ja nicht jede gesellschaftliche Veränderung gleich schlecht und verkehrt. Aber wenn wir in einer Veränderung einen moralischen Zerfall, einen Abbau der Werte sehen, dann sind wir gefordert, uns mit aller Macht dagegen zu stemmen. Sicherlich sind wir – abgesehen von unseren Gebeten – machtlos, wenn es um massive Veränderungen auf hoher politischer oder ideologischer Ebene geht. Doch jeder von uns kann in seinem Umfeld klare Zeichen setzen. Genau dazu sind wir als das „Salz der Erde" auch berufen (Mt 5,13): *„Ihr seid das Salz der Erde; wenn aber das Salz kraftlos geworden ist, womit soll es gesalzen werden? Es taugt zu nichts mehr, als hinausgeworfen und von den Menschen zertreten zu werden."*

Salz hat „konservierende" Eigenschaften. Ebenso gehört es zu unserem Auftrag, moralische Werte zu „konservieren", das bedeutet, sie zu bewahren. Jeder von uns ist ein kleines Salzkörnchen, das an seinem Platz dazu berufen ist, Gottes Maßstäbe zu bewahren. Auf diese Weise haben wir durchaus einen bewahrenden Einfluss auf unsere Gesellschaft. Das bedeutet, wir können den moralischen Untergang unserer Gesellschaft verlangsamen, wenn wir treu sind.

Salzkörnchen sind sehr klein, aber wenn sie nur ihre Eigenschaften bewahren, erfüllen sie auch ihren Zweck. Wenn alle Christen in den vergangenen 50 Jahren sich in diesem Punkt einig gewesen wären und sich einmütig gegen den Trend des Zeitgeistes gestellt hätten, wäre der moralische Zustand der Gesellschaft (und der Gemeinde) bis heute nicht so tief gesunken, wie es bedauerlicherweise der Fall ist. Doch stattdessen beugen wir uns leider nur zu schnell dem Druck der Gesellschaft. Statt ihren Zerfall aufzuhalten, lassen wir unsere Werte von ihr zersetzen und verlieren unsere Wirkung als Salz der Erde. Wir schauen nicht nur zu, wie die „moralischen Balkongeländer" (vgl. Abb. 4) der Gesellschaft eins nach dem anderen abgebaut werden, sondern bauen sie in unserem eigenen Leben ebenfalls ab.

---

33   Vgl. 4Mo 13,33

e) Unser Beitrag zur Erhaltung moralischer Werte

Wie aber können wir Salz sein und Zeichen gegen den antigöttlichen Vermischungs-Trend setzen? Wie können wir uns dem Abbau der moralischen Werte in der Kleidung entgegenstellen?

Sicher kann man versuchen, die Frauen- und Mädchenhosen möglichst „weiblich" zu gestalten durch Auswahl von Stoffen, Farben und Mustern. Die meisten Hosen allerdings, die in unserer Gesellschaft von Frauen und Mädchen getragen werden, unterscheiden sich äußerlich lediglich im Schnitt. Das bedeutet, sie sind an den weiblichen Körper angepasst, was aber noch kein wirklicher Unterschied in der Bekleidungsart ist. Man könnte mit gleichem Erfolg auch ein Abendkleid auf die Figur eines Mannes zuschneiden, deswegen wäre es aber kein männliches Kleidungsstück.

Die Modeindustrie ist beherrscht von dem Geist der „Uniformierung" der Geschlechter und es lässt sich kaum eine Frauenhose im Handel finden, die als „betont weiblich" bezeichnet werden könnte, ohne dabei zugleich auch „sexy" zu sein – was ebenso wenig den Gedanken des Schöpfers entspricht, wie wir aus anderen Stellen der Schrift erfahren.

Wer also versucht, in der Frauenhose einen erkennbaren Unterschied der Geschlechter zu bewahren, steht in der großen Gefahr, den klaren Unterschied nicht lange aufrecht erhalten zu können. Der Druck der Gesellschaft ist zu groß. Über kurz oder lang landet man meistens schließlich doch bei der allgemein verbreiteten „Uniform", der „Blue Jeans".

Einen sehr klaren und unmissverständlichen Unterschied dagegen bringt ein Rock bzw. ein Kleid zum Ausdruck. Ein Rock wirkt daher wie eine Art „Geländer". Dieses Geländer hält nicht nur den moralischen Zerfall der Gesellschaft auf, sondern bewahrt uns vor allem auch vor persönlichen Fehltritten: Wer sich hinter dem Geländer aufhält, kann sicher sein, dass er nicht „vom Balkon" stürzt. Genauso kann eine Frau im Rock sich dessen stets sicher sein, dass sie weiblich gekleidet ist. Wenn sie aber versucht, in der Frauenhose einen markanten Unterschied aufrecht zu erhalten, begeht sie den waghalsigen Versuch, außerhalb des Geländers auf der Balkonkante zu balancieren. Sie bewahrt vielleicht noch einen gewissen Unterschied – ist aber stets in Gefahr, diesen zu verlieren.

Sicher kommen Frauen und Mädchen in unserer Zeit immer wieder in Situationen, wo ein Rock oder Kleid ganz unangebracht zu sein scheint, wie zum Beispiel Sportunterricht in der Schule. Und wenn dies der Fall ist und die Situation sich nicht abwenden lässt, mag es notwendig sein, „über das Geländer zu klettern", das heißt, sich eine Hose anzuziehen. Dann muss aber umso stärker geprüft werden, ob das gesamte Äußere noch einen deutlichen Unterschied zu typisch männlicher Kleidung aufweist oder nicht. Und sobald es möglich ist, kehrt man wieder hinter das schützende Geländer zurück, um auf der „sicheren Seite" zu sein.

Um der feministischen Ideologie zuvor zu kommen, sollten wir als Christen schon bei den kleinsten Kindern anfangen, sie an einen klaren Unterschied zu gewöhnen – an den Unterschied zwischen Männern und Frauen, Jungen und Mädchen. Auch wenn es immer wieder Situationen gibt, wo man sich notgedrungen „auf der falschen Seite vom Geländer" aufhalten muss, so sollte ein Kind von klein auf die Prägung bekommen: „Rock bzw. Kleid ist das normale Kleidungsstück für Mädchen oder Frauen. Eine Hose taugt für sie nur im Notfall – und auch dann nur eine, die möglichst mädchenhaft bzw. frauenhaft ist."

Wenn wir in der Kindheit verpassen, den Kindern diese Prägung zu geben, lassen wir zu, dass die feministische Ideologie sie mit ihren verdrehten Wertvorstellungen für sich in Beschlag nimmt.

f) So viel Gerede um einen kleinen Vers?

Die Befürworter der Frauenhose unter den Christen mögen dazu neigen, sich diesen langen Ausführungen entgegenzustellen mit dem einleuchtenden Einwand: *„Wenn ich erst so viele Hintergründe über Feminismus etc. verstehen muss, um nachzuvollziehen, warum die Hose für die Frau nicht richtig ist, kann diese Lehre dann wirklich von Gott sein? Wird hier nicht Buchstabenfresserei betrieben? Wird hier nicht die Bibel und die moderne Geschichte herangezogen, um die eigene Meinung und eigene Vorlieben für Kleidung zu begründen? Ist das nicht pharisäisch und gesetzlich, sich selbst und anderen Gebote aufzustellen, die in der Bibel so gar nicht drin stehen? Werden hier nicht Menschengebote aufgestellt (vgl. Mt 15,9)? Werden hier den Christen nicht untragbare Lasten auferlegt (vgl. Mt 23,4)? Und überhaupt – ist es nicht viel wichtiger, über Liebe zu predigen?"*

In einem Punkt müssen wir diesem Einwand Recht geben: Wenn

jemand meint, etwas Besseres zu sein oder sich bei Gott in irgendeiner Weise Gerechtigkeit zu verdienen, indem er oder sie die oben genannte Empfehlung (Rock bzw. Kleid für die Frauen und Mädchen) wie ein Gesetz erfüllt, handelt diese Person nicht im Geist Christi. Schon gar nicht, wenn das Einhalten dieser Vorschrift auf Kosten der Liebe und Barmherzigkeit geschieht (vgl. Mt 23,23).

Seine härtesten Strafreden hat unser Herr an die Pharisäer und Schriftgelehrten seiner Zeit gerichtet. Er warf ihnen vor, dass sie Menschengebote aufstellen (Mt 15,9) und dass sie Menschen Lasten auflegen, die sie kaum tragen können, während sie selbst sich nicht darum kümmern (Mt 23,4). Fernerhin sagt der Herr, dass sie ganz kleinlich darauf achten, jedes Gartenkraut zu verzehnten (Mt 23,23) und dabei „das Wichtigere im Gesetz" vernachlässigen, „nämlich Recht und das Erbarmen und den Glauben!"

Es war nicht falsch, dass die Pharisäer kleinlich genau im Verzehnten waren, falsch war, dass sie nicht verstehen wollten, worauf es Gott vor allem ankommt. Darum fügt der Herr hinzu: *„Dieses sollte man tun und jenes nicht lassen!"* Wenn man uns den Vorwurf macht, wir sollten lieber Liebe predigen statt über solche Nebensächlichkeiten wie Kleidung, so wollen wir dasselbe sagen: *„Dies sollte man tun und jenes nicht lassen!"*

Natürlich müssen wir vor allem die Liebe predigen – über die Liebe Gottes zu uns und über unsere Antwort darauf, über unsere Liebe zu Gott. Und wer Jesus Christus liebt, wird auch seine Gebote halten (Joh 14,21). Wahre Liebe zu Gott äußert sich im Gehorsam. Darum wollen wir auch über seine Gebote predigen und sie keineswegs als nebensächlich betrachten. Dabei sollten wir nicht vergessen, dass der Herr Jesus den Pharisäern vorwarf, dass sie Gottes Gebote auflösten um ihre eigenen Gebote aufrichten zu können (Mk 7,9ff), die den Gesetzen Gottes zuwider waren.

Und genau in dieser Gefahr stehen diejenigen unter den Christen, die Kleidung als „unwichtige Nebensache" abstempeln. Erinnern wir uns doch mal an die Bergpredigt. Dort erklärt der Herr Jesus selbst, welche Haltung wir dem alttestamentlichen Gesetz gegenüber einnehmen sollen (Mt 5,17-20): *„Ihr sollt nicht meinen, dass ich gekommen sei, um das Gesetz oder die Propheten aufzulösen. Ich bin nicht gekommen, um aufzulösen, sondern um zu erfüllen! Denn wahrlich, ich sage euch: Bis Himmel und Erde vergangen sind, wird nicht ein*

Buchstabe noch ein einziges Strichlein vom Gesetz vergehen, bis alles geschehen ist. Wer nun eines von diesen kleinsten Geboten auflöst und die Leute so lehrt, der wird der Kleinste genannt werden im Reich der Himmel; wer sie aber tut und lehrt, der wird groß genannt werden im Reich der Himmel. Denn ich sage euch, wenn eure Gerechtigkeit die der Schriftgelehrten und Pharisäer nicht weit übertrifft, so werdet ihr gar nicht in das Reich der Himmel eingehen!"

In Vers 20 prangert unser Herr die Gerechtigkeit der Schriftgelehrten und Pharisäer an und erklärt sie für untauglich. Ihr Problem war nämlich, dass sie das Gesetz nur „buchstäblich" zu erfüllen suchten, aber nicht verstanden haben, worauf es Gott wirklich ankommt. Darum greift unser Herr nun einige Gesetze heraus und erklärt ihre wahre Bedeutung. Zum Beispiel sagt er (Mt 5,31-32): „Es ist auch gesagt: ‚Wer sich von seiner Frau scheidet, der gebe ihr einen Scheidebrief'. Ich aber sage euch: Wer sich von seiner Frau scheidet, ausgenommen wegen Unzucht, der macht, dass sie die Ehe bricht. Und wer eine Geschiedene heiratet, der bricht die Ehe."

Wie gehen wir als Christen – im Zeitalter der Gnade – mit diesem alttestamentlichen Gebot um? Die Schriftgelehrten und Pharisäer gingen so weit, dass sie einem Mann erlaubten, sich aus fast jedem beliebigen Grund von seiner Frau zu scheiden – Hauptsache, er gab seiner Frau eine Scheidungsurkunde. Das ist wirklich pharisäisch und gesetzlich! Hier wird auf die Erfüllung des Buchstabens geachtet, aber nicht auf den Geist des Gebotes, der besagt: „Gott will keine Ehescheidung!"

Rein formell war das Gebot eingehalten worden, wenn die geschiedene Frau einen Scheidebrief bekam. Aber dass Gott mit diesem Gebot ursprünglich der Scheidung einen Riegel vorschieben wollte, damit die Ehe geschützt wird und ein Mann seine Frau eben nicht nach Belieben entlassen kann, das wollten die Pharisäer nicht begreifen.

Es mag einem kritischen Leser vielleicht scheinen, dass die oben ausgeführte Begründung dafür, dass eine Frau keine Hosen tragen sollte, weit her geholt sei, weil in 5Mo 22,5 keine Rede von einer „Frauenhose" oder überhaupt von einer Hose ist. Doch diese ausführliche Begründung stützt sich auf dasselbe Prinzip, dass unser Herr in seiner Bergpredigt anwendete. Er nahm den Wortlaut eines alttestamentlichen Gebotes (z.B. „der gebe ihr einen Scheidebrief") und erklärte, was Gott damit eigentlich im Sinn hatte (nämlich dass Scheidung Ehebruch ist). Genau das ist auch unser Anliegen. Wir nehmen den Wortlaut eines Gebotes (*„eine Frau soll keine Männersachen auf sich haben"*) und fragen: Warum ist dieses Gebot Gott so wichtig? Die offensichtliche Antwort lautet: Gott will, dass wir einen Unterschied in der äußeren Erscheinung der Geschlechter bewahren. Fragen wir nun weiter: Wie können wir das in unserer Zeit am besten tun? Die Antwort ist: Indem Frauen nicht Hosen, sondern Röcke oder Kleider tragen.

Natürlich könnte man in unserer Zeit auch sagen: „Eine Frauenhose, die in der Frauenabteilung verkauft wird und auf einen Frauenkörper zugeschnitten ist, ist heutige Frauenkleidung." Damit wäre der „Buchstabe des Gesetzes" aus 5Mo 22,5 rein *formell* erfüllt, dem Gesetz wäre (vor den Menschen) Genüge getan. Aber haben wir dann wirklich begriffen und umgesetzt, was unser himmlischer Vater ursprünglich mit diesem Gebot im Sinn hatte? Ist „unsere Gerechtigkeit" dann wirklich „weit besser" als die der Pharisäer und Schriftgelehrten?

2.1.15 Ein Götze aus goldenen Ohrringen

Nachdem der Richter Gideon in Gottes Auftrag und durch Gottes Kraft die Midianiter vernichtend geschlagen hatte, bot ihm das Volk die Königswürde an. Er lehnte diese ab, hatte aber einen anderen Wunsch (Ri 8,24-27):

„Und Gideon sprach zu ihnen: Eine Bitte will ich von euch erbitten: Gebt mir jeder die Ohrringe seiner Beute! (Denn sie hatten goldene Ohrringe, weil sie Ismaeliter waren.) Und sie sprachen: Gern wollen wir sie geben. Und sie breiteten ein Oberkleid aus und warfen jeder die Ohrringe seiner Beute darauf. Und das Gewicht der goldenen Ohrringe, die er erbeten hatte, war 1.700 Sekel Gold, außer den Halbmonden und den Ohrgehängen und den Purpurkleidern, die die Könige von Midian trugen, und außer den Halsketten, die an den Hälsen ihrer Kamele waren. Und Gideon machte daraus ein Ephod und stellte es in seiner Stadt auf, in Ophra. Und ganz Israel hurte diesem dort nach; und es wurde Gideon und seinem Haus zum Fallstrick."

Es ist sehr bemerkenswert, dass Gideon ausgerechnet die *Ohrringe* forderte, um daraus ein Objekt herzustellen, das später religiös verehrt wurde. Dasselbe haben wir ja bereits bei Aaron gesehen, der aus den goldenen Ohrringen das goldene Kalb fertigte. Auch in der Geschichte von Jakob waren es die goldenen Ohrringe, die im Zuge der Reinigung entfernt und unter einem Baum „begraben" wurden.

Dies ist nun schon das dritte Mal, dass wir in der Bibel Ohrringe in Verbindung mit Götzendienst (oder als Hindernis für den wahren Gottesdienst) antreffen. Daher liegt die Vermutung nahe, dass Ohrringe in der damaligen Zeit eine religiöse Bedeutung hatten.

Ebenfalls bemerkenswert ist die Begründung dafür, dass die Midianiter goldene Ohrringe hatten: *„weil sie Ismaeliter waren."* Die Nachkommen Ismaels (der aus Abrahams „Ehe" mit Hagar hervorgegangen war) waren demnach für goldene Ohrringe allgemein bekannt. Im Volk Israel dagegen waren die goldenen Ohrringe offensichtlich nicht üblich, zumindest waren sie nicht typisch für das Volk Gottes – und sie sind es auch nicht für die neutestamentliche Gemeinde.

2.1.16 Gericht über die „stolzen Töchter Zions"

Im Buch Jesaja lesen wir von vielen Strafgerichten Gottes über die Nachbarvölker Israels und über Israel selbst. Eine solche Androhung des kommenden Gerichts finden wir in Jesaja Kapitel 3.

Als Begründung für das kommende Gericht wird im folgenden Abschnitt der Stolz der Frauen des Volkes angegeben (Jes 3,16-17): *„Und der HERR sprach: Weil die Töchter Zions stolz geworden sind und mit emporgerecktem Hals einhergehen und herausfordernde Blicke werfen; weil sie trippelnd einherstolzieren und mit ihren Fußspangen klirren, deshalb wird der Herr den Scheitel der Töchter Zions kahl machen, und der HERR wird ihre Scham entblößen."*

Wie äußert sich der Stolz dieser Frauen?
• Sie gehen mit emporgerecktem Hals einher.
• Sie werfen herausfordernde Blicke.
• Sie stolzieren trippelnd einher.
• Sie klirren mit ihren Fußspangen.

Alle diese Verhaltensweisen geschehen natürlich äußerlich. Es sind „Äußerlichkeiten" – aber sie offenbaren das Innere, nämlich das Herz. Alle diese Merkmale zeigen nämlich, dass diese Frauen viel von sich halten und durch ihr Verhalten die Aufmerksamkeit auf sich ziehen wollen.

Gott kündigt als Strafgericht an, dass er diese Frauen zutiefst beschämen wird. Und dass er sie ihres Schmuckes – der ihren Stolz nährt und auf die Spitze treibt – berauben wird (Jes 3,18-24):

„An jenem Tag wird der Herr die Zierde der Fußspangen, der Stirnbänder und Halbmonde wegnehmen, die Ohrgehänge, die Armspangen, die Schleier, die Kopfbünde, die Schrittfesseln und die Gürtel, die Riechfläschchen und die Amulette, die Fingerringe und die Nasenringe, die Festkleider und die Mäntel, die Überwürfe und die Täschchen; die Handspiegel und die Hemden, die Hüte und die Schleier. Und es wird geschehen: Statt des Wohlgeruchs gibt es Moder, statt des Gürtels einen Strick, statt der gekräuselten Haare eine Glatze, statt des Prunkgewandes einen Kittel aus Sacktuch und ein Brandmal statt der Schönheit."

Es ist bemerkenswert, welch enorme Bandbreite an Schmuckgegenständen hier aufgelistet wird:
- Fußspangen
- Kopfbünde
- Schrittfesseln
- Gürtel
- Riechfläschchen
- Amulette
- Finger- und Nasenringe
- Festkleider und Mäntel
- Überwürfe und Täschchen
- Handspiegel und Hemden
- Hüte und Schleier

Gerade die Fülle dieser Gegenstände ist ein Zeugnis von der Üppigkeit dieser Frauen. Sie waren auf diesen äußeren Schmuck bedacht und ihr Leben drehte sich darum. Dass sie sich das alles leisten konnten, verdankten sie natürlich Gott – dem Geber aller guten Gaben. Aber dieser Schmuck brachte sie nicht näher zu ihm. Im Gegenteil – ihre Herzen wurden mit Stolz erfüllt. Darum kündigte Gott an, sie all dieses Reichtums zu berauben, damit sie wieder gedemütigt werden. (Weitere Parallelen dazu finden wir auch in Hes 16,39 und 23,25-26.)

Auch wir leben in einer Zeit des Wohlstands und können uns so manches leisten. Wenn wir unser Herz an irdischen Schmuck verlieren, stehen wir ebenso in Gefahr, stolz zu werden. Gottes gute Gaben können uns zum Verhängnis werden. Hüten wir uns davor!

Es ist ja im tiefsten Sinne unlogisch, auf einen Schmuckgegenstand stolz zu sein. Und dennoch ist es überhaupt nicht ungewöhnlich, dass der Schmuck den inneren Stolz nährt. Vielleicht, weil der Schmuck uns den Eindruck vermittelt, etwas Besonderes zu sein. So wie die goldene Krone einen König ziert und die goldene Kette einen Zweitregenten (wie Josef oder Daniel) auszeichnet, so bietet der Schmuck im Allgemeinen unserem „Fleisch" einen Anlass, in unserem Herzen die Sünde des Hochmuts hervorzubringen.

Die Gerichtsandrohung in Jesaja 3 zeigt uns drei bedenkenswerte Wahrheiten auf:

1. *Gott hasst den Stolz in unserem Herzen und verachtet ihn aufs Tiefste.*
2. *Der Schmuck, den wir tragen, nährt den Stolz in unseren Herzen.*
3. *Ein Mittel Gottes, um die Herzen vom Stolz zur Demut umzukehren, ist die Entwendung des Schmucks.*

Welche Lektion können wir daraus lernen?

Der Stolz ist die Ursünde schlechthin. Auch wir Christen haben mit diesem Übel ständig zu kämpfen. Die Flammen des Stolzes lodern in unseren Herzen auf, sobald sie auch nur ein wenig Brennmaterial erhalten. Wenn wir ernsthaft darauf bedacht sind, unser Herz demütig zu halten, haben wir ständig damit zu tun, das Feuer des Stolzes auszulöschen. Wir sollten ebenso darauf bedacht sein, diesem Feuer das Brennmaterial zu entziehen – und der Schmuck *ist* eben (ein) solches Brennmaterial. Nicht weil die einzelnen Gegenstände in sich etwas Böses darstellen, sondern weil unsere sündige Natur sie als Anlass zum Stolz verwendet. Daher gilt es, auf der Hut zu sein.

Besser wir entfernen die „überflüssigen" Schmuckgegenstände selbst, als dass Gott mit uns ins Gericht gehen und uns des Wohlstandes berauben muss, um unsere Herzen wieder zu demütigen.

2.1.17 Kleidung, Schmuck und Schminke als Mittel zum Zweck

Jer 4,30: „Und nun, du Verwüstete, was willst du tun? Wenn du dich auch in Scharlach kleidest, wenn du dich auch mit Goldgeschmeide schmückst, wenn du auch deine Augen mit Schminke herausstreichst, so machst du dich doch vergeblich schön; deine Liebhaber verschmähen dich und trachten dir nach dem Leben!"

Dieser Vers stammt aus einer Gerichtsrede Gottes über Juda und Jerusalem (vgl. Jer 4,5). Anders als in Jesaja 3 richtet sich dieser Vers nicht an einzelne Frauen, sondern die Stadt Jerusalem wird hier symbolisch als eine Frau gesehen, die nichts mehr tun kann, um sich vor ihren Feinden zu retten. Die Feinde sind im bildlichen Sinne ihre früheren Liebhaber, die sich nun gegen sie gewandt haben.

Hier wird über Kleidung, Schmuck oder Schminke keine wertende Aussage gemacht, sondern lediglich erneut bestätigt, dass alle diese Äußerlichkeiten der Kommunikation dienen: Eine Frau, die sich „in Scharlach kleidet" (also mit besonders kostbaren Kleidern), die sich „mit Goldgeschmeide schmückt" und die ihre „Augen mit Schminke" herausstreicht, macht das nicht einfach nur so – sie tut es, um ihre Liebhaber (nicht ihren Ehemann)[34] für sich zu gewinnen.

Besondere Kleider, Goldgeschmeide und Schminke dienen also alle dazu, dieselbe Botschaft zu vermitteln: *„Ich bin schön, schaue mich an! Ich bin begehrenswert!"*

Schminke wird in der Bibel noch in Hes 23,40 in einer ganz ähnlichen Gerichtsandrohung erwähnt und in 2Kö 9,30. Dort ist es die götzendienerische Königin Isebel, die angesichts des drohenden Todes noch ihr Angesicht schminkt.

Ähnlich wie in Jesaja 3 der Schmuck, so hat auch die Schminke mit einem stolzem Herzen zu tun. Sie wird nirgends in der Bibel mit einer gottesfürchtigen Frau in Verbindung gebracht. Auch nicht damit, dass eine Frau sich für ihren eigenen Ehemann schön macht, sondern nur im Zusammenhang mit fremden Männern taucht die Schminke auf. Wo die Bibel von der körperlichen Attraktivität der Frau für ihren eigenen Mann redet, wird in der Regel ihre natürliche Schönheit betont, die sie nicht öffentlich zur Schau trägt, sondern ihrem Mann in vertrauter Einsamkeit schenkt (vgl. Spr 5,15-19). Auch im Hohelied Salomos, wo es um die Werbung einer Braut geht, kommt Schminke nicht vor, vielmehr ist es die natürliche Schönheit, die dort zur Sprache kommt (z.B. Hl 6,4-7; 7,2-6).

2.1.18 Schmuck – eine Gabe Gottes?

Einige Verse in Hesekiel 16 werden manchmal angeführt, um zu belegen, dass Gott den äußeren Schmuck (in Form von Gold, Silber

---

34 Mit „Liebhabern" sind hier im Bilde gesprochen andere Völker gemeint, bei denen Israel Halt sucht, von denen es dann aber verschmäht wird. Das Werben Israels um die Gunst der Nachbarvölker vergleicht Gott häufig mit Ehebruch, weil er sich selbst als den „Ehemann" bezeichnet, bei dem das Volk Israel allein Halt und Hilfe suchen soll (vgl. Hes 16,32).

und Edelsteinen) nicht nur erlaubt, sondern sogar schön findet (Hes 16,9-14):

„Da badete ich dich mit Wasser und wusch dein Blut von dir ab und salbte dich mit Öl. Ich bekleidete dich mit bunt gewirkten Kleidern und zog dir Schuhe aus Seekuhfellen an; ich legte dir weißes Leinen an und hüllte dich in Seide. Ich zierte dich mit köstlichem Schmuck; ich legte dir Spangen an die Arme und eine Kette um deinen Hals; ich legte einen Ring an deine Nase und Ringe an deine Ohren und setzte dir eine Eh-renkrone auf das Haupt. So warst du geschmückt mit Gold und Silber, und dein Kleid war aus weißem Leinen, aus Seide und Buntwirkerei. Du hast Weißbrot und Honig und Öl gegessen; und du wurdest überaus schön und brachtest es bis zur Königswürde. Und dein Ruhm verbreite-te sich unter den Heidenvölkern wegen deiner Schönheit; denn sie war vollkommen durch meinen Schmuck, den ich dir angelegt hatte, spricht GOTT, der Herr."

In diesem Kapitel vergleicht Gott die Stadt Jerusalem (V. 3) mit einer Frau und sich selbst mit einem Mann, der für diese Frau sorgt. Er beschreibt sich als einen Mann, der ein weggeworfenes neugebo-renes Mädchen findet und es vor dem sicheren Tod rettet (V. 4-6). Als das Mädchen zu einer jungen Frau herangewachsen ist, schließt ihr Lebensretter einen Bund mit ihr (V. 8), sodass sie seine Frau wird.

Die Verse 9-14 sind nun eine symbolische Beschreibung der ma-teriellen Segnungen, die Gott über das Volk Israel ausgeschüttet hat. Die Fülle der Schmuckgegenstände soll zeigen, wie reich Gott sein Volk beschenkt hat. Hier wird symbolisch umschrieben, was zur Zeit des Königs Salomo Realität war (z.B. 2Chr 9,20): *„Auch alle Trinkgefäße des Königs Salomo waren aus Gold, und alle Geräte im Haus des Libanonwaldes waren aus feinem Gold; denn zu Salomos Zeit wurde das Silber für nichts geachtet."*

Gott hat sein Volk – vor allem sein Zentrum, die Stadt Jerusa-lem – mit Reichtümern überschüttet. Schon der König David (in seine Zeit fällt die „Geburt" der Stadt Jerusalem) hatte unermessliche Reichtümer angesammelt. Davids Herz war Gott geweiht – und all sein Reichtum war es ebenfalls. Doch schon sein Sohn Salomo ver-wendete einen großen Teil dieses Reichtums für seine eigenen Paläste zu seiner eigenen Herrlichkeit. Zur Zeit Salomos erlangte Jerusalem weltweiten Ruhm.

Doch Salomo fiel zum Ende seines Lebens von Gott ab. Sein Herz war nicht mehr auf Gott gerichtet. Und welche Folge hatte alsbald der Ruhm Jerusalems? Hesekiel beschreibt es in den weiteren Versen (V. 15): *„Du aber hast dich auf deine Schönheit verlassen und auf deine Berühmtheit hin gehurt und hast deine Hurerei über jeden ausgegossen, der vorüberging; er bekam sie."*

Der von Gott geschenkte „Schmuck" wurde Jerusalem zum Verhängnis. Warum? *„Du aber hast dich auf deine Schönheit verlassen..."* Das, was in Jes 3 einzelnen Frauen Jerusalems vorgeworfen wird, traf in geistlicher Hinsicht auch auf die ganze Stadt zu. Jerusalem wurde stolz, eingebildet und verließ sich auf sich selbst. In der Folgezeit benutzte Jerusalem den von Gott gegebenen Reichtum, um – im geistlichen Sinne – Hurerei (also Götzendienst) zu treiben (V. 16-19): *„Du hast auch von deinen Kleidern genommen und dir bunte Höhen gemacht; und du hast auf ihnen Hurerei getrieben, wie sie niemals vorgekommen ist und nie wieder getrieben wird. Du hast auch deine prächtigen Schmucksachen von meinem Gold und meinem Silber genommen, die ich dir gegeben hatte, und hast dir Bilder von Männern daraus gemacht und mit ihnen Hurerei getrieben. Du hast auch deine bunt gewirkten Kleider genommen und sie damit bekleidet; und mein Öl und mein Räucherwerk hast du ihnen vorgesetzt. Meine Speise, die ich dir gegeben hatte, Weißbrot, Öl und Honig, womit ich dich speiste, hast du ihnen vorgesetzt zum lieblichen Geruch. Ja, das ist geschehen!, spricht GOTT, der Herr."*

In ihrem Götzendienst trieb Jerusalem es so weit, dass kleine Kinder fremden Göttern als Opfer geschlachtet wurden (V. 20-21): *„Ferner hast du deine Söhne und deine Töchter genommen, die du mir geboren hattest, und hast sie ihnen zum Fraß geopfert! War nicht schon deine Hurerei genug, dass du noch meine Kinder geschlachtet und sie dahingegeben hast, indem du sie für jene durchs Feuer gehen ließest?"*

In seinem Götzendienst hat das Volk ganz vergessen, dass es alles, was es hatte, allein dem wahren Gott Israels zu verdanken hatte (V. 22): *„Und bei allen deinen Gräueln und deinen Hurereien hast du nicht an die Tage deiner Jugend gedacht, wie du damals nackt und bloß dalagst und in deinem Blut zappeltest!"*

Fernerhin wird symbolisch beschrieben, wie Jerusalem mit ihrem Reichtum versuchte, politische Bündnisse mit Ägypten, Assyrien und Babylon zu schließen. Das wird hier als eheliche Untreue und Hurerei dargestellt, weil Jerusalem in diesen Nachbarvölkern Halt suchte, den es allein in Gott haben konnte (ab V. 23): *„Und es geschah, nach aller dieser deiner Bosheit – Wehe, wehe dir!, spricht GOTT, der Herr – da hast du dir auch noch Götzenkapellen gebaut und Höhen gemacht an jeder Straße. An allen Weggabelungen hast du deine Höhen gebaut, und du hast deine Schönheit geschändet; du spreiztest deine Beine gegen alle, die vorübergingen, und hast immer schlimmer Hurerei getrieben. Du hurtest mit den Söhnen Ägyptens, deinen Nachbarn, die großes Fleisch hatten, und hast immer mehr Hurerei getrieben, um mich zum Zorn zu reizen. Aber siehe, da streckte ich meine Hand gegen dich aus und minderte dir deine Kost; und ich gab dich dem Mutwillen deiner Feindinnen, der Töchter der Philister, preis, die sich vor deinem verruchten Treiben schämten. Da hurtest du mit den Söhnen Assyriens, weil du unersättlich warst. Du hurtest mit ihnen, wurdest aber doch nicht satt. Da triebst du noch mehr Hurerei, bis hin zu dem Händlerland Chaldäa. Aber auch da wurdest du nicht satt. Wie schmachtete dein Herz, spricht GOTT, der Herr, als du dies alles triebst, das Treiben eines zügellosen Hurenweibs, dass du deine Götzenkapellen an jeder Weggabelung bautest und deine Höhen an jeder Straße machtest. Nur darin warst du nicht wie eine andere Hure, dass du den Hurenlohn verschmähtest. O du ehebrecherische Frau, die Fremde annimmt anstatt ihres Ehemannes! Sonst gibt man allen Huren Lohn; du aber gibst allen deinen Liebhabern Lohn und beschenkst sie, damit sie von allen Orten zu dir kommen und Hurerei mit dir treiben! Es geht bei dir in der Hurerei umgekehrt wie bei anderen Frauen: Dir stellt man nicht nach, um Hurerei zu treiben; denn da du Hurenlohn gibst, dir aber kein Hurenlohn gegeben wird, ist es bei dir umgekehrt.“*

All diese Untreue bringt Gott nun ins Gericht (V. 35-39): *„Darum, du Hure, höre das Wort des HERRN! So spricht GOTT, der Herr: Weil du dein Geld so verschwendet hast und mit deiner Hurerei deine Blöße gegen alle deine Liebhaber aufgedeckt und gegen alle deine gräuelhaften Götzen entblößt hast, und wegen des Blutes deiner Kinder, die du ihnen geopfert hast, darum siehe, will ich alle deine Liebhaber versammeln, denen du gefallen hast, alle, die du geliebt, und alle, die du gehasst hast: Ja, ich will sie von allen Seiten ringsum gegen dich versammeln und deine Blöße vor ihnen aufdecken, dass sie deine ganze Blöße sehen sollen. Ich will dir auch das Urteil sprechen, wie man den Ehebrecherinnen und Mörderinnen das Urteil spricht, und an dir das Blutgericht vollziehen mit Grimm und Eifer. Und ich will dich in ihre*

Gewalt geben, und sie werden deine Götzenkapellen abbrechen und deine Höhen umreißen; sie werden dir deine Kleider ausziehen; sie werden dir allen deinen kostbaren Schmuck nehmen und dich nackt und bloß liegen lassen."

Die Geschichte Jerusalems in diesem Kapitel fängt tatsächlich damit an, dass Gott sie aus dem Dreck erhebt und – bildlich gesprochen – mit Schmuck überschüttet. Die Geschichte endet damit, dass der ganze Schmuck Jerusalems wieder geraubt wird und sie nackt und bloß liegen gelassen wird, so wie am Anfang, als Gott sie fand und sich ihrer erbarmte.

Was ist nun die Moral der ganzen Geschichte? Doch nicht etwa, dass Gott Gefallen am Schmuck hat. Die Moral ist: Manchmal sind es die besten und schönsten Gaben Gottes, die uns zum Verhängnis werden. Ohne Zweifel ist Gold ein wertvolles Material im irdischen Leben. Doch ist Israel für uns ein Anschauungsbeispiel dafür, dass diese irdischen Kostbarkeiten unser Herz nur allzu leicht von unserem Schöpfer und Retter abwenden können.

Gott erbarmt sich über den, der einen gedemütigten und zerschlagenen Geist hat. Aber der Wohlstand, Reichtum und Schmuck führen den Menschen nur zu leicht auf Abwege, sodass er sich stark und von Gott unabhängig fühlt.

Fazit: Dieses Kapitel stellt uns eine sehr ernste Warnung vor Augen. Es vermittelt uns gewisserweise eine zusammenfassende Schau auf die Geschichte Jerusalems in einer Zeitepoche, in der Gott seinen Segen vor allem durch materielle Güter sichtbar werden ließ (vgl. 5Mo 28,1-14). Es lässt uns erkennen, dass diese Art der Segnung nicht den gewünschten Erfolg – nämlich Dankbarkeit, Hingabe und Treue – bewirkt hat. Ganz im Gegenteil bewirkte diese Art des Segens im Menschen Untreue, Stolz und falsche Selbstsicherheit. Der Grund dafür ist das durch die Sünde verdorbene Herz des Menschen.

Mit Hes 16 sind wir bei der letzten Stelle angekommen, die im Alten Testament markant über Kleidung und Schmuck redet. Diese Stelle ist zugleich eine gute Zusammenfassung der alttestamentlichen Offenbarung in Bezug auf unser Thema.

Rufen wir uns wieder in den Sinn, dass das Alte Testament für uns ein „Lehrbuch" darstellt. In diesem Lehrbuch bringt uns Gott (sowohl durch Gebote als auch durch die Geschichte seines Volkes) viele Wahrheiten über sich selbst bei. Gott zeigt uns, wie er über viele Belange unseres Lebens denkt. Gott offenbart uns in seinem Lehrbuch aber auch die Wahrheit über uns Menschen selbst. Er zeigt uns unsere Schwäche, unsere Anfälligkeit für Stolz und Selbstvertrauen, wenn wir mit irdischen Segnungen beschenkt werden.

Wenn wir nun diese Lektionen, die das Alte Testament uns über die Äußerlichkeiten vermittelt, verstanden und verinnerlicht haben, werden wir die Aussagen des Neuen Testaments über Kleidung, Schmuck und über unser gesamtes Äußeres in einem viel klareren Licht sehen und viel besser verstehen können.

Abb. 5: Die Lektion des Alten Testaments über irdischen Schmuck:

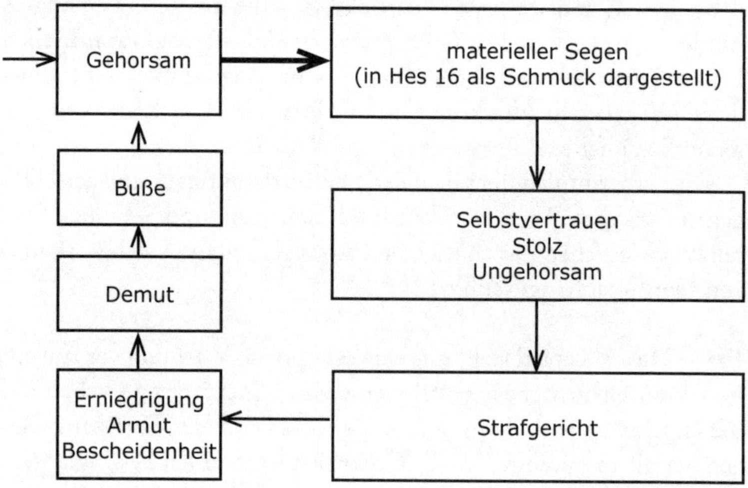

2.2 Im Neuen Testament

Im Neuen Testament verspricht Gott seinem Volk – der Gemeinde – nirgendwo materiellen Segen. Ganz im Gegenteil konfrontiert der Herr Jesus seine Nachfolger immer wieder mit der Tatsache, dass sie auf Erden mit Verfolgung und Not rechnen müssen. In seiner „Bergpredigt" fordert er sie auf (Mt 6,19): *„Ihr sollt euch nicht Schätze sammeln auf Erden!"* Die Begründung für diese Anweisung findet sich wenig später (Mt 6,21): *„Denn wo euer Schatz ist, da wird auch euer Herz sein."* Genau diese Wahrheit wurde uns u.a. in Hes 16 anhand der Geschichte Israels bildlich vor Augen gemalt.

Die Segnungen, deren wir uns erfreuen dürfen, sind „himmlische Segnungen" (Eph 1,3): *„Gepriesen sei der Gott und Vater unseres Herrn Jesus Christus, der uns gesegnet hat mit jedem geistlichen Segen in den himmlischen Regionen in Christus..."*

Darum soll auch unsere Aufmerksamkeit nicht auf irdische Güter und irdischen Schmuck gerichtet sein, sondern auf unsere himmlische Heimat (Heb 13,14): *„Denn wir haben hier keine bleibende Stadt, sondern die zukünftige suchen wir."*

Folglich legen wir auch keinen Wert darauf, mit irdischen Kostbarkeiten geschmückt zu sein, sondern mit geistlichen Werten (1Pe 3,3-4): *„Euer Schmuck soll nicht der äußerliche sein, Haarflechten und Anlegen von Goldgeschmeide oder Kleidung, sondern der verborgene Mensch des Herzens in dem unvergänglichen Schmuck eines sanften und stillen Geistes, der vor Gott sehr kostbar ist."*

Wenn wir nun im Folgenden die einzelnen neutestamentlichen Aussagen betreffs der Äußerlichkeiten betrachten werden, werden wir immer wieder merken, dass sie von diesem Grundverständnis ausgehen (das auch die Abb. 6 darstellen will).

Abb. 6: Motive und Folgen des Gehorsams im Neuen Testament

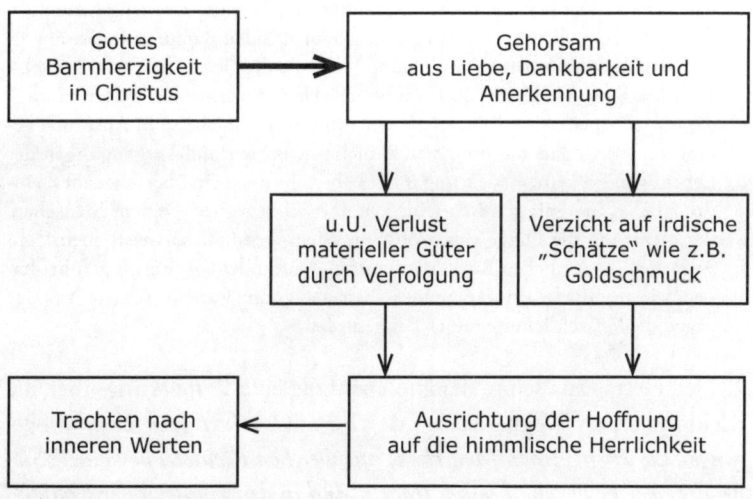

2.2.1 Kamelhaare und lederner Gürtel

Bevor der Sohn Gottes, unser Herr Jesus Christus, seine öffentliche Wirksamkeit in Israel begann, trat Johannes der Täufer auf. Seine Aufgabe bestand darin, dem kommenden Messias den Weg zu ebnen (Joh 1,23): *„Er sprach: Ich bin ‚die Stimme eines Rufenden, die ertönt in der Wüste: Ebnet den Weg des Herrn!', wie der Prophet Jesaja gesagt hat.“*

Über seine Kleidung wird uns in Mk 1,6 und in Mt 3,4 berichtet (Mt 3,4): *„Er aber, Johannes, hatte ein Gewand aus Kamelhaaren und einen ledernen Gürtel um seine Lenden, und seine Speise waren Heuschrecken und wilder Honig.“*

Unsere Vorstellung von den Kleidern des Täufers ist zum Teil von Bildern geprägt, wie sie häufig in Kinderbibeln anzutreffen sind, auf denen Johannes nur spärlich mit einem Stück Kamelfell bekleidet erscheint. Diese Vorstellung ist sicher nicht richtig. Er trug ein „Gewand“, sein Körper war damit nicht weniger bedeckt als der eines anderen gewöhnlichen Menschen. Dieses Gewand war aber nicht aus Leinen oder Wolle, sondern aus Kamelhaaren hergestellt, also aus einem sehr strapazierfähigen, aber nicht gerade prunkvollen oder modischen Material. William MacDonald kommentiert diesen Vers wie folgt:

> „Das Gewand des Täufers bestand aus ‚Kamelhaaren'. Dabei ging es nicht um die weichen, luxuriösen Kamelhaarstoffe unserer Zeit, sondern um das raue Gewand eines Mannes, der ständig draußen lebt. Auch trug er einen ‚ledernen Gürtel'. Das war die gleiche Kleidung, wie sie auch Elia trug (2Kö 1,8). Diese Tatsache diente vielleicht dazu, gläubige Juden darauf aufmerksam zu machen, dass der Auftrag von Elia und Johannes der gleiche war (Mal 3,23; Lk 1,17; Matth 11,14; 17,10-12). Johannes aß ‚Heuschrecken und wilden Honig', die magere Speise eines Menschen, der von seiner Aufgabe so in Anspruch genommen wird, dass die normalen Annehmlichkeiten und Vergnügungen des Lebens für ihn keine Bedeutung mehr haben. Es muss ein überzeugendes, eindrückliches Ereignis gewesen sein, Johannes zu begegnen – einem Menschen, der nichts um die Dinge gab, wofür die Menschen üblicherweise leben. Sein Aufgehen in geistlichen Realitäten muss andere zu der Erkenntnis geführt haben, wie arm ihr Leben war. Seine Selbstverleugnung war eine scharfe Anklage gegen die Verweltlichung seiner Zeitgenossen.“

Der Herr Jesus selbst machte ebenfalls eine Bemerkung über die Kleidung seines Wegbereiters (Mt 11,8): *„Oder was seid ihr hinausgegangen zu sehen? Einen Menschen, mit weichen Kleidern bekleidet? Siehe, die, welche weiche Kleider tragen, sind in den Häusern der Könige!“*

Das Gewand des Täufers war aus einem soliden, beständigen Material gefertigt – aber es war weder weich noch besonders prunkvoll. Es fiel im Gegenteil durch die einfache Bescheidenheit auf. Wie MacDonald bemerkt, war seine Kleidung ein scharfer Kontrast zur materialistischen Lebenshaltung.

Natürlich ist das Vorbild des Täufers kein verbindliches „Gebot" für uns. Wir müssen nicht in gleichen Kleidern umherlaufen, das haben weder der Herr Jesus noch seine Apostel getan oder gelehrt. Zudem geht aus Sacharja 13,4 hervor, dass ein „härener Mantel"[35] in Israel ein typisches Erkennungsmerkmal eines Propheten war. Und dennoch läutet diese einfache Kleidung des Täufers ein ganz neues Zeitalter ein: Johannes der Täufer bereitet den Weg für den König aller Könige und den Herrn aller Herren. Normalerweise würde man erwarten, dass ein Mann mit solch einem hohen Amt in prächtigem Gewand, in königlichen Farben und mit reichlich Gold auftreten würde. Doch er tritt ganz anders auf – und zwar deshalb, weil Jesus – der König aller Könige – ebenfalls in schlichter, einfacher Kleidung gekommen ist. Die einzige Krone, die er auf Erden trug, war aus spitzen Dornen geflochten.

Das bescheidene Auftreten des Täufers stimmte vollkommen überein mit der Bescheidenheit dessen, der auf dieser Erde nichts hatte, „wo er sein Haupt hinlegen" konnte (vgl. Mt 8,20; Lk 9,58). Als Repräsentant dieses Königs war es für Johannes nicht angebracht, sich mit Gold und Edelsteinen zu schmücken. So wie der Herold eines Königs nicht herrlicher angezogen sein darf als sein Herr selbst, so kleidete sich auch Johannes in noch einfachere Kleider als der Herr Jesus.

Auch wir sind Repräsentanten, wir sind Botschafter eines Königs, dessen Reich nicht von dieser Welt ist. Darum ist auch seine Herrlichkeit nicht von dieser Welt. Als seine Botschafter muss auch unser Äußeres zu *ihm* passen, denn wir sind hier auf Erden seine Vertreter. Wenn *er* sich auf Erden nicht mit Gold und kostbaren Kleidern ausgestattet hatte – wie viel weniger gebührt das seinen Dienern?

Aus dieser Perspektive ist es nicht verwunderlich, wenn Petrus die christlichen Frauen ermahnt (1Pe 3,3): *„Euer Schmuck soll nicht der äußerliche sein, Haarflechten und Anlegen von Goldgeschmeide oder Kleidung..."* Oder wenn Paulus anordnet (1Tim 2,9-10): *„Ebenso will*

---

35 Die Schlachter 2000 übersetzt den Ausdruck in Sach 13,4 mit „Mantel aus Ziegenhaar", die meisten anderen Übersetzungen mit „härener Mantel".

ich auch, dass sich die Frauen in ehrbarem Anstand mit Schamhaftigkeit und Zucht schmücken, nicht mit Haarflechten oder Gold oder Perlen oder aufwändiger Kleidung, sondern durch gute Werke, wie es sich für Frauen geziemt, die sich zur Gottesfurcht bekennen."

Extravagante Frisuren und Kleider, Gold- und Perlenschmuck „geziemen" sich nicht für Frauen (und erst recht nicht für Männer!), die dem Herrn nachfolgen und „die sich zur Gottesfurcht bekennen". Ein bescheidenes Äußeres dagegen ist ein Bekenntnis zur Gottesfurcht – wenn es mit guten Werken verbunden ist.

2.2.2 Sammelt nicht Schätze auf Erden

Mt 6,19: *„Ihr sollt euch nicht Schätze sammeln auf Erden, wo die Motten und der Rost sie fressen und wo die Diebe nachgraben und stehlen."*

Im November des vergangenen Jahres wurde bei uns zu Hause eingebrochen. Es war kein besonders angenehmes Gefühl, von Zimmer zu Zimmer zu gehen um festzustellen, dass überall die Schränke offen stehen und die Einbrecher uns eine ziemliche Unordnung beschert haben. Helene, meine Frau, war vor allem davon betroffen, dass die Diebe sogar ihren perfekt aufgeräumten Kleiderschrank durchwühlt hatten. Dass sie die Schubladen und Schränke durchwühlen, ist ja klar, aber was haben sie denn in ihrem Kleiderschrank zu suchen? Und vor allem haben sie meinen Kleiderschrank in Ruhe gelassen und ihren durchwühlt. Das war für uns beide ein Rätsel.

Der Schaden des Einbruchs war nicht sehr groß – Fensterbeschläge waren aufgebrochen, ein Aktenkoffer war demoliert und die von unseren Kindern angesparten 13,70 Euro aus einer kleinen Pappschachtel waren weg. Andere wertvolle Gebrauchsgegenstände wie Küchengeräte, Digitalkamera, Notebook oder Werkzeuge lagen (zum Teil in geöffneten Taschen) da, wurden aber nicht mitgenommen.

Die Diebe hatten offensichtlich nur nach Bargeld gesucht – so hatten wir gedacht, bis die Kripo uns eines Besseren belehrte. Der Kriminalbeamte fragte uns nämlich: „Ja, und wo bewahren Sie Ihren Schmuck auf?" – „Schmuck? Sowas haben wir gar nicht im Haus!"

Nun klärte der Mann von der Kripo uns über die Lösung unseres Rätsels auf. Seine Erklärung beantwortete die Frage, warum die Diebe den Kleiderschrank meiner Frau so genau unter die Lupe genommen hatten: Sie haben zwischen ihren Shirts und Pullis nach Schmuck gesucht.

Dieser Einbruch öffnete für mich eine neue Sicht auf den Befehl Jesu, sich auf Erden keine Schätze zu sammeln, wo Diebe sie stehlen können. Aus dieser Perspektive hatte ich den Vers noch nie zuvor gesehen: *Schatz ist das, was Diebe begehren.* Und „unsere" Diebe begehrten keine Gebrauchsgegenstände, sie begehrten Schmuckgegenstände.

Natürlich ist mir bewusst, dass in einem anderen Fall die Diebe auch meinen Computer oder die Bohrmaschine entwendet haben könnten – aber in diesem Fall hatten sie es nicht getan. Sie haben „Schätze" gesucht – in Form von Schmuckgegenständen. „Sammelt euch nicht Schätze auf Erden" kann daher genauso gut „sammelt euch keine Schmuckgegenstände" bedeuten.

Alle anderen Gebrauchsgegenstände bringen uns einen gewissen Nutzen – aber Schmuckgegenstände sind im wahren Sinne des Wortes „Schätze", weil sie im Grunde nur *um ihrer selbst willen geschätzt* werden: Ein Gebrauchsgegenstand nutzt ab und verliert an Wert – ein Schmuckstück aus Gold oder Edelsteinen tut es nicht. Ein teueres Werkzeug schätze ich, weil es mir nützlich ist, um damit gewisse Nutzen bringende Arbeit zu verrichten. Gold und Edelsteine werden um ihres eigenen Wertes willen geschätzt. Und was ihren „Nutzen" angeht – dazu haben wir in den zahlreichen Stellen des Alten Testaments bereits eine Lektion gelernt: Sie nähren lediglich unseren Stolz, neigen unser Herz zum Selbstvertrauen und machen uns zum Objekt der Begierde.

2.2.3 Falsche Sorge um Kleidung und andere Güter

Nachdem unser Herr in seiner „Bergpredigt" sagt, wir sollen keine Schätze auf Erden sammeln, begründet er diese Anweisung (Mt 6,24): *„Niemand kann zwei Herren dienen, denn entweder wird er den einen hassen und den anderen lieben, oder er wird dem einen anhängen und den anderen verachten. Ihr könnt nicht Gott dienen und dem Mammon!"*

Die irdischen Güter nehmen unser Herz in Beschlag und nehmen die Stelle Gottes ein, wenn wir zulassen, dass unser ganzes Denken sich darum dreht (Mt 6,25): *„Darum sage ich euch: Sorgt euch nicht um euer Leben, was ihr essen und was ihr trinken sollt, noch um euren*

Leib, was ihr anziehen sollt! Ist nicht das Leben mehr als die Speise und der Leib mehr als die Kleidung?"

Was der Herr hier meint, ist nicht eine völlige Gleichgültigkeit in Bezug auf die irdischen Bedürfnisse des Körpers. Er stellt die Prioritäten zurecht und sagt uns: Das Leben besteht aus mehr als nur aus Nahrung und Kleidung, darum pass auf, dass diese Dinge nicht zum Inhalt deines Lebens, zu deiner größten Sorge werden. Er fordert uns auf, unsere Augen vertrauensvoll auf unseren himmlischen Vater zu richten (Mt 6,26-29): *„Seht die Vögel des Himmels an: Sie säen nicht und ernten nicht, sie sammeln auch nicht in die Scheunen, und euer himmlischer Vater ernährt sie doch. Seid ihr nicht viel mehr wert als sie? Wer aber von euch kann durch sein Sorgen zu seiner Lebenslänge eine einzige Elle hinzusetzen? Und warum sorgt ihr euch um die Kleidung? Betrachtet die Lilien des Feldes, wie sie wachsen! Sie mühen sich nicht und spinnen nicht; ich sage euch aber, dass auch Salomo in all seiner Herrlichkeit nicht gekleidet gewesen ist wie eine von ihnen."*

Eine ähnliche Stelle finden wir auch im Lukasevangelium (12,21-31): *„So geht es dem, der für sich selbst Schätze sammelt und nicht reich ist für Gott! Und er sprach zu seinen Jüngern: Darum sage ich euch: Sorgt euch nicht um euer Leben, was ihr essen sollt, noch um den Leib, was ihr anziehen sollt. Das Leben ist mehr als die Speise und der Leib mehr als die Kleidung. Betrachtet die Raben! Sie säen nicht und ernten nicht, sie haben weder Speicher noch Scheunen, und Gott nährt sie doch. Wie viel mehr seid ihr wert als die Vögel! Wer aber von euch kann durch sein Sorgen zu seiner Lebenslänge eine einzige Elle hinzusetzen? Wenn ihr nun nicht einmal das Geringste vermögt, was sorgt ihr euch um das Übrige? Betrachtet die Lilien, wie sie wachsen! Sie mühen sich nicht und spinnen nicht; ich sage euch aber: Selbst Salomo in all seiner Herrlichkeit ist nicht gekleidet gewesen wie eine von ihnen! Wenn aber Gott das Gras auf dem Feld, das heute steht und morgen in den Ofen geworfen wird, so kleidet, wie viel mehr euch, ihr Kleingläubigen! Und ihr sollt auch nicht danach trachten, was ihr essen oder was ihr trinken sollt; und beunruhigt euch nicht! Denn nach all diesem trachten die Heidenvölker der Welt; euer Vater aber weiß, dass ihr diese Dinge benötigt. Trachtet vielmehr nach dem Reich Gottes, so wird euch dies alles hinzugefügt werden!"*

Nun verbringen wir alle einen gewissen Teil unserer Zeit damit, für die elementaren Bedürfnisse zu sorgen – sowohl für die eigenen als auch für die unserer Familien. Dazu werden wir auch aufgefordert (2Th 3,10-12): *„Denn als wir bei euch waren, geboten wir euch dies: Wenn jemand nicht arbeiten will, so soll er auch nicht essen! Wir hören nämlich, dass etliche von euch unordentlich wandeln und nicht arbeiten, sondern unnütze Dinge treiben. Solchen gebieten wir und ermahnen sie im Auftrag unseres Herrn Jesus Christus, dass sie mit stiller Arbeit ihr eigenes Brot verdienen."*

Wenn nun Paulus „im Auftrag unseres Herrn Jesus Christus" gebietet, dass Christen „in stiller Arbeit ihr eigenes Brot verdienen" sollen, so ist es offensichtlich, dass der Herr Jesus nicht meinte, dass wir nicht arbeiten sollen, um uns Kleidung und Nahrung kaufen zu können. Paulus bezeichnet es sogar als eine Verleugnung des Glaubens, wenn jemand seine Familienangehörigen in materieller Hinsicht vernachlässigt (1Tim 5,8): *„Wenn aber jemand für die Seinen, besonders für seine Hausgenossen, nicht sorgt, so hat er den Glauben verleugnet und ist schlimmer als ein Ungläubiger."*

Der Herr Jesus will uns mit seiner Rede herausreißen aus unserem Alltagstrott und zeigen: Das Allerwichtigste ist deine Beziehung zu Gott! Trachte darum zuerst nach seinem Reich und nach seiner Gerechtigkeit! Lass dein Leben von deiner Hingabe an Gott bestimmt sein und nicht von den alltäglichen irdischen Dingen.

Seine Rede fordert uns aber auch zur Genügsamkeit auf. Es sind ja nicht immer die Armen, die sich nur um Nahrung und Kleidung Sorgen machen, sondern gerade der Wohlstand bringt uns dazu, dass wir immer mehr besitzen wollen. Sich um Kleidung und Nahrung „nicht zu sorgen" bedeutet daher auch, eine Grenze zu ziehen und zu sagen: Ich habe genug! Paulus bringt es auf den Punkt (1Tim 6,6-11): *„Es ist allerdings die Gottesfurcht eine große Bereicherung, wenn sie mit Genügsamkeit verbunden wird. Denn wir haben nichts in die Welt hineingebracht, und es ist klar, dass wir auch nichts hinausbringen können.* **Wenn wir aber Nahrung und Kleidung haben, soll uns das genügen!** *Denn die,* **welche reich werden wollen, fallen in Versuchung** *und Fallstricke und viele törichte und schädliche Begierden, welche die Menschen in Untergang und Verderben stürzen. Denn die Geldgier ist eine Wurzel alles Bösen; etliche, die sich ihr hingegeben haben, sind vom Glauben abgeirrt und haben sich selbst viel Schmerzen verursacht. Du aber, o Mensch Gottes, fliehe diese Dinge, jage aber nach Gerechtigkeit, Gottesfurcht, Glauben, Liebe, Geduld, Sanftmut!"*

Fazit: Es ist richtig, dass wir uns um unsere Kleidung kümmern, ebenso wie um unsere Nahrung. Aber unsere Sorge um die Kleidung...

- darf nicht zu unserem Lebensinhalt werden,
- darf uns nicht wichtiger sein als das Streben *„nach Gerechtigkeit, Gottesfurcht, Glauben, Liebe, Geduld, Sanftmut"*,
- muss dem Reich Gottes (d.h. der Herrschaft des Herrn Jesus) in jeglicher Hinsicht untergeordnet sein,
- soll eine Grenze haben, um uns nicht in Versuchung der Begierde zu bringen.

2.2.4 „auch nicht zwei Hemden"

Als der Herr Jesus einige Zeit später zwölf seiner Jünger in seinem Auftrag aussendet, um in Israel zu predigen, Kranke zu heilen, Aussätzige zu reinigen, Tote aufzuerwecken und Dämonen auszutreiben (vgl. Mt 10,5-8), da gebietet er ihnen, sich ganz auf diese Aufgabe zu konzentrieren und keinerlei Vorsorge für die Reise zu treffen (Mt 10,9-10): *„Nehmt weder Gold noch Silber noch Kupfer in eure Gürtel, keine Tasche auf den Weg, auch nicht zwei Hemden, weder Schuhe noch Stab; denn der Arbeiter ist seiner Nahrung wert."*

Damit will er ihnen ganz praktisch an ihrem eigenen Leib beibringen, dass sie sich auf seine Worte verlassen können (Mt 6,31-33): *„Darum sollt ihr nicht sorgen und sagen: Was werden wir essen?, oder: Was werden wir trinken?, oder: Womit werden wir uns kleiden? Denn nach allen diesen Dingen trachten die Heiden, aber euer himmlischer Vater weiß, dass ihr das alles benötigt. Trachtet vielmehr zuerst nach dem Reich Gottes und nach seiner Gerechtigkeit, so wird euch dies alles hinzugefügt werden!"*

Auch wenn diese Anweisung Jesu nur von zeitlich begrenzter Dauer war und sich nicht auf unseren Alltag bezieht, unterstreicht sie einmal mehr, dass die Sorge um Kleidung und andere elementare Dinge in unserem Leben nicht an erster Stelle stehen darf – und dass Gott für unsere Bedürfnisse sorgt.

2.2.5 „Bekleidet und vernünftig zu den Füßen Jesu"

In der Geschichte von der Heilung des besessenen Gadareners sehen wir, dass Kleidung mit Vernunft, mit Dämonen und mit der geistig-geistlichen Gesundheit in Verbindung gebracht wird. Als der Herr

Jesus und seine Jünger in das Land der Gadarener kommen, begegnen sie einem Besessenen (Lk 8,27): *„Und als er ans Land gestiegen war, kam ihm ein Besessener aus der Stadt entgegen, der seit langer Zeit Dämonen hatte und keine Kleider mehr trug und sich auch in keinem Haus aufhielt, sondern in den Gräbern."*

Ein wichtiges Merkmal dieses von Dämonen kontrollierten Mannes ist, dass er kein Schamgefühl kennt und deswegen ohne Kleider umherläuft. In der heutigen Zeit ist es übrigens sehr bemerkenswert, dass ausgerechnet Sigmund Freud die Beobachtung machte, dass die Schamlosigkeit das erste Anzeichen von Schwachsinn[36] sei. Hier im Lukasevangelium sehen wir nun einen solchen Mann – er ist schwachsinnig infolge dämonischer Besessenheit.

Nachdem der Herr Jesus die Dämonen ausgetrieben hat, verändert sich das ganze Verhalten des Mannes völlig. Wir lesen in Lk 8,35: *„Da gingen sie hinaus, um zu sehen, was geschehen war, und kamen zu Jesus und fanden den Menschen, von dem die Dämonen ausgefahren waren, bekleidet und vernünftig zu den Füßen Jesu sitzen, und sie fürchteten sich."* (vgl. Mk 5,15)

Wir wissen gar nicht, woher der Geheilte nun so schnell Kleider bekommen konnte – aber mit der Befreiung von den Dämonen erlangte er sein Schamgefühl wieder. Die Schaulustigen sehen ihn „bekleidet und vernünftig zu den Füßen Jesu sitzen".

Die Moral der Geschichte: Der Teufel und seine Dämonen ziehen den Menschen aus. Jesus befreit den Menschen – und zieht ihn an. „Vernünftig zu Jesu Füßen sitzen" wird in einem Atemzug mit „bekleidet" ausgesprochen.

Eine bemerkenswerte Parallele zum „Anziehen in der Gegenwart Jesu" finden wir auch im Johannesevangelium, Kapitel 21. Es geht dort um eine Begebenheit in einer Zeit, in der unser Herr bereits auferstanden, jedoch noch nicht gen Himmel gefahren war. Diese Zeit war für die Jünger von besonderer Spannung geprägt, da sie nie wussten, wann und wie ihr auferstandener Herr sich ihnen erneut zeigen würde. Einmal zeigte er sich ihnen am See Genezareth (Joh 21,1b-7):

„Er offenbarte sich aber so: Es waren beisammen Simon Petrus und Thomas, der Zwilling genannt wird, und Nathanael von Kana in Galiläa und die Söhne des Zebedäus und zwei andere von seinen Jüngern. Simon Petrus spricht zu ihnen: Ich gehe fischen! Sie sprechen zu ihm: So

---

36   Schwachsinn im Sinne geistiger Krankheit oder Unterentwicklung.

kommen wir auch mit dir. Da gingen sie hinaus und stiegen sogleich in das Schiff; und in jener Nacht fingen sie nichts. Als es aber schon Morgen geworden war, stand Jesus am Ufer; doch wussten die Jünger nicht, dass es Jesus war. Da spricht Jesus zu ihnen: Kinder, habt ihr nichts zu essen? Sie antworteten ihm: Nein! Er aber sprach zu ihnen: Werft das Netz auf der rechten Seite des Schiffes aus, so werdet ihr finden! Da warfen sie es aus und konnten es nicht mehr einziehen wegen der Menge der Fische. Da spricht der Jünger, den Jesus lieb hatte, zu Simon Petrus: Es ist der Herr! Als nun Simon Petrus hörte, dass es der Herr sei, gürtete er das Obergewand um sich, denn er war nur im Untergewand, und warf sich in den See."

In Vers 7 übersetzt die Schlachter 2000 wie zitiert: „er (Petrus) war nur im Untergewand". Wörtlich jedoch heißt es hier: „er war nackt". Das hier benutzte griechische Wort *gymnos* wird (in der Elberfelder 1905) zwölf Mal mit „nackt", zwei Mal mit „bloß" und einmal mit „nicht bekleidet" übersetzt.

Dass die Schlachter-Übersetzung den Begriff „nackt" nicht verwendet, sondern stattdessen sagt, Petrus hätte ein Untergewand an, ist eine berechtigte Interpretation dessen, was mit „nackt" gemeint ist. Wir haben heute ein anderes Verständnis vom Nackt-Sein als die Juden damals. Ein gläubiger Jude würde niemals ganz nackt mit anderen Männern im Boot arbeiten. Wenn er nur ein Untergewand anhatte, so war das die letzte Grenze, die er nicht mehr überschreiten würde. Darum galt das bereits als nackt sein. Weil die Juden ein sehr ausgeprägtes Schambewusstsein hatten, nahmen sogar die Römer Rücksicht darauf und erlaubten im Fall einer Kreuzigung, dass die Schamgegend des Verurteilten mit einem Lendenschurz verhüllt wurde. Verbrecher anderer Nationen wurden dagegen splitternackt gekreuzigt.

Nur ein Untergewand anzuhaben war für den Verfasser Johannes somit fast gleichwertig mit nackt sein. Und für Petrus kam es nicht in Frage, vor seinem Herrn und Meister nackt – nämlich nur im Untergewand – zu erscheinen. Darum zog er sich das Obergewand an, obwohl ihn das beim Schwimmen ja nur behindern würde (laut Vers 8 war das Boot etwa 100 Meter vom Ufer entfernt).

Dieses – aus heutiger Sicht sehr merkwürdige – Verhalten des Petrus stellt uns vor die berechtigte Frage, ob wir überhaupt noch ein gesundes Schamgefühl besitzen.

2.2.6 „Purpur und kostbare Leinwand" – Symbole des Reichtums

Eines Tages hält der Herr Jesus eine Predigt über das Geld (siehe Lk 16,1-13). Er erzählt zunächst ein Gleichnis, wendet es auf unser Leben an und schließt dann mit den Worten: *„Ihr könnt nicht Gott dienen und dem Mammon!"* Obwohl diese Rede an die Jünger gerichtet ist (vgl. V. 1), befinden sich unter den Zuhörern auch Pharisäer. Diese sind geldgierig und lachen über die Worte des Herrn (Lk 16,14): *„Das alles hörten aber auch die Pharisäer, die geldgierig waren, und sie verspotteten ihn."*

Nun wendet sich unser Herr direkt an diese geldgierigen Menschen und weist sie zurecht (Lk 16,15): *„Und er sprach zu ihnen: Ihr seid es, die sich selbst rechtfertigen vor den Menschen, aber Gott kennt eure Herzen; denn was bei den Menschen hoch angesehen ist, das ist ein Gräuel vor Gott."*

Die Pharisäer leiden an einer gefährlichen Verwechslung: Sie schätzen das, was Gott verachtet. Irdische Freuden sind ihr Lebensziel. In V. 17 weist der Herr sie deswegen darauf hin, dass sie nicht meinen sollen, dass sie über dem Gesetz stehen, sondern dass auch sie an das Gesetz gebunden sind. In V. 18 macht er das konkret an einem Beispiel fest, nämlich dass Scheidung und Wiederheirat nichts anderes als Ehebruch sind. Er benutzt dieses Beispiel deshalb, weil die Pharisäer dieses Gebot Gottes durch ihre eigenen Gesetze zu umgehen versuchten.

Ab Vers 19 kommt er dann auf ihr Problem der Geldgier zu sprechen und erzählt die Geschichte von einem reichen Mann und dem armen Lazarus. Die Geschichte beginnt mit den Worten (Lk 16,19): *„Es war aber ein reicher Mann, der kleidete sich in Purpur und kostbare Leinwand und lebte alle Tage herrlich und in Freuden."*

Dieser reiche Mann ist sozusagen das, was auch ein geldgieriger Pharisäer gern wäre. Doch im weiteren Verlauf der Geschichte stellt der Herr Jesus heraus, dass ausgerechnet diesen Mann nach dem Tod ein böses Erwachen einholt, als er sich an dem Ort der Qual wiederfindet und die Worte hören muss (Lk 16,25b): *„Bedenke, dass du dein Gutes empfangen hast in deinem Leben und Lazarus gleichermaßen das Böse; nun wird er getröstet, du aber wirst gepeinigt."*

Dieser Mann hat sich nur auf das irdische Leben konzentriert und in demselben alle Freuden genossen. Aber was hat ihm das gebracht?

Er hat sich zu Lebzeiten nicht um Gott gekümmert, auch nicht um die bedürftigen Menschen in seiner Nähe. Nun muss er die Konsequenzen tragen.

Der Herr Jesus beschreibt diesen leichtsinnigen Reichen als einen, der sich in „Purpur und kostbare Leinwand" kleidete. Gerade Purpur (sehr kostbarer, roter Stoff) war ein Material, das von Königswürde sprach. Als die Soldaten den Herrn Jesus verspotteten, legten sie *„ihm einen Purpurmantel um und sprachen: Sei gegrüßt, du König der Juden!, und schlugen ihn ins Gesicht"* (Joh 19,2-3).

Dieser Mann nun lebte wie ein König – obwohl er keiner war. In seinem eigenen kleinen Reich war er der souveräne Herrscher und alles musste sich nur um ihn drehen. Seine Kleidung brachte diese Lebenshaltung zum Ausdruck: „Ich bin hier der Chef!" Purpur und kostbare Leinwand wären für einen König angebracht – aber nicht für diesen Mann, dem keinerlei Königswürde zustand.

Da kostbare Kleider einen Menschen in den Augen der anderen sehr wichtig erscheinen lassen, werden wir davor gewarnt, nach diesen weltlichen Maßstäben zu urteilen (Jak 2,2-4): *„Denn wenn in eure Versammlung ein Mann käme mit goldenen Ringen und in prächtiger Kleidung, es käme aber auch ein Armer in unsauberer Kleidung, und ihr würdet euch nach dem umsehen, der die prächtige Kleidung trägt, und zu ihm sagen: Setze du dich hier auf diesen guten Platz!, zu dem Armen aber würdet ihr sagen: Bleibe du dort stehen, oder setze dich hier an meinen Fußschemel! – würdet ihr da nicht Unterschiede unter euch machen und nach verwerflichen Grundsätzen richten?"*

Einen Menschen um seiner kostbaren, prunkvollen Kleidung willen zu bevorzugen und höher zu schätzen als andere, ist ein „verwerflicher Grundsatz". Ebenso ist es verwerflich, jemanden zu verachten, weil er aufgrund seiner Armut nicht einmal saubere Kleidung tragen kann.

Das „Verwerfliche" an diesen Grundsätzen ist dieselbe Verwechslung, wie die Pharisäer sie machten (Lk 16,15b): *„denn was bei den Menschen hoch angesehen ist, das ist ein Gräuel vor Gott."* Das irdische Streben nach Reichtum, Ruhm und Ansehen ist vor Gott ein Gräuel. Deswegen dürfen wir in der Gemeinde nicht Menschen (seien es Geschwister oder Gäste) aufgrund ihres Reichtums oder ihrer gehobenen Stellung in der Gesellschaft ehren. Ebenso dürfen wir Menschen nicht um ihrer Armut willen demütigen, denn Gott hat das Arme auserwählt, argumentiert Jakobus weiter (Jak 2,5-9): *„Hört, meine geliebten Brüder: Hat nicht Gott die Armen dieser Welt erwählt, dass sie reich im Glauben würden und Erben des Reiches, das er denen verheißen hat, die ihn lieben? Ihr aber habt den Armen verachtet! Sind es nicht die Reichen, die euch unterdrücken, und ziehen nicht sie euch vor Gericht? Lästern sie nicht den guten Namen, der über euch ausgerufen worden ist? Wenn ihr das königliche Gesetz erfüllt nach dem Schriftwort: ‚Du sollst deinen Nächsten lieben wie dich selbst!', so handelt ihr recht; wenn ihr aber die Person anseht, so begeht ihr eine Sünde und werdet vom Gesetz als Übertreter verurteilt."*

Es geht bei Jakobus nicht etwa darum, dass „Purpur und kostbare Leinwand" an sich schlecht und sündig und dass „schmutzige Kleider" etwas Begehrenswertes wären. Die beiden Bekleidungsarten stehen hier als Ausdruck des gesellschaftlichen Standes da. Wir werden keineswegs aufgefordert, schmutzige Kleider zu tragen, sondern alle Menschen gleich zu lieben – nämlich *„wie dich selbst!"* – auch wenn sie nichts Sauberes anzuziehen haben. Ein Armer in schmutzigen Kleidern ist genauso viel wert wie ein Reicher in prunkvollen Kleidern. Die Reichen jedoch – sagt Jakobus – sind es, die *„euch unterdrücken"* und vor Gericht ziehen.

Genau wie in der Geschichte von dem reichen Mann und dem armen Lazarus schneiden die Reichen bei Jakobus sehr schlecht ab. Liebe zum Prunk und Reichtum ist eben unverträglich mit einem Leben in Gottesfurcht (Lk 16,13): *„Ihr könnt nicht Gott dienen und dem Mammon!"*

So wird auch die verweltlichte Namenschristenheit in Off 17,4-5 als eine prunkvoll bekleidete und geschmückte Frau dargestellt: *„Und die Frau war gekleidet in Purpur und Scharlach und übergoldet mit Gold und Edelsteinen und Perlen; und sie hatte einen goldenen Becher in ihrer Hand, voll von Gräueln und der Unreinheit ihrer Unzucht, und auf ihrer Stirn war ein Name geschrieben: Geheimnis, Babylon, die Große, die Mutter der Huren und der Gräuel der Erde."*

Einmal mehr erkennen wir, dass alles, was nach Prunk und Reichtum aussieht, *„Gold und Edelsteine und Perlen"*, sich nicht mit einem Leben in der Gottesfurcht verträgt. Sicherlich geht es hier in allen drei genannten Beispielen (Lk 16; Jak 2 und Off 17) um sehr extravaganten, prunkvollen Schmuck. Darum wenden manche Christen ein, dass der Schmuck ja nicht ganz falsch sei, man dürfe halt nicht übertreiben. Doch letztlich geht es um unser Herz, das stets in der Gefahr steht, der Liebe zum Schmuck zu verfallen – und dafür muss man nicht erst reich sein.

Wir bringen unseren Kindern bei, dass sie nicht mit Feuer spielen dürfen, weil wir wissen, wie schnell Feuer außer Kontrolle geraten kann. Hier geht es um ein gefährlicheres Feuer, das unsere Liebe zu Gott zu zerstören droht. Dieses Feuer ist die Liebe zu Gold und Edelsteinen. Sollten wir damit spielen, indem wir sagen: „Ein wenig Schmuck ist nicht verkehrt!"? Wäre es nicht vielmehr angebracht, dieses Feuer im Ansatz zu ersticken, bevor es gefährliche Ausmaße annimmt? 1Th 5,22 sagt uns: *„Haltet euch fern von dem Bösen in jeglicher Gestalt!"*

2.2.7 Die irdische Kleidung des Herrn Jesus

Die Bibel berichtet uns nur sehr wenig über die Kleidung, die unser Herr während seiner Zeit auf Erden getragen hatte. Einen Hinweis darauf finden wir in Joh 19,23: *„Als nun die Kriegsknechte Jesus gekreuzigt hatten, nahmen sie seine Kleider und machten vier Teile, für jeden Kriegsknecht einen Teil, und dazu das Untergewand. Das Untergewand aber war ohne Naht, von oben bis unten in einem Stück gewoben."*

Nach damaliger Sitte hatten die Henker das Recht, den Besitz des Verurteilten an sich zu nehmen. So nahmen sie die Kleider und teilten sie unter sich auf. Dass sie *vier* Teile machten, lässt darauf schließen, dass das Hinrichtungskommando aus vier Soldaten bestand. Diese vier Teile bestanden vielleicht aus einem Obergewand, einem Gürtel, den Sandalen und einer Kopfbedeckung.

Laut Mk 15,24 wurden *alle* Kleidungsstücke Jesu unter den Soldaten verlost, *„was jeder bekommen sollte."* Steht diese Aussage im Widerspruch zu Joh 19,23? Sagt Johannes nicht, dass sie lediglich um sein Untergewand gelost haben? Was wir hier vorfinden, ist kein Widerspruch, sondern zwei einander ergänzende Puzzleteile, die zusammen ein Bild ergeben, das wie folgt ausgesehen haben könnte:

Zunächst teilten die Soldaten die vier Teile der Oberbekleidung untereinander auf. Laut Mk 15,24 taten sie es, indem sie Lose darum warfen. Nachdem die Oberbekleidung gleichmäßig verteilt war, blieb das Untergewand als fünftes Teil übrig. Wenn die Soldaten ihre

Beute untereinander gerecht aufteilen wollten (nämlich so, dass jeder gleich viel bekommt), hätten sie es nun zerreißen müssen. Aber sie taten es nicht, denn das Untergewand erschien ihnen zu wertvoll, um es zu zertrennen. Deswegen warfen sie auch um dieses fünfte Kleidungsstück Lose. Sie taten es, obwohl dann einer von ihnen mehr bekommen würde als die anderen drei. Wenn sie es zerrissen hätten, dann hätten sie die Kleider zwar „gerecht" aufgeteilt – aber keiner von ihnen hätte wirklich etwas von dem Wert dieses Untergewands.

Das Besondere nun an diesem Untergewand war, dass es nicht – wie üblich – aus zwei Teilen genäht, sondern an einem Stück gewebt worden war. Solche Kleidungsstücke waren in jener Zeit besonders geschätzt, denn sie waren qualitativ hochwertig. Es gab an solch einem Untergewand keine Naht, die am Körper scheuern könnte, was von besonderem Vorteil war, da ein Untergewand direkt am Körper getragen wurde.

Was können wir daraus für unser Leben folgern? Lässt sich aus der Art, wie Jesus sich kleidete, etwas für unser Leben ableiten? Eine direkte Anweisung können wir daraus zwar nicht ableiten, aber einen Hinweis, der uns hilft, andere Aussagen des Neuen Testaments im richtigen Gleichgewicht zu sehen. Denn wenn der Herr Jesus auch nicht viele Kleider besaß (wahrscheinlich nur das, was er am Leibe trug), wenn seine Kleider äußerlich auch bescheiden waren, so waren es doch offensichtlich keine „billigen Klamotten", sondern Kleider von guter Qualität.

Wenn wir nun (z.B. in 1Pe 3,3 oder 1Tim 2,9) aufgerufen werden, keine „kostbaren Kleider" zu tragen, so geht es nicht in erster Linie darum, „möglichst billig" einzukaufen. Natürlich werden wir darauf achten, dass wir mit dem Geld, das Gott uns anvertraut hat, verantwortungsvoll umgehen und nicht Unsummen für Kleidung ausgeben. Natürlich werden wir Gelegenheiten nutzen, Kleidung günstig zu kaufen. Doch es ist nicht erstrebenswert, billigen Ramsch zu kaufen. Kleidung und Schuhe, die bereits nach kurzer Zeit nichts mehr taugen, sind ebenso verschwendetes Geld wie übfteuerte Sachen, die ihren Preis nicht wert sind.

„Hauptsache billig" ist daher keine gute Devise, denn sie stürzt uns in einen Konsumrausch und in der Summe geben wir vielleicht noch mehr Geld aus, als wenn wir uns auf wenige Sachen mit guter

Qualität beschränken. Die heutige Bekleidungsindustrie lädt uns mit ihren fortwährenden Sonderangeboten dazu ein, uns sehr viele Kleider zu kaufen. Besser ist es dagegen, sich auf wenige Kleidungsstücke zu beschränken, dabei aber auf Qualität zu achten.

„Weniger ist mehr" – ist ein geflügeltes Wort unserer Zeit. Auch in der Kleiderwahl Jesu sehen wir: Besser weniger Kleidung kaufen, aber dafür auf Qualität achten. Wir sammeln keine *„Schätze auf Erden"*, indem wir uns gute Kleidung kaufen – sondern indem wir Kleidung anhäufen. Nicht umsonst fügt Jesus als Beschreibung der irdischen Schätze hinzu (Mt 6,19): *„wo die Motten ... sie fressen"*. Kleidung, die getragen wird, wird nicht von Motten zerfressen. Wer sich aber mehr Kleider anschafft, als er tragen kann, kauft sie „für die Motten".

Auch Christen, die ansonsten sehr darauf bedacht sind, biblische Maßstäbe für Kleidung einzuhalten (wie z.B. Keuschheit oder Geschlechterunterscheidung), sollten sich prüfen, inwieweit sie der Aufforderung Jesu nachkommen, nicht in der Sorge um Nahrung und Kleidung zu versinken. Der Materialismus kann sich auch in einem sehr „keuschen" Gewand in unser Leben einschleichen.

2.2.8 Haarlänge und Kopfbedeckung beim Gebet

Es gibt wohl nur wenige Kapitel im Neuen Testament, deren praktische Anwendung in der Christenheit so umstritten ist, wie das elfte Kapitel des ersten Korintherbriefes, genauer gesagt 1Kor 11,2-16. Es geht in diesem Abschnitt in erster Linie darum, dass eine Frau beim Gebet ihr Haupt bedecken soll und ein Mann nicht. Ganz nebenbei bemerkt Paulus wie selbstverständlich (1Kor 11,14-15): *„Oder lehrt euch nicht schon die Natur, dass es für einen Mann eine Unehre ist, langes Haar zu tragen? Dagegen ist es für eine Frau eine Ehre, wenn sie langes Haar trägt; denn das lange Haar ist ihr anstelle eines Schleiers gegeben."*

Die „Natur", die uns lehrt, ist nicht die Flora und Fauna, auch nicht die körperliche Veranlagung, sondern das innere Empfinden, mit dem Gott einen Menschen ausgestattet hat. Doch was für Paulus offensichtlich selbstverständlich war, empfinden heute viele Menschen leider nicht so. Es gibt Männer, die lange Haare tragen und dies nicht als Unehre empfinden. Viele Frauen tragen kurze Haare und empfinden es ebenfalls nicht als peinlich.

Die oben zitierten Verse sollten wir jedoch als ein gewisses Barometer auffassen und uns fragen: Inwieweit empfinde ich es überhaupt noch so? Ist es mir als Mann noch peinlich, wenn meine Haare so lang werden, dass ich schon einer Frau ähnlich werde? Ist es mir als Frau überhaupt eine Schande, meine Haare kurz zu schneiden?

Gerade bei den Frauen geht der Trend dahin, die Haare immer etwas kürzer werden zu lassen. Paulus jedoch sagt, *„das Haar ist ihr anstelle eines Schleiers gegeben."* Ein Schleier fällt frei vom Kopf herab. Auch wenn wir hier keine Mindestlänge definieren können – schon weil nicht alle Frauen mit der gleichen Haarpracht beschenkt worden sind –, so müssen wir uns doch fragen, ob unser inneres Empfinden und unser Streben mit göttlichen Maßstäben übereinstimmt.

Die Aussage „anstelle eines Schleiers" kann leicht zu Missverständnissen führen, wie auch MacDonald in seinem Kommentar erläutert:

Vers 15 ist von vielen ziemlich missverstanden worden. Einige sind der Ansicht, weil „das Haar" der Frau „anstatt eines Schleiers gegeben" ist, wäre es für sie nicht notwendig, noch eine weitere Kopfbedeckung zu haben. Doch eine solche Lehre vergewaltigt diesen Schriftabschnitt. Wenn man nicht versteht, dass hier zweierlei Bedeckung gemeint ist, dann wird das Kapitel hoffnungslos verwirrend. Das kann man zeigen, wenn man sich auf Vers 6 zurückbezieht. Dort lesen wir: „Wenn es aber für eine Frau schändlich ist, dass ihr das Haar abgeschnitten oder geschoren wird, so soll sie sich verhüllen." Entsprechend der eben erwähnten Auslegung von Vers 15 würde das Folgendes heißen: „Wenn eine Frau ihr Haar nicht trägt, könne sie doch gleich geschoren werden." Aber das ist einfach lächerlich. Wenn sie „ihr Haar nicht trägt", kann man sie wohl kaum noch scheren!

Das eigentliche Argument in Vers 15 lautet, dass es eine echte Analogie zwischen dem Geistlichen und dem Natürlichen gibt. Gott gab der Frau eine natürliche Bedeckung der „Ehre", und zwar auf eine Weise, wie der Mann sie nicht hat. Das hat eine geistliche Bedeutung. Es lehrt, dass eine Frau, wenn sie zu Gott betet, eine Kopfbedeckung tragen sollte. Was für den natürlichen Bereich gilt, sollte auch für den geistlichen gelten.

Das lange Haar der Frau ist kein Ersatz für die Kopfbedeckung beim Gebet. Das Tragen der Kopfbedeckung (bei der Frau) ist zwar „nur" eine Äußerlichkeit – aber auch diese Äußerlichkeit vermittelt eine Botschaft, nämlich ihre Unterordnung unter ihren Mann (1Kor 11,8-10): *„Denn der Mann kommt nicht von der Frau, sondern die Frau vom Mann; auch wurde der Mann nicht um der Frau willen erschaffen, sondern die Frau um des Mannes willen. Darum soll die Frau ein Zeichen der Macht auf dem Haupt haben, um der Engel willen."*

Die Kopfbedeckung der Frau zeigt, dass sie unter einer sichtbaren

Autorität steht. Dem Mann wird dagegen gesagt, dass er keine Kopfbedeckung beim „Beten oder Weissagen" tragen soll, wodurch ebenfalls eine Botschaft vermittelt wird, nämlich die, dass er unter einer unsichtbaren Autorität steht (1Kor 11,7-8): *„Denn der Mann darf das Haupt nicht bedecken, weil er Gottes Bild und Ehre ist; die Frau aber ist die Ehre des Mannes. Denn der Mann kommt nicht von der Frau, sondern die Frau vom Mann."*

2.2.9 Der richtige Schmuck für „Frauen, die sich zur Gottesfurcht bekennen"

Die meisten Bibelstellen, die wir bisher betrachtet haben, enthalten keine direkten Anweisungen bezüglich Kleidung, Haartracht oder Schmuck, sondern verschiedenartige Belehrung zur richtigen Haltung gegenüber diesen Äußerlichkeiten. Nun aber haben wir zwei Stellen im Neuen Testament vor Augen, die *konkrete Anweisungen* diesbezüglich enthalten.

Wir betrachten beide Stellen in einem gemeinsamen Kapitel, weil sie einander sehr ähneln, obwohl die eine Aussage von Paulus und die andere von Petrus stammt. Beide Apostel jedoch waren vom selben Geist inspiriert, als sie diese Verse zu Papier brachten. Die Harmonie ist daher keineswegs verwunderlich und zeigt uns zusätzlich, dass unter den Aposteln Übereinstimmung in dieser Frage herrschte.

Die erste Anweisung finden wir in 1Tim 2,9-10. Um den Gedankengang dieser Verse besser zu verstehen, sind hier die einzelnen Aussagen unterschiedlich eingerückt. Die Worte, die das Satzgerüst bilden, stehen ganz links. Die Begriffe, die weitere Beschreibungen enthalten, weiter rechts. Das Satzgerüst ist zudem fett markiert.

1Tim 2,9-10:
Ebenso [will ich] auch,
dass sich die Frauen
    in ehrbarem Anstand
    mit Schamhaftigkeit und Zucht
schmücken,
    nicht   mit Haarflechten
           oder Gold
           oder Perlen
           oder aufwändiger Kleidung,

sondern
> *durch gute Werke,*
> **wie es sich für Frauen geziemt,**
> **die sich zur Gottesfurcht bekennen.**

Das Satzgerüst lautet also: *„[Ich will], dass sich die Frauen schmücken*[37]*, wie es sich für Frauen geziemt, die sich zur Gottesfurcht bekennen."*

Wenn Paulus nun die gläubigen Frauen auffordert: *„[Ich will], dass sich die Frauen schmücken…"*, so müssen wir an dieser Stelle die Bedeutung des Wortes „schmücken" erläutern. In der deutschen Sprache klingt „schmücken" (vor allem wenn es mit Frauen in Verbindung gebracht wird), sehr nach dem Gebrauch von Schmuckgegenständen wie Ohrringen oder Halsketten. (Ähnlich wie man einen Weihnachtsbaum „schmückt", indem man bunte Glaskugeln daran hängt.) Doch wie bereits in der Fußnote erklärt bedeutet das griechische Verb *kosmeo* „in die richtige Ordnung bringen, schmücken, herrichten". Es ist abgeleitet von dem Nomen *kosmos,* was Ordnung bedeutet, und erfordert nicht das Hinzufügen von Schmuckgegenständen, sondern das Herrichten[38] und Ordnen – sowohl der äußeren Erscheinung („in ehrbarem Anstand, mit Schamhaftigkeit und Zucht") als auch des Verhaltens („gute Werke").

Sowohl die äußere Erscheinung als auch das Verhalten sollen so „geschmückt" bzw. hergerichtet, geordnet sein, *„wie es sich für Frauen geziemt, die sich zur Gottesfurcht bekennen."* Merkwürdigerweise sagt Paulus nicht: „für Frauen, die gottesfürchtig *sind*", sondern „für Frauen, die sich zur Gottesfurcht[39] *bekennen*[40]. Der Wunsch und

---

37 Griechisch: *kosmeo*. Dieses Wort für „sich schmücken" bedeutet „in die richtige Ordnung bringen, schmücken, herrichten; von *kosmos,* Ordnung; in Mt 12,44; 23,29; 25,7; Lk 11,25; 21,5; 1Tim 2,9; Tit 2,10; 1Pe 3,5; Offb 21,2.19." *(Quelle: Elberfelder Studienbibel, #2860)*

38 Vgl. Mt 25,7: Die Jungfrauen *„schmückten ihre Lampen"* bedeutet, dass sie diese herrichteten, nämlich indem sie diese mit Öl befüllten, den Docht einstellten und anzündeten. Es wurden für dieses Schmücken keine zusätzlichen Schmuckgegenstände benötigt.

39 Griechisch: *theosebeia*. Das hier verwendete Wort kommt im Neuen Testament nur an dieser Stelle vor und bedeutet: „Frömmigkeit, Gottesfurcht, Gottesverehrung; von *theosebes,* fromm, gottesfürchtig [...]. Die *theosebeia* soll nicht nur den Gottesdienst, sondern das ganze Leben und Verhalten der Christen bestimmen [...]." *(Quelle: Elberfelder Studienbibel, #2290)*

40 Das hier verwendete griechische Wort *epangello* bedeutet: „ankündigen; von *epi,* auf, und *angello,* berichten, verkündigen. Es bedeutet etw. verkündigen, z.B. öffentliche Bekanntmachungen oder Erlasse; [...] in 1Tim 2,10; 6,21 bedeutet es, sich zu etw. bekennen, etw. für sein Fach erklären [...]." *(Quelle: Elberfelder Studienbibel, #1844)*

die Bereitschaft, sich (vor anderen Menschen) zur Gottesfurcht zu bekennen, spielt hier eine wesentliche Rolle. Es stellt sich unvermeidlich die persönliche Frage: Möchte ich denn überhaupt als ein gottesfürchtiger Mensch erkannt werden?

Paulus ist sich dessen bewusst, dass unser Äußeres ein Bekenntnis ist: Man sieht uns an der Kleidung und dem Schmuck an, zu welchen Werten wir uns bekennen (zu den materiellen oder zu den geistlichen). Daher kann es nicht völlig egal sein, wie Christen sich kleiden und schmücken. Unser Äußeres kann (in der Verbindung mit „guten Werken") ein Bekenntnis zur Gottesfurcht sein.

Wir können unsere Gottesfurcht durch unser Äußeres bekennen – oder aber tarnen, sodass wir als Christen unerkannt bleiben.

Die weiteren (eingerückten) Begriffe beschreiben nun diesen „Schmuck", der sich einer Frau „geziemt", die sich „zur Gottesfurcht bekennt":

- ehrbarer Anstand (EÜ[41]: bescheidenes Äußeres)
- Schamhaftigkeit und Zucht (EÜ: Sittsamkeit)
- gute Werke

Andere Begriffe zeigen an, welcher Schmuck sich für Gottesfurcht-Bekennerinnen *nicht* geziemt, nämlich:

- Haarflechten
- Gold
- Perlen
- aufwändige (EÜ: kostbare) Kleidung

Man könnte diese Aufforderung des Paulus an die Frauen etwa so wiedergeben:

Schmückt euch so, wie es sich für Frauen gehört, die ihre Gottesfurcht nicht verbergen, sondern sichtbar machen wollen. Zu solchen Frauen passt ein einfaches, bescheidenes und darin würdevolles Äußeres, das von gesundem Schamgefühl und vom rücksichtsvollen Taktgefühl zeugt. Aber aufwändige Frisuren, Gold, Perlen und kostbare Kleider sind keine Merkmale der Gottesfurcht, darum verzichtet darauf und strebt stattdessen vielmehr danach, durch gute Werke aufzufallen und zu glänzen.

Manchmal wird eingewendet, dass es Paulus gar nicht darum geht, dass Frauen auf Schmuck wie Gold und Perlen verzichten sollten,

---

41   EÜ = Elberfelder Übersetzung (wenn nicht anders angegeben die Fassung von 1905)

sondern lediglich darum, ein größeres Schwergewicht auf *„gute Werke"* zu legen. Doch die Begriffe wie *„ehrbarer Anstand"* bzw. *„bescheidenes Äußeres"*, *„Schamhaftigkeit und Sittsamkeit"* beziehen sich eindeutig auf das Äußere. Diese äußeren Merkmale gehören ebenso zum wahren Schmuck einer *„Frau, die sich zur Gottesfurcht bekennt"* wie die guten Werke. Und die anschließende Erläuterung *__nicht__ mit Haarflechten, Gold, Perlen, aufwändiger Kleidung"* ist eine nähere Beschreibung dessen, was ein *„bescheidenes Äußeres"* ausmacht.

Wir wollen die Bedeutung der einzelnen oben genannten Merkmale gleich näher untersuchen, betrachten vorher aber noch die Worte aus dem ersten Petrusbrief. Die Verse 1Pe 3,3-4 sind dabei entscheidend, wir lesen um des Zusammenhangs willen aber die ersten sechs Verse:

1Pe 3,1-6:
„Gleicherweise sollen auch die Frauen sich ihren eigenen Männern unterordnen, damit, wenn auch etliche sich weigern, dem Wort zu glauben, sie durch den Wandel der Frauen ohne Wort gewonnen werden, wenn sie euren in Furcht keuschen Wandel ansehen.
> ***Euer Schmuck soll***
>> ***nicht der äußerliche sein,***
>>> *Haarflechten und*
>>> *Anlegen von Goldgeschmeide oder Kleidung,*
>> ***sondern der verborgene Mensch des Herzens***
>>> *in dem unvergänglichen Schmuck*
>>> *eines sanften und stillen Geistes, der vor Gott sehr*
>>> *kostbar ist.*

Denn so haben sich einst auch die heiligen Frauen geschmückt, die ihre Hoffnung auf Gott setzten und sich ihren Männern unterordneten, wie Sarah dem Abraham gehorchte und ihn ‚Herr' nannte. Deren Töchter seid ihr geworden, wenn ihr Gutes tut und euch keinerlei Furcht einjagen lasst."

Auch in diesem Abschnitt lässt sich die Hauptaussage leicht erkennen: *„Euer Schmuck soll nicht der äußerliche sein, sondern der verborgene Mensch des Herzens."* Im Kern der Aufforderung stehen die Worte *„nicht ... sondern ..."*. Das lenkt unsere Aufmerksamkeit darauf, was Gott wirklich schön findet: Nämlich *nicht* den äußeren, *sondern* den inneren Schmuck. Dieser besteht in einem „sanften und stillen Geist", den Petrus als „unvergänglichen" Schmuck bezeichnet. Die Aufforderung des Petrus zielt nun darauf ab, sich auf die Entwicklung dieser inneren Werte zu konzentrieren[42]. Zugleich soll der „äußerliche Schmuck" (Haarflechten, Anlegen von Goldgeschmeide oder Kleidung) sein hohes Ansehen in den Augen der gottesfürchtigen Frauen (und natürlich auch in den Augen der Männer) verlieren.

Wenn wir nun bedenken, was wir bisher über den äußeren Schmuck aus der Bibel gelernt haben, wird es sonnenklar, warum Petrus das ausschließende Wörtchen „sondern" benutzt. Er sagt *nicht*: „Euer Schmuck sei nicht *nur* der äußerliche, *sondern auch* der verborgene...", sondern er benutzt nur das „*sondern*" um anzuzeigen, dass beide sich gegenseitig ausschließen und nicht etwa ergänzen.

Tatsächlich haben wir ja bereits gesehen (ganz besonders eindrucksvoll an der Gerichtsbotschaft in Hesekiel 16), dass der Reichtum an Schmuck unser Herz zum Stolz und zur Selbstsicherheit verführt. Gott aber möchte einen „sanften und stillen Geist" in unseren Herzen sehen, insbesondere in den Herzen der Frauen. Der äußere Schmuck fördert einen solchen Geist nicht. Er steht dem auch nicht neutral gegenüber. Er wirkt zerstörerisch auf ihn.

Nun stellt sich noch die Frage, warum Paulus und Petrus jeweils die Frauen ansprechen, wenn sie über Kleidung und Schmuck reden. Das geschieht sicher nicht deswegen, weil diese Prinzipien auf Männer nicht zutreffen würden, sondern wohl deshalb, weil Frauen auf diesem Gebiet normalerweise viel eher als Männer dazu geneigt sind, verkehrt zu handeln[43]. Es liegt in der Natur einer Frau, sich schön zu machen. Diese Vorliebe ist an sich gut, denn darin spiegelt sich

---

42 Der „sanfte und stille Geist" steht hier im engen Zusammenhang mit der Unterordnung der Ehefrau unter ihren Mann. Die Entwicklung dieser „inneren Werte" würde ebenfalls ausführliche Betrachtung verdienen, denn schließlich geht es Petrus ja eben um diesen „unvergänglichen Schmuck". Da wir uns in diesem Buch jedoch auf „Äußerlichkeiten" beschränken, ist es nicht dazu geeignet, dieses Thema weiter auszuführen. Es sei daher auf weiterführende Literatur verwiesen, z.B. auf das Buch von Elizabeth Rice Handford *„Unterordnung – Einschränkung oder Privileg?" (CMV, Nr. 30828)*.

43 Sowohl Paulus als auch Petrus geben ihre speziellen Anweisungen an die Frauen in einem Atemzug mit anderen Anweisungen, die speziell die Männer betreffen. In 1Tim 2,8 spricht Paulus die besonderen Probleme der Männer an, nämlich „Zorn und zweifelnde Überlegung". Petrus widmet den Vers 1Pe 3,7 den Männern und fordert sie auf, in einer würdigen Weise mit ihren Frauen zusammen zu leben. Es werden hier also schwerpunktmäßig typisch männliche und typisch weibliche Probleme gesondert behandelt.

eine Neigung unseres Schöpfers wider, der die ganze Welt (*kosmos*) nicht nur sehr sinnvoll und funktionsfähig, sondern auch wirklich wunderschön geschaffen hat. Gott hat einen Sinn für das Schöne und hat diese Eigenschaft in die Frau hineingelegt. Ein Sprichwort sagt: „Ein Mann kann ein Haus bauen, *ein Heim wird erst eine Frau daraus machen.*"

Die besonderen Fähigkeiten und Vorlieben von Mann und Frau spiegeln jeweils verschiedene Wesensmerkmale Gottes wider, denn Gott hat den Menschen „als Mann und Frau" in „seinem Bilde" geschaffen (1Mo 1,27). Der Mann ist in der Regel eher praktisch veranlagt und hat nicht so viel Sinn für schöne Dinge. Er kann zwar ein Haus bauen, es aber nicht besonders wohnlich einrichten. Eine Frau dagegen kann zwar kein Haus bauen, aber es liegt ihr viel eher, die Wohnung auch wirklich „wohnlich" einzurichten (sodass auch ein Mann sich darin wohlfühlt). Auf diese Weise ergänzen sich Mann und Frau in einer harmonischen Art und Weise. Einer Frau den Sinn für das Schöne abgewöhnen zu wollen, wäre daher ein Angriff auf Gottes Schöpfungsordnung (und damit eher im Sinne der modernen Gleichstellungspolitik als im Sinne der Apostel).

Wenn nun diese gute Neigung der Frau für das Schöne nicht in die richtigen Bahnen gelenkt wird, kann sie gefährlich werden. (Das ist seit dem Sündenfall in den meisten Lebensbereichen so: Die schönsten Gaben Gottes werden durch die Sünde zu den schlimmsten Plagen der Menschheit entstellt und missbraucht.) Wenn eine Frau nicht versteht, was in Gottes Augen wirklich schön ist, wird sie zu leicht von dem Streben nach der vergänglichen Schönheit in Beschlag genommen, statt darauf zu achten, sich zur Gottesfurcht zu bekennen (und das sowohl durch ihr Äußeres als auch durch ihr Verhalten).

Betrachten wir nun die einzelnen von Paulus und Petrus genannten Merkmale, die das Äußere einer Frau kennzeichnen sollen. Wie der Hauptsatz von 1Tim 2,9-10 erkennen lässt, geht es Paulus darum, zu zeigen, welche Art „Schmuck" Gott gefällt und welche nicht. Es geht um die Frage, was sich zum Äußeren einer „Frau, die sich zur Gottesfurcht bekennt", geziemt und was nicht.

a) Was sich geziemt: „ehrbarer Anstand" bzw. „bescheidenes Äußeres"

Die verschiedenen deutschen Übersetzungsvarianten erscheinen hier zunächst etwas verwirrend. Wir wollen uns daher die Bedeutung der griechischen Begriffe, die in der Schlachter 2000 mit „ehrbarer Anstand" und in der Elberfelder 1905 mit „bescheidenes Äußeres" wiedergegeben werden, näher untersuchen.

Wir haben es hier mit dem Wortgefüge *kosmios katastole* zu tun. Diese beiden Worte haben die Besonderheit, dass sie nur an einer einzigen Stelle im Neuen Testament vorkommen, nämlich in 1Tim 2,9. Was bedeuten nun diese einzelnen Worte?

kosmios:

„ordentlich, schön und schlicht, sittsam; [...] von *kosmos* [...], welches ursprünglich Schmuck, Verzierung bedeutete. Plato nennt denjenigen Bürger *kosmios*, der ruhig im Land wohnt, seinen Bürgerpflichten nachkommt und nicht ordnungswidrig lebt. Er verbindet mit solchen Leuten, wie auch Paulus in 1Tim 3,2, die Eigenschaft *sophron*, besonnen, sich unter Kontrolle habend, jmd., der seine Freiheit freiwillig einschränkt. [...]"[44]

katastole:

Die Elberfelder Studienbibel erklärt diesen Begriff mit einem einzigen deutschen Wort, nämlich: „Haltung"[45]. Bei dieser Erklärung wird jedoch die Herkunft des Wortes unterschlagen. *Katastole* setzt sich nämlich aus zwei Worten zusammen: *kata,* „von herab" und *stole,* (langes) Gewand[46]. Dieses Wort kann daher wörtlich auch als „langes, herabfallendes Gewand" übersetzt werden.

Tatsächlich stellen wir fest, dass die älteren Bibelübersetzungen diesen Begriff gemäß seiner Wortherkunft in die deutsche Sprache übertragen. Menge übersetzt: *„in züchtiger (oder: wohlanständiger) Kleidung"*; Schlachter 1951: *„in sittsamem Gewande"*; Luther 1912: *„in zierlichem Kleide"*. Herbert Jantzen übersetzt *katastole* mit „Betragen" und erklärt: „Das gr. *katastolee* ist die äußere Haltung, die sich auch in der Kleidung zeigen kann. Eine besondere Art des Gewandes ist mit dem Wort nicht angezeigt."

---

44 Quelle: Elberfelder Studienbibel (#2862)
45 Quelle: Elberfelder Studienbibel (#2661)
46 Zur Verwendung von *stole* vgl. Mk 12,38; Luk 20,46; Offb 6,11; 7,9.13.14.

Das Wort *katastole* ist verwandt mit dem Verb *katastello,* das ebenfalls nur an einer Stelle im Neuen Testament vorkommt und dort einmal mit „beruhigen" (Apg 19,35) und einmal mit „sich ruhig verhalten" (Apg 19,36) übersetzt wird. Es geht hier also nicht einfach nur um irgendeine Haltung, sondern um eine ruhige, würdevolle Haltung. Wenn wir uns schon für die entlehnte Version entscheiden und *katastole* mit „Haltung" übersetzen, dann müssten wir konsequenterweise mit „ruhige Haltung" oder einfach mit „Ruhe" übersetzen.

Die Elberfelder 1905 dagegen übersetzt *katastole* einfach als das „*Äußere*". Nun sind die Begriffe „ruhige Haltung" und „Äußeres" in der deutschen Sprache zwei ganz verschiedene Sachen. Im griechischen Sprachgebrauch dagegen ist das Äußere eines Menschen offensichtlich die Verkörperung seiner inneren Haltung. Mein Äußeres bringt meine innere Haltung zum Ausdruck. Deswegen kann dasselbe Wort sowohl für eine würdevolle, ruhige Haltung, als auch für ein würdevolles Gewand oder für ein würdiges Äußeres schlechthin verwendet werden. Da die Worte, die wir reden, unser Denken nicht nur widerspiegeln, sondern auch prägen, können wir davon ausgehen, dass in dem Denken damaliger Leser ein *langes, herabfallendes Gewand* die beste äußerliche Entsprechung zu einer würdevollen, ruhigen inneren Haltung gewesen ist. *Katastole* kann daher widerspruchsfrei *beides* bedeuten.

Wie können wir nun das Wortgefüge *kosmios katastole* am besten verstehen? Wenn ein griechisches Wort des Neuen Testaments zwei Bedeutungen hat, die beide in Frage kommen, dann muss man eine deutsche Übersetzung suchen, die nicht einfach nur *eine* der Möglichkeiten wiedergibt, sondern die *beide* mögliche Übersetzungsvarianten zulässt. Da es in der deutschen Sprache keine genaue Entsprechung für *kosmios katastole* gibt, müssen wir nach einer geeigneten Umschreibung dieser Begriffe suchen. Diese Umschreibung könnte etwa so lauten:

Die Frauen sollen sich herrichten
in *einer würdevollen inneren Haltung, die auch in ihrer Kleidung sichtbar wird, indem sie ordentlich, schön und schlicht auftreten...*

b) Was sich geziemt: „Schamhaftigkeit"

Das hier verwendete griechische Wort *aidos* wird ziemlich einheitlich mit „Schamhaftigkeit" übersetzt, Luther übersetzte es einfach mit „Scham". Außer in 1Tim 2,9 kommt derselbe Ausdruck auch in Heb 12,28 vor, wo er mit „Scheu" übersetzt wird: *„durch die wir Gott auf wohlgefällige Weise dienen können mit Scheu und Ehrfurcht!"*

Scham, Schamhaftigkeit und Scheu sind also mögliche Übersetzungsvarianten. Die Elberfelder Studienbibel erklärt diesen Begriff wie folgt: *„Schamhaftigkeit, Ehrfurcht, Scheu, eine moralische Abneigung gegen eine schändliche Tat. Aidos bezeichnet den Kummer, den ein Mensch hat, wenn er betrachtet, wie die Welt seine eigenen Unzulänglichkeiten bemerkt. [...]"* [47]

Diese Erklärung macht deutlich, dass *aidos* ein Stück weit mehr umfasst, als unser deutsches Wort „Scham". Die Internet-Enzyklopädie „wikipedia" erklärt den deutschen Begriff Scham als *„ein Gefühl der Verlegenheit oder der Bloßstellung, das durch Verletzung der Intimsphäre auftreten kann oder auf dem Bewusstsein beruhen kann, durch unehrenhafte, unanständige oder erfolglose Handlungen sozialen Erwartungen oder Normen nicht entsprochen zu haben."*

Gemäß dieser Erklärung verstehen wir das deutsche Wort Scham als ein *Gefühl*, das wir im Moment einer Bloßstellung (oder auch danach) empfinden, also wenn uns etwas peinlich ist. Das griechische *aidos* dagegen sieht bereits im Voraus, dass eine Tat schändlich oder peinlich sein würde und ist eine Scheu davor, diese Tat zu vollbringen. Es ist daher mehr als das peinliche Gefühl, sondern eine Haltung, die dafür sorgt, alles zu vermeiden, wofür man sich schämen müsste.

Wir könnten die bereits angefangene Umschreibung der Verse 1Tim 2,9-10 darum in folgender Weise fortsetzen:

> Die Frauen sollen sich herrichten
> <u>in</u> einer würdevollen inneren Haltung, die auch in ihrer Kleidung sichtbar wird, indem sie ordentlich, schön und schlicht auftreten
> <u>**mit**</u> ***innerer Scheu vor allem, wofür sie sich schämen müssten...***

---

[47]   Quelle: Elberfelder Studienbibel (#129)

Nun stellt sich natürlich die Frage: Für welche Kleidung muss eine Frau sich denn schämen? Gibt uns Gottes Wort allgemein gültige Normen vor? Oder ist das Schamgefühl allein von dem abhängig, was in der Gesellschaft gerade akzeptiert wird?

Im letzteren Fall wäre heutzutage (fast) alles erlaubt. Die Schamgrenzen sind während der letzten Jahrzehnte derart massiv abgebaut worden, dass man bei warmen Temperaturen fast völlig unbekleidet durch die Stadt gehen kann, ohne gegen das Anstandsgefühl der Gesellschaft zu verstoßen.

Es lässt sich auf der anderen Seite aber auch kaum von der Hand weisen, dass die meisten Christen, also auch solche, die in dieser Hinsicht eher „lockere" Ansichten haben, dennoch irgendwo eine Grenze ziehen. Eine Grenze scheinen also die meisten Christen gleichermaßen für notwendig zu halten, nur setzen sie diese unterschiedlich.

Das Wort Gottes setzt uns darin auch keine Grenze in Maßeinheiten, gibt uns aber wichtige Hinweise, die wir bereits betrachtet haben. An dieser Stelle ist daher ein kleiner Rückblick durchaus angebracht:

Bei der Betrachtung von 1Mo 3,21 haben wir festgestellt:

⊙ [Gott versah] die ersten Menschen mit Gewändern, die weit mehr bedeckten als nur den eigentlichen Intimbereich. Mit dieser Handlung setzte er klare Maßstäbe.

Auch ohne dass uns hier eine bestimmte Länge definiert wird, wird doch ersichtlich, wie unser himmlischer Vater denkt: In seinen Augen ist Kleidung nur akzeptabel, wenn sie den Körper ausreichend (nämlich weit über den Intimbereich hinaus) bedeckt.[48]

Bei der Betrachtung der Geschichte von Tamar und beim Nachdenken über die Hurenkleider damals und heute stellten wir fest:

⊙ Da wir wissen, dass Gott Hurerei und Unzucht scharf verurteilt, sollten wir (als seine geliebten Kinder und als seine Nachahmer) unsere Kleidung bewusst anders gestalten als die heutigen Huren. Während die Prostituierten darum bemüht sind, sich vom Durchschnitt der Bevölkerung durch extrem provozierende Kleidung abzusetzen, sollten wir als Christen, da wir zur Heiligung

---

48 Seite 54

berufen sind, uns vielmehr durch „reizarme" Kleidung absetzen; also durch Kleidung, die darauf aus ist, die körperlich-sinnlichen Reize zu verhüllen, statt sie hervorzuheben oder zu verstärken. Die Tendenz unseres Kleidungsstils sollte genau entgegengesetzt der heutigen „Hurenmode" sein.

Im Klartext bedeutet dies: Unsere Kleidung sollte nicht möglichst eng und figurbetont, sondern locker und Figur verhüllend sein. Nicht möglichst kürzer, sondern möglichst länger als beim Durchschnitt der Bevölkerung. Nicht möglichst geschlitzt oder durchsichtig, sondern möglichst blickdicht.[49]

Beim Nachdenken über 5Mo 22,5 haben wir festgestellt, dass es etwas Schändliches (bzw. Schämenswertes) in Gottes Augen ist, wenn Frauen sich in Männerkleidung hüllen. Auch das wäre also eine Tat, deren eine Frau sich schämen müsste. Da *aidos* nun eine innere Haltung ist, die schändliche Taten im Voraus vermeidet, ist auch hier eine Grenze, ein „Geländer" erforderlich:

⊙ Wer also versucht, in der Frauenhose einen erkennbaren Unterschied der Geschlechter zu bewahren, steht in der großen Gefahr, den klaren Unterschied nicht lange aufrecht erhalten zu können. Der Druck der Gesellschaft ist zu groß. Über kurz oder lang landet man meistens schließlich doch bei der allgemein verbreiteten „Uniform", der „Blue Jeans".
Einen sehr klaren und unmissverständlichen Unterschied dagegen bringt ein Rock bzw. ein Kleid zum Ausdruck. Ein Rock wirkt daher wie eine Art „Geländer". Dieses Geländer hält nicht nur den moralischen Zerfall der Gesellschaft auf, sondern bewahrt uns vor allem auch vor persönlichen Fehltritten: Wer sich hinter dem Geländer aufhält, kann sicher sein, dass er nicht „vom Balkon" stürzt. Genauso kann eine Frau im Rock sich dessen stets sicher sein, dass sie weiblich gekleidet ist. Wenn sie aber versucht, in der Frauenhose einen markanten Unterschied aufrecht zu erhalten, begeht sie den waghalsigen Versuch, außerhalb des Geländers auf der Balkonkante zu balancieren. Sie bewahrt vielleicht noch einen gewissen Unterschied – ist aber stets in Gefahr, diesen zu verlieren.[50]

49   Seite 67
50   Seite 93

Fassen wir alle diese Betrachtungen nun zusammen und machen sie konkret. **Welche Kleidung gibt einer Frau aus biblischer Sicht einen Grund, sich zu schämen, und sollte deshalb gemieden werden?**

1. Kleidung, die den Körper nur in der Nähe des Intimbereichs bedeckt („Feigenblätter"). Dazu gehören:

• Kurze Röcke, bei denen beim Sitzen mit übergeschlagenen Beinen die Oberschenkel sichtbar werden.
• Miniröcke oder kurze Shorts.
• Blusen und andere Oberteile mit großen Ausschnitt, die den Ansatz des Busens entblößen.

2. Kleidung, die gleichartige Impulse (sexuelle Reize) bewirkt wie das Äußere einer Hure. Dazu gehören (in unserer Zeit):

• Durchsichtige oder durchscheinende Kleidungsstücke, direkt über der Haut getragen.
• Eng anliegende Röcke – und erst recht eng anliegende Hosen.
• Eng anliegende Oberteile.
• Geschlitzte Röcke.

3. Kleidung, die sie im äußeren Erscheinen einem Mann ähnlich erscheinen lässt. Dazu gehört die Hose. Dagegen wird manchmal eingewendet, dass eine Frau in engen Hosen schon an der Körperform als Frau erkennbar ist. Das ist wohl wahr, doch in diesem Fall gibt die Hose ja bereits aus dem zuvor genannten Aspekt einen Grund zum Schämen, denn Kleidung, die den Körper nicht verhüllt, sondern betont, ist ganz sicher nicht im Sinne Gottes.

c) Was sich geziemt: „Zucht (o. Sittsamkeit)"

Das weitere Merkmal dessen, was sich „für Frauen, die sich zur Gottesfurcht bekennen" geziemt, ist das mit „Zucht" oder „Sittsamkeit" übersetzte griechische Wort *sophrosyne*. Die Elberfelder Studienbibel erklärt dieses Wort mit: „Besonnenheit, geistlicher Verstand, vernünftiges Denken, welches im Dienst für Gott eingesetzt werden soll, Sittsamkeit; von *sophron* [...]"[51]

Um dieses Wort noch besser zu verstehen, betrachten wir ebenfalls die Bedeutung seiner Wurzel:

---

51   Quelle: Elberfelder Studienbibel (#4831)

sophron[52]:

> „besonnen, von gesundem Verstand; von *sos,* gesund, und *phren,* Erkenntnisfähigkeit; [...]. Dieses Wort kennzeichnet jmd., der seine eigene Freiheit und seine Möglichkeiten durch richtiges Denken begrenzt und Selbstbeherrschung in der rechten Zügelung aller Leidenschaften und Begierden zeigt. Es beschreibt eine Person, die freiwillig ihre Freiheit zu Gunsten des Dienstes für Gott einschränkt und in diesem Dienst ihren gesunden Menschenverstand einsetzt. *Sophron* ist der genaue Gegensatz zu *hybristes,* Hochmütiger, einer, dessen Geringschätzung und Verachtung anderer sich in leichtfertigem und überheblichem Handeln zeigt. [...]"[53]

Diese Erklärung macht deutlich, dass es Paulus in diesen Versen keineswegs nur darum geht, dass das Äußere stimmt, sondern dass die richtige innere Haltung eingenommen und diese dann auch durch ein entsprechendes Äußeres sichtbar wird.

Die innere wie die äußere Haltung darf nicht hochmütig sein, andere geringschätzen oder verachten – das wäre das Gegenteil von dem, was das Wort Gottes verlangt. Das geschieht jedoch immer dann, wenn ein Mensch sich über Empfindungen anderer hinwegsetzt und keine Rücksicht darauf nimmt, wie sein Äußeres auf andere wirkt. Solches Verhalten ist sowohl leichtfertig als auch überheblich.

Die Bereitschaft, nachzudenken, die eigene Freiheit durch gesunden Verstand einzuschränken, indem man sich selbst „Geländer" einrichtet, um Gott besser dienen zu können, ist hier ebenso gefragt wie Selbstbeherrschung und Zügelung der eigenen Leidenschaften. Zur „Zucht" bzw. „Sittsamkeit" gehört es, nicht alle Möglichkeiten nach Lust und Laune auszuschöpfen, sondern vernünftige Grenzen zu ziehen, die einem höheren Ziel dienen, als der Erfüllung der eigenen Wünsche oder Vorlieben.

Den gesunden Verstand beim Ankleiden zu gebrauchen, bedeutet für Frauen, dass sie sich nicht lediglich auf den eigenen Geschmack verlassen, sondern dass sie sich dessen bewusst werden, was in einem Mann vorgeht, wenn er sie in der einen oder in der anderen Weise gekleidet sieht. Dabei sollten Frauen sich nicht davon täuschen las-

---

52   Verwendung in 1Tim 3,2; Tit 1,8; 2,2.5
53   Quelle: Elberfelder Studienbibel (#4832)

sen, dass einige Männer alle Probleme dieser Art von sich weisen und behaupten, ihnen würde es nichts ausmachen, wenn sie eine Frau in reizender Kleidung sehen würden. Selbst wenn sie dabei ehrlich sind, darf man nicht übersehen, dass es vielen anderen Männern nicht so geht.

Männer wie Frauen, die in diesem Bereich weniger empfindlich sind, neigen zu leicht dazu, verächtlich auf jene herabzuschauen, die zugeben, dass sie versuchbar sind und dass ihnen aufreizend gekleidete Frauen innere Probleme bereiten. Sie nehmen dann eine überhebliche Haltung ein und sagen sinngemäß: *„Der soll sich nicht so anstellen! Was ist schon dabei? Heute laufen alle so herum!"* Mit diesen Worten bringen sie allerdings genau das Gegenteil von „Zucht" bzw. „Sittsamkeit" an den Tag, wie wir in der Worterklärung bereits gesehen haben. Sie ignorieren innere Kämpfe und Nöte ihrer Brüder und handeln dabei nicht nur „unbesonnen", sondern auch lieblos, wie Paulus in Röm 14,15 in einem anderen Zusammenhang erklärt: *„Wenn aber dein Bruder um einer Speise willen betrübt wird, so wandelst du nicht mehr gemäß der Liebe. Verdirb mit deiner Speise nicht denjenigen, für den Christus gestorben ist!"*

In Rom bestand das Problem darin, dass einige Christen (mit Recht) meinten, sie dürften Fleisch essen, das zuvor einem Götzen geopfert wurde. Das waren die „Starken". Dann gab es andere, die ein Problem mit ihrem Gewissen hatten, weil sie dieses Fleisch nicht vom Götzendienst trennen konnten. Das waren die „Schwachen". Paulus spricht hier nun zu den „Starken" und erklärt ihnen, dass sie – obwohl an sich nichts Schlimmes dabei ist – aus Liebe zu den „Schwachen" auf dieses Fleisch verzichten sollten.

In Vers 20a fügt Paulus hinzu: *„Zerstöre nicht wegen einer Speise das Werk Gottes!"* Wenn es nun um Kleidung geht, gilt für den „gesunden Menschenverstand" dasselbe Prinzip: Du meinst vielleicht, diese Kleidung sei in Ordnung und hast kein schlechtes Gewissen, sie zu tragen. Aber wenn du anderen damit Probleme bereitest, handelst du nicht in Liebe, selbst wenn du Recht haben solltest.

Paulus nennt drei Gründe, die es erforderlich machen, dass wir unsere eigene Freiheit beschränken (V. 21): *„Es ist gut, wenn du kein Fleisch isst und keinen Wein trinkst, noch sonst etwas tust, woran dein Bruder Anstoß oder Ärgernis nehmen oder schwach werden könnte."*

Erstens: Es ist gut, wenn du nichts tust, woran dein Bruder „sich stoßen" könnte.

Zweitens: Es ist gut, wenn du nichts tust, woran dein Bruder „Anstoß oder Ärgernis nehmen" könnte.

Drittens: Es ist gut, wenn du nichts tust, wodurch dein Bruder „schwach werden könnte".

Wir merken an dieser Aufforderung, dass die christliche Freiheit nicht darin besteht, nach Lust und Laune zu leben. Wirklich frei zu sein bedeutet für einen Christen, *losgelöst zu sein*. Zum einen sind wir davon losgelöst, unter Strafandrohung ein Gesetz einhalten zu müssen, das wir ohnehin nicht einhalten können. Wir sind losgelöst davon, in der Angst vor einem zornigen Gott leben zu müssen, weil Gott unser liebender, gnädiger Vater ist. Weiterhin sind wir aber auch davon losgelöst, unserem eigenen Ego dienen zu müssen. Das ist die Freiheit, die Paulus uns in Röm 14 demonstriert und zu der er uns auffordert. Wahre Freiheit ist die Freiheit, auf eigene Rechte oder Möglichkeiten zu verzichten, wenn damit anderen geholfen und Gott gedient wird.

Versuchen wir nun, die Umschreibung der Verse 1Tim 2,9-10 fortzusetzen:

> Die Frauen sollen sich herrichten
> <u>in</u> einer würdevollen inneren Haltung, die auch in ihrer Kleidung sichtbar wird, indem sie ordentlich, schön und schlicht auftreten
> <u>mit</u> innerer Scheu vor allem, wofür sie sich schämen müssten, ***und mit gesundem Verstand, der die moralischen Grenzen wahrt und nicht jeder eigenen Laune folgt...***

d) Was sich nicht geziemt: „Haarflechten" bzw. „Flechten der Haare"

Sowohl Petrus als auch Paulus sprechen die weibliche Haartracht an, gebrauchen dabei jedoch etwas unterschiedliche Begriffe.

Paulus redet von „Haarflechten" und gebraucht das Wort *plegma*. Petrus spricht vom „Flechten der Haare" und gebraucht das Wortgefüge *emploke thrix* – wobei *thrix* einfach nur die Haare meint und *emploke* die Art beschreibt, wie sie frisiert sind. Sowohl *plegma* als auch *emploke* kommen nur einmal im Neuen Testament vor.

Was bedeuten diese Begriffe?

plegma: „Geflochtenes, Haarflechte"[54]

emploke: „Haargeflecht [...]"[55]

William MacDonald kommentiert die Anweisung des Paulus wie folgt: *„‚Haarflechten' schließt nicht zwangsläufig einfache Zöpfe aus, die sehr bescheiden geflochten sein können. Vielmehr geht es darum, sich mit aufwendigen Frisuren zu schmücken."* Zu der Anweisung von Petrus schreibt er: *„‚Flechten der Haare.' Einige sind der Ansicht, dass dies sogar den bescheidensten Zopf ausschließt. Es ist jedoch wahrscheinlicher, dass Petrus hier übertriebene Frisuren meint, bei denen mehrere Zöpfe kunstvoll hochgesteckt werden, wie es im alten Rom beliebt war."*

Wir haben bereits angemerkt, dass die einzelnen Merkmale („nicht mit Haarflechten, Gold etc.") die detaillierte Beschreibung von *kosmios katastole* sind, was wir umschrieben haben mit den Worten: *„eine würdevolle innere Haltung, die auch in ihrer Kleidung sichtbar wird, indem sie ordentlich, schön und schlicht auftreten"*.

Wenn es nun um die Frage geht, wie die Haare einer „Frau, die sich zur Gottesfurcht bekennt" hergerichtet sein sollten, so gilt ebenso: „ordentlich, schön und schlicht". Gerade die Eigenschaft „schlicht" wird hier besonders betont, wenn Paulus und Petrus sagen, dass eine Frau sich nicht mit Haargeflechten schmücken soll.

Wenn nun ein Zopf (der ja auch etwas Geflochtenes darstellt) geflochten wird, so muss berücksichtigt werden, inwiefern er wirklich schlicht ist. Dient der Zopf wirklich dem ordentlichen Zurechtmachen der Haare oder stellt er bereits ein Schmuckstück dar?

> Die Frauen sollen sich herrichten
> <u>in</u> einer würdevollen inneren Haltung, die auch in ihrer Kleidung sichtbar wird, indem sie ordentlich, schön und schlicht auftreten
> <u>mit</u> innerer Scheu vor allem, wofür sie sich schämen müssten und mit gesundem Verstand, der die moralischen Grenzen wahrt und nicht jeder eigenen Laune folgt,
> **<u>nicht</u> indem sie sich durch Haargeflechte ausstaffieren...**

---

54 Quelle: Elberfelder Studienbibel (#3967)
55 Quelle: Elberfelder Studienbibel (#1691)

e) Was sich nicht geziemt: „Gold und Perlen" bzw. „Umhängen von Gold"

Wenn Paulus und Petrus nun sagen, dass Gold und Perlen ebensowenig zum Äußeren einer „Frau, die sich zur Gottesfurcht bekennt" passen wie Haarflechten, wird häufig eingewendet, dass eine schlichte goldene Kette ebensowenig falsch sei, wie ein einfacher Bauernzopf, mit dem die Haare aufgeräumt werden. (Denn wie wir schon gesehen haben, ist auch nicht jeder Zopf „geziemend".)

Nun müssen wir aber ehrlich zu uns selbst sein und ganz offensichtliche Unterschiede nicht übersehen: Haare sind uns angewachsen – Gold und Perlen nicht! Während es eine praktische Notwendigkeit ist, unsere Haare zurecht zu machen, sieht es bei Gold und Perlen ganz anders aus.

Eine Frau kann über einen Zopf wohl sagen: „Damit räume ich nur meine Haare auf!" Es mag dann vielleicht eine Diskussion darüber geben, ob die Art ihres Zopfes wirklich ein Zurechtmachen ist oder übertriebenes Schmücken. Aber bei Gold und Perlen sieht dies anders aus. Keine Frau kann ernsthaft behaupten: „Diese Perlen an meinen Ohren und diese goldene Kette um meinen Hals, die trage ich nur so ordnungshalber, ich habe nicht vor, mich damit zu schmücken!" Niemand würde sie ernst nehmen, sie würde vielleicht sogar Zweifel an ihrem gesunden Verstand herbei beschwören.

An dieser Stelle ist es wiederum sinnvoll, sich die Betrachtung einiger Bibelstellen wieder in den Sinn zu rufen. Das wird uns helfen, die Anweisungen der Apostel richtig einordnen zu können:

Beim Nachdenken über die herrliche Priesterkleidung (und den herrlichen Schmuck der Stiftshütte und des Tempels überhaupt) stellten wir bereits fest:

⊙ Die wahre Herrlichkeit Gottes ist in Jesus Christus – in aller Bescheidenheit, ohne Gold und Edelsteine – offenbart worden, und eben „diesen Schatz" tragen wir in „irdenen[56] Gefäßen". Mit „irdenen Gefäßen" meint Paulus unsere schwachen, zerbrechlichen Körper. Da seine ganze Rede in 2Kor 3-4 einen Vergleich zwischen dem Dienst im Alten und Neuen Testament darstellt, stehen hier die „irdenen Gefäße" (ein Bild für Apostel bzw. Christen)

---

56 irden = aus Erde bestehend; hier eine Anspielung auf die äußerliche Unansehnlichkeit bzw. Wertlosigkeit

im Kontrast zu den „goldenen Gefäßen", also den Priestern des Alten Testaments, die eine sichtbare Herrlichkeit ausgestrahlt haben.

Im Alten Testament war der Gottesdienst „herrlich" – und zwar war es eine sichtbare Herrlichkeit. Der Dienst des Neuen Testaments hat auch Herrlichkeit, sogar noch größere – aber diese ist vor den Augen nicht sichtbar. Sie wird in der „Überfülle der Kraft" erlebt, aber nicht in Gold und Edelsteinen. Daher ist es auch nicht angebracht, wenn christliche Kirchen (oder ihre Vorsteher) nach dem Vorbild des Tempels mit Gold und Edelsteinen verziert werden. Und erst recht passen Gold, Silber, Edelsteine und kostbare Kleider nicht zu uns Christen – sind wir doch „irdene Gefäße", welche die Herrlichkeit Christi inwendig tragen. Deshalb werden wir (vor allem die Frauen unter uns) dazu aufgefordert, auf diese Art von Schmuck zu verzichten (vgl. 1Tim 2,9; 1Pe 3,3).[57]

Insbesondere wenn es um goldene Ohrringe geht, haben wir ebenfalls im Alten Testament interessante Entdeckungen gemacht:

⊙ Es ist sehr bemerkenswert, dass Gideon ausgerechnet die *Ohrringe* forderte, um daraus ein Objekt herzustellen, das später religiös verehrt wurde. Dasselbe haben wir ja bereits bei Aaron gesehen, der aus den goldenen Ringen das goldene Kalb fertigte. Auch in der Geschichte von Jakob waren es die goldenen *Ohrringe*, die im Zuge der Reinigung entfernt und unter einem Baum „begraben" wurden.

Dies ist nun schon das dritte Mal, dass wir in der Bibel Ohrringe in Verbindung mit Götzendienst (oder als Hindernis für den wahren Gottesdienst) antreffen. Daher liegt die Vermutung nahe, dass Ohrringe in der damaligen Zeit eine religiöse Bedeutung hatten. Ebenfalls bemerkenswert ist die Begründung dafür, dass die Midianiter goldene Ohrringe hatten: *„weil sie Ismaeliter waren."* Die Nachkommen Ismaels (der aus Abrahams „Ehe" mit Hagar hervorgegangen war) waren demnach für goldene Ohrringe allgemein bekannt. Im Volk Israel dagegen waren die goldenen Ohrringe offensichtlich nicht üblich, zumindest waren sie nicht typisch für das Volk Gottes.[58]

---

57 Seite 80
58 Seite 97-98

Die Gerichtsbotschaft Gottes über die stolzen Töchter Israels lehrte uns eine wichtige Lektion über goldenen Schmuck:

⊙ Es ist ja im tiefsten Sinne unlogisch, auf einen Schmuckgegenstand stolz zu sein. Und dennoch ist es überhaupt nicht ungewöhnlich, dass der Schmuck den inneren Stolz nährt. Vielleicht, weil der Schmuck uns den Eindruck vermittelt, etwas Besonderes zu sein. So wie die goldene Krone einen König ziert und die goldene Kette einen Zweitregenten (wie Josef oder Daniel) auszeichnet, so bietet der Schmuck im Allgemeinen unserem „Fleisch" einen Anlass, in unserem Herzen die Sünde des Stolzes hervorzubringen. Die Gerichtsandrohung in Jesaja 3 zeigt uns drei bedenkenswerte Wahrheiten auf:
1. Gott hasst den Stolz in unserem Herzen und verachtet ihn aufs Tiefste.
2. Der Schmuck, den wir tragen, nährt den Stolz in unseren Herzen.
3. Ein Mittel Gottes, um die Herzen vom Stolz zur Demut umzukehren, ist die Entwendung des Schmucks.
Welche Lektion können wir daraus lernen?
Der Stolz ist die Ursünde schlechthin. Auch wir Christen haben mit diesem Übel ständig zu kämpfen. Die Flammen des Stolzes lodern in unseren Herzen auf, sobald sie auch nur ein wenig Brennmaterial erhalten. Wenn wir ernsthaft darauf bedacht sind, unser Herz demütig zu halten, haben wir ständig damit zu tun, das Feuer des Stolzes auszulöschen. Wir sollten ebenso darauf bedacht sein, diesem Feuer das Brennmaterial zu entziehen – und der Schmuck *ist* eben (ein) solches Brennmaterial. Nicht weil die einzelnen Gegenstände in sich etwas Böses darstellen, sondern weil unsere sündige Natur sie als Anlass zum Stolz verwendet. Daher gilt es, auf der Hut zu sein.
Besser wir entfernen die „überflüssigen" Schmuckgegenstände selbst, als dass Gott mit uns in Gericht gehen und uns des Wohlstandes berauben muss, um unsere Herzen wieder zu demütigen.[59]

Bei der Betrachtung der Art, wie Johannes der Täufer sich kleidete, haben wir bemerkt:

⊙ Natürlich ist das Vorbild des Täufers kein verbindliches Gebot

---

59   Seite 100

für uns. Wir müssen nicht in gleichen Kleidern umherlaufen, das haben weder der Herr Jesus noch seine Apostel getan oder gelehrt. Und dennoch läutet diese einfache Kleidung des Täufers ein ganz neues Zeitalter ein: Johannes der Täufer bereitet den Weg für den König aller Könige und den Herrn aller Herren. Normalerweise würde man erwarten, dass ein Mann mit solch einem hohen Amt in prächtigem Gewand, in königlichen Farben und mit reichlich Gold auftreten würde. Doch er tritt ganz anders auf – und zwar deshalb, weil Jesus – der König aller Könige – ebenfalls in schlichter, einfacher Kleidung gekommen ist. Die einzige Krone, die er auf Erden trug, war aus spitzen Dornen geflochten.

Das bescheidene Auftreten des Täufers stimmte vollkommen überein mit der Bescheidenheit dessen, der auf dieser Erde nichts hatte, „wo er sein Haupt hinlegen" konnte (vgl. Mt 8,20; Lk 9,58). Als Repräsentant dieses Königs war es für Johannes nicht angebracht, sich mit Gold und Edelsteinen zu schmücken. So wie der Herold eines Königs nicht herrlicher angezogen sein darf als sein Herr selbst, so kleidete sich auch Johannes in noch einfachere Kleider als der Herr Jesus.

Auch wir sind Repräsentanten, wir sind Botschafter eines Königs, dessen Reich nicht von dieser Welt ist. Darum ist auch seine Herrlichkeit nicht von dieser Welt. Als seine Botschafter muss auch unser Äußeres zu *ihm* passen, denn wir sind hier auf Erden seine Vertreter. Wenn *er* sich auf Erden nicht mit Gold und kostbaren Kleidern ausgestattet hatte – wie viel weniger gebührt das seinen Dienern?[60]

Wir können also sagen, dass die Aufforderung der Apostel an die gläubigen Frauen, auf Gold und Perlen zu verzichten, eine absolut logische Konsequenz ist aus alledem, was die Heilige Schrift uns bis dahin gelehrt hat: Gold und Perlen passen nicht zu einer Frau, die sich zur Gottesfurcht bekennt. Wir können daher fortsetzen:

> Die Frauen sollen sich herrichten
> <u>in</u> einer würdevollen inneren Haltung, die auch in ihrer Kleidung sichtbar wird, indem sie ordentlich, schön und schlicht auftreten
> <u>mit</u> innerer Scheu vor allem, wofür sie sich schämen müssten

---

60   Seite 109

und mit gesundem Verstand, der die moralischen Grenzen
wahrt und nicht jeder eigenen Laune folgt,
<u>nicht</u> indem sie sich durch Haargeflechte ausstaffieren,
nicht mit Schmuckgegenständen aus Gold oder Perlen...

Es wird nun manchmal der Einwand eingebracht, Petrus würde
den Frauen Sarah als Vorbild nennen und deswegen dürfte man aus
seiner Aussage nicht schließen, dass er völligen Verzicht auf Gold
oder Perlen meine, denn – so behauptet man – Sarah hat sich ja
schließlich auch damit geschmückt. Es geht dabei um die Verse in
1Pe 3,5-6, die wir bisher noch nicht betrachtet haben: *„Denn so haben sich einst auch die heiligen Frauen geschmückt, die ihre Hoffnung
auf Gott setzten und sich ihren Männern unterordneten, wie Sarah dem
Abraham gehorchte und ihn ,Herr' nannte. Deren Töchter seid ihr geworden, wenn ihr Gutes tut und euch keinerlei Furcht einjagen lasst.“*
  Betrachten wir einmal näher, was Petrus in diesen Versen sagt.
*„Denn **so** haben sich einst auch die heiligen Frauen geschmückt...“*:
Wenn Petrus hier erklärt, „so“ haben sie sich geschmückt, dann be-
zieht er sich dabei vor allem zurück auf Vers 4. Er will damit sagen:
Die heiligen Frauen haben sich auch **so** geschmückt, nämlich mit
einem „sanften und stillen Geist“ (und nicht mit einem auffallenden
Äußeren). Er nennt Sarah als Vorbild, weil sie ihren Mann sogar
„Herr“ nannte. Diesen Wesenszug von Sarah sollen die christlichen
Frauen nachahmen.
  Wir wissen aus dem Alten Testament, dass Sarah ihrem Mann
„gehorchte“ und auch dass sie ihn „Herr“ nannte. Wir wissen auch,
dass sie eine einfache Frau war, die – obwohl sie viele Diener hatte – mit eigenen Händen im Haushalt arbeitete und Gastfreund-
schaft übte (siehe 1Mo 18,6). Aber dass sie sich mit Gold und Perlen
schmückte – das wird nirgends gesagt. Zwar kann man das vermu-
ten, weil Abraham ein reicher Mann war und weil manche andere
Frauen im Alten Testament Schmuck getragen hatten, wie beispielsweise Rebekka. Darüber haben wir bereits gesprochen und festgestellt, dass auch „heilige Menschen“ Fehler machen und nicht alles,
was sie tun, nachgeahmt werden sollte.
  Häufig stammen unsere bildhaften Vorstellungen von biblischen
Personen aus Kinderbibeln und anderen Bildern, auf denen Künstler
ihre eigene Vorstellung von diesen Menschen niedergemalt haben.

Manchmal haben wir Bilder im Kopf, die wir in einem Film aufgeschnappt haben. Solche Bilder prägen unser Denken – entsprechen aber nicht immer der biblischen Wahrheit. Vermutlich kommt dieser Einwand ebenfalls aus einer bildhaften Vorstellung von Sarah, die nicht der Wahrheit entspricht.

Wir sollen nicht alles nachahmen, was ein „heiliger Mensch" getan hat (also schon gar nicht seine Fehler), sondern nur das, was er aus seiner Gottesfurcht heraus getan hat. Doch von Sarah wissen wir noch nicht einmal, ob sie sich tatsächlich mit Gold und Perlen schmückte. Und selbst wenn sie das getan haben sollte, so tat sie es jedenfalls nicht aus ihrer Gottesfurcht heraus und wir hätten auch dann keinen Grund, diese Handlung nachzuahmen. *„Prüfet alles, das Gute behaltet!"*

f) Was sich nicht geziemt: „aufwändige (o. kostbare) Kleidung"

Das in 1Tim 2,9 verwendete Wort für Kleidung *himatismos* ist ein ganz allgemein gebräuchliches Wort für Kleidung, das nicht eine bestimmte Art der Kleidung anzeigt. Die „bestimmte Art" wird aber durch das bei Paulus vorgestellte Eigenschaftswort *polyteles* angezeigt, was so viel wie „kostbar" bedeutet. In Mk 14,3 beschreibt es die „kostbare Narde", die eine Frau auf Jesu Haupt goss und in 1Pe 3,4 zeigt beschreibt es den „kostbaren" inneren Schmuck, den ein sanfter und stiller Geist in Gottes Augen darstellt. Die „kostbare Narde" war 300 Denare wert, was etwa dem Jahresgehalt eines gewöhnlichen Arbeiters jener Zeit entsprach. Sie war also unglaublich wertvoll, weil sie so teuer war. Ebenso wertvoll ist der innere Schmuck (der „sanfte und stille Geist" einer Frau) in den Augen Gottes.

Es geht Paulus also um eine besonders kostbare, teure Kleidung.

Wie ist es aber bei Petrus? In manchen Übersetzungen heißt es einfach nur: „Anziehen der Kleider". Manche wenden deswegen ein: „Wenn ich gar kein Goldgeschmeide anlegen darf, darf ich ja auch keine Kleider anziehen."

Nun, auch Petrus verwendet ein ähnliches griechisches Wort für Kleidung wie auch Paulus, nämlich *himation*, das so viel wie „größeres Obergewand, Gewand allgemein" bedeutet. Aber auch bei ihm wird durch den Zusammenhang klar, um welche Art Kleidung es geht. Es geht ihm um Kleidung, die nicht nur „kleidet", sondern ebenso prunkvoll schmückt wie Goldgeschmeide oder aufwändige

Frisuren. Im Grunde meint Petrus genau dasselbe wie Paulus und die beiden Stellen ergänzen sich.

Ähnlich wie die Haare gehören die Kleider zu unserem Leben. Zwar sind sie uns nicht angewachsen, aber seit dem Sündenfall durch das Schamgefühl gefordert und von Gott eingeführt. Es kann hier deshalb nicht darum gehen, gar keine Kleider anzuziehen, sondern es geht darum, dass eine Frau sich durch ihre Kleidung zwar anziehen, aber nicht extravagant schmücken soll.

Es geht hier um eine Zurechtstellung der Werte: Wichtig sind die inneren Werte, nämlich Unterordnung, Sanftmut, ein stiller Geist. Diese inneren Werte sollen sich in einer einfachen Kleidung widerspiegeln. Die Kleidung darf die Aufmerksamkeit des Betrachters nicht auf das Äußere lenken.

Wenn die Übersetzung „kostbare Kleidung" auch sehr treffend ist, so sollten wir doch nicht den Denkfehler machen, dass wir meinen, „kostbare Kleidung" sei durchaus legitim, wenn wir sie billig erwerben oder selber herstellen könnten. Es geht nicht in erster Linie darum, wie viel Geld man dafür ausgegeben hat. Manche Frauen haben da (z.B. durch ihren Beruf) besondere Möglichkeiten, an „kostbare" Kleider dranzukommen oder sie sich selbst zu nähen. Das alles ändert nichts daran, dass sie sich mit diesen Kleidern „äußerlich schmücken" – und zudem den Neid derjenigen schüren würden, die sich solche Kleider nicht leisten oder nicht nähen können.

Eine Frau sollte so gekleidet sein, dass ihr Äußeres so unauffällig ist, dass man sich normal mit ihr unterhalten kann, ohne durch ihr Äußeres abgelenkt zu sein, und zwar weder weil es extravagant ist, noch weil es sexuell verführerisch wirkt, noch weil es plump und unordentlich ist.

Wir bringen nun noch die Umschreibung der Verse aus 1Tim 2,9-10 zum Abschluss:

> Die Frauen sollen sich herrichten
> <u>in</u> einer würdevollen inneren Haltung, die auch in ihrer Kleidung sichtbar wird, indem sie ordentlich, schön und schlicht auftreten
> <u>mit</u> innerer Scheu vor allem, wofür sie sich schämen müssten und mit gesundem Verstand, der die moralischen Grenzen

wahrt und nicht jeder eigenen Laune folgt,
<u>nicht</u> indem sie sich durch Haargeflechte ausstaffieren,
<u>nicht</u> mit Schmuckgegenständen aus Gold oder Perlen und
<u>nicht</u> mit kostbarer oder auffallender Kleidung,
<u>sondern durch</u> gute Werke,
so wie es zu Frauen passt, die sich zur Gottesfurcht bekennen.

Die zuletzt erwähnten „guten Werke" dürfen wir bei unserer Betrachtung der „Äußerlichkeiten" keineswegs vergessen. Denn was bringt ein korrektes Äußeres, wenn es nicht aus dem Inneren kommt und wenn es nicht mit guten Werken und einem Gott wohlgefälligen Wandel verbunden ist? Es ist genauso wertlos wie eine leere Fassade. Ein anständig gekleideter Mensch ohne die Liebe Gottes im Herzen, die ihn zu guten Taten treibt, ist wie ein „geschmücktes Grab" – von außen ist alles in Ordnung, aber innen drin, da stinkt es, da ist der Tod zu Hause.

Doch wer wirklich gottesfürchtig ist und sich zu seiner Gottesfurcht bekennen will, der kann und soll es nicht nur durch gute Werke tun, sondern ebenfalls durch ein Äußeres, wie die Apostel es beschreiben und wie es dem Zeugnis der Heiligen Schrift entspricht. Das betrifft die Männer ebenso wie die Frauen.

Teil 3: Fragen und Einwände

3.1 Frage bezüglich der Gültigkeit des Gesetzes im Neuen Testament

3.1.1 Ändern nicht die Apostel auf dem Konzil in Jerusalem (Apg 15) das gesamte AT[61]-Gesetz bis auf vier Gebote ab, so dass alle anderen Gebote des Mose damit ihre Gültigkeit für die NT-Gemeinde verloren haben?

Die Frage nach der Bedeutung des Apostelkonzils für unser Leben ist durchaus berechtigt und ist eine wichtige Ergänzung zu dem ersten Teil dieses Buches, in dem wir bereits über die Bedeutung des Alten Testaments im Zeitalter der Gnade nachgedacht haben. Der nun folgende Text von Franz Peters[62] gibt eine gute Antwort auf diese Frage:

Das Apostelkonzil wurde einberufen, um ein entstandenes Problem zu lösen, und zwar Folgendes: Die an Christus gläubig gewordenen Juden lebten weiter nach dem AT-Gesetz und erwarteten dieses auch von den zum Glauben gekommenen Heiden. Sie sprachen ihnen sonst das Heil ab (V. 1): *„Wenn ihr euch nicht nach dem Gebrauch Moses beschneiden lasst, so könnt ihr nicht gerettet werden..."*

Die Meinungsverschiedenheit führte zu einem großen Streit (V. 2): *„Da nun Zwiespalt aufkam und Paulus und Barnabas eine nicht geringe Auseinandersetzung mit ihnen hatten, bestimmten sie, dass Paulus und Barnabas mit einigen anderen von ihnen wegen dieser Streitfrage zu den Aposteln und Ältesten nach Jerusalem hinaufziehen sollten."*

Der Text gibt ein Anschauungsbeispiel, wie eine christliche Gemeinde vorgeht, um einen Gemeindestreit in Lehrfragen gut zu lösen. Sie spalten nicht die Gemeinde, sie trennen sich nicht voneinander, sondern sie übertragen die Klärung den Aposteln und Ältesten, damit diese das Lehrproblem im Kreis der anderen Apostel und Ältesten in Jerusalem (V. 6) im Licht der Bibel prüfen (V. 15) und lösen. Als Paulus und Barnabas ihre Lehrfrage in der Gemeinde in Je-

---

61 AT = Altes Testament; NT = Neues Testament.
62 Franz Peters, *Exkurs Feminismus,* Gemeinde-Bibel-Schule der Mennoniten-Gemeinde Bielefeld.

rusalem vorlegten, führten sie auch hier die Christen zu großer Meinungsverschiedenheit (V. 5): *„Aber einige von der Richtung der Pharisäer, die gläubig geworden waren, standen auf und sprachen: Man muss sie beschneiden und ihnen gebieten, das Gesetz des Moses zu halten!"*

Um die Uneinigkeit in der Gemeinde nicht eskalieren zu lassen, beriefen die Apostel und Ältesten der Gemeinde ein Konzil (d.h. eine Versammlung von Amtsträgern) ein (V. 6): *„Da kamen die Apostel und die Ältesten zusammen, um diese Sache zu untersuchen."*

Ziel des Konzils war zu prüfen, ob die Heiden-Christen ebenso von Gott angenommen sind, oder ob sie zum jüdischen Volk übertreten müssen, um das Heil zu bekommen (V. 7-10):

„Nachdem aber eine große Auseinandersetzung stattgefunden hatte, stand Petrus auf und sprach zu ihnen: ... ihr wisst, dass Gott lange vor diesen Tagen mitten unter uns die Heiden erwählt hat [...] Und Gott, der die Herzen kennt, legt für sie Zeugnis ab, indem er ihnen den Heiligen Geist gab gleich wie uns; und er machte keinen Unterschied zwischen uns und ihnen, nachdem er ihre Herzen durch den Glauben gereinigt hatte. Weshalb versucht ihr denn jetzt Gott, indem ihr ein Joch auf den Nacken der Jünger legt, das weder unsere Väter noch wir tragen konnten?"

Es war nicht Absicht des Konzils, für die NT-Gemeinde die Bedeutung (oder Gültigkeit) des AT-Gesetzes festzulegen, sondern **zu klären, ob das Gesetz des Mose für die Errettung der Heiden notwendig ist** (vgl. Apg 15,21).

Lösung des Konzils: Jakobus fasst es mit folgenden Worten zusammen (V. 19-21):

„Darum urteile ich, dass man denjenigen aus den Heiden, die sich zu Gott **bekehren, keine Lasten auflegen** *soll, sondern ihnen nur schreiben soll, sich von der Verunreinigung durch die* **Götzen**, *von der* **Unzucht**, *vom* **Erstickten** *und vom* **Blut** *zu enthalten.* **Denn** *Mose hat von alten Zeiten her in jeder Stadt solche, die ihn verkündigen, da er in den Synagogen an jedem Sabbat vorgelesen wird."*

Die Apostel halten fest, die Erlösung geschieht durch die Bekehrung ohne dazu die Beschneidung oder andere „Lasten" erfüllen zu müssen.

Vier Dinge sahen die Apostel dennoch für notwendig, den Heiden zu verordnen, nicht um eine vollkommene Erlösung zu erlangen, sondern, wie sie es selbst begründen, weil das Gesetz des Mose in allen Städten in den Synagogen gelehrt wird (vgl. Apg 15,21).

Es ging also um ein friedliches Zusammenleben mit den Juden-Christen. Um dieses zu begünstigen, sollten sie sich enthalten von *„Götzenopfern und vom Blut, und vom Erstickten und von Unzucht".*

Warum legen die Apostel den gläubig gewordenen Heiden auf, sich gerade von diesen vier Dinge zu enthalten?

Erklärung zur genannten Lösungsauflage des Konzils:

1. Warum die Apostel den Heidenchristen gerade diese vier Dinge zur Auflage machen, wird im Text nicht näher erklärt. Aber die gesamte Auflage wird damit begründet, dass es aus Rücksicht auf die Juden geschieht, die an jedem Sabbat in den Synagogen das Gesetz Moses lesen (vgl. Apg 15,21). Diese Dinge müssen wohl unter den Heiden ein aktuelles Problem gewesen sein, die unter den Juden Anstoß erregten.

2. Diese vier Dinge sind nicht als die vier Gebote des NT zu verstehen, denn die NT-Lehrbriefe geben zum Teil eine andere Belehrung darüber, vgl. z.B. Belehrung über Götzenopferfleisch in 1Kor 8. Wie der Text ausdrücklich zeigt (vgl. V. 1-5), geht es um eine Lösung für ein bestimmtes Problem in einer besonderen Situation. Der Text beansprucht nicht, hiermit vier Gebote der NT-Gemeinde herauszugeben.

3. Mit der Lösung (keine Beschneidung für die Heidenchristen und keine weiteren Lasten, bis auf die vier Dinge) heben die Apostel das AT nicht auf, ganz im Gegenteil, sie erkennen, dass die Aufnahme der Heiden mit dem geschriebenen Wort (d.h. AT) übereinstimmt (vgl. V. 10.15-18). Apg 15,15: *„Und damit stimmen die Worte der Propheten überein, wie geschrieben steht..."* Der Text zeigt, dass die Judenchristen bis zu diesem Zeitpunkt noch nicht alle AT-Lehren richtig erkannt und ausgelebt haben. Und nun erkannten sie aus der AT-Schrift etwas mehr, z.B. dass die Beschneidung nur bis zu einer gewissen Zeit gegeben war, nämlich bis zur Erlösung durch Jesus. Dieses haben sie jetzt erst auf dem Konzil erkannt und nun bemühen sie sich, dementsprechend zu handeln. Der Bericht des Paulus und Petrus offenbart allen Konzilteilnehmern Gottes heilsgeschichtliches Handeln. Sie erkennen, dass bestimmte Weisungen des Gesetzes ihnen (dem jü-

dischen Volk) als „Joch" gegeben waren, nicht aber zur Errettung (V.10). Zuerst sagten die Judenchristen zu den Heidenchristen: *„wenn ihr euch nicht nach dem Gebrauch Moses beschneiden lasst, so könnt ihr nicht gerettet werden"* (Apg 15,1). Und etwas später muss Petrus die Judenchristen korrigieren und sagen: *„Weshalb versucht ihr denn jetzt Gott, indem ihr ein Joch auf den Nacken der Jünger (Christen) legt, das weder unsere Väter noch wir tragen konnten? Vielmehr glauben wir, dass wir durch die Gnade des Herrn Jesus Christus gerettet werden, auf gleiche Weise wie jene..."* (Apg 15,10.11) Auf dem Konzil wird also allen Aposteln und Ältesten bewusst, Gott hat ihnen das Gesetz nicht zur Errettung geben (wie sie dachten), sondern gewisse Gesetze dienten ihnen als ein Joch (zur Bewahrung vor dem Heidentum; vgl. Gal 3,23-29). Die „erlassene Beschneidung und andere Lasten" bedeuten nicht eine Abänderung des AT-Gesetzes, sondern es kommt zu einem tieferen Verstehen seiner Bedeutung. Die Beschneidung hat im NT eine andere, tiefere Bedeutung als im AT (Röm 2,25-29).

4. Die Apostel sagen nicht, dass den Heiden nur diese vier Dinge aus dem AT gelten sollen, sondern es sind vier Dinge, die ihnen **zur Auflage** gemacht worden sind. Es gibt keinen Zweifel daran, dass z.B. die Zehn Gebote ihre Gültigkeit behalten sollten und genauso auch die übrigen moralischen Gesetze des AT, denn das gesamte AT ist eine Offenbarung göttlichen Willens (vgl. 2 Tim 3,15.16; 2 Pe 1,20-21; 3,15-16). Die Auflage aber diente dazu, ein friedliches Miteinander von Juden und Heiden zu ermöglichen. Das Konzil hatte in diesem Fall nicht die Absicht, die Heiden über ihre Heiligung in der Nachfolge zu belehren.

3.2 Fragen zur Auslegung von 5Mo 22,5

Die folgenden drei Fragen wie auch die Antworten dazu sind ebenfalls dem Manuskript von Franz Peters entnommen:

3.2.1 Meint 5Mo 22,5 mit dem Verbot nicht ausschließlich das Volk Israel, um in der Zeit der Wüstenwanderung eine Verunreinigung zwischen Mann und Frau zu verhindern?

Diese Frage hat offensichtlich Folgendes im Sinn: Weil es in der Wüste kein Wasser zur Reinigung und keine Ersatzkleidung gab und die

Kleider durch den körperlich bedingten Ausfluss verunreinigt sein könnten, wäre durch einen Kleidertausch (z.B. zwischen Eheleuten) eine Verunreinigung möglich, diese wäre religiös unrein und körperlich unhygienisch.

Antwort: So plausibel die Erklärung auch scheint, steht sie dennoch im Widerspruch zu den biblischen Texten und kann nicht als mögliche Auslegung von 5Mo 22,5 gesehen werden:

- Dieses Gebot ließ Gott Israel nicht am Anfang, sondern am **Ende der Wüstenwanderung**, unmittelbar vor dem Einzug ins Land Kanaan, verkünden.

- Bei der oben aufgeführten Erklärung würde dieses Gebot **im Widerspruch** zu anderen Geboten stehen:
  1. Eine Verunreinigung durch Ausscheidung am Körper betraf nicht nur die Kleider des anderen Geschlechts, sondern sie betraf zunächst die Person selbst (3Mo 15,2), dann aber auch jede andere Person, die mit ihr in Berührung kam (3Mo 15,7-11) und sie betraf sogar alle von der Person berührten Gegenstände (3Mo 15,4).
  2. Im Falle einer körperlichen Verunreinigung gab es bestimmte Auflagen. Der Mann musste sich und seine Kleider sofort waschen und durfte bis zum Abend niemanden berühren (3Mo 15,6) und für die Frau galt, sich und ihre Kleider sofort zu waschen und sieben Tage niemanden zu berühren (3Mo 15,19-20).
  3. Obwohl Gott diese Gebote (3Mo 15) dem Volk während ihrer Wüstenwanderung verkündet hat, erwähnt die Bibel an keiner Stelle, dass es zur Erfüllung dieser Gebote an Wasser mangelte. Somit hat Gott auch in der Wüste für die erforderlichen Voraussetzungen zur Einhaltung seiner Gebote gesorgt.

3.2.2 Gilt 5Mo 22,5 nicht nur als Verbot des Transvestitismus?

Antwort: Zunächst eine kurze Erklärung, was unter Transvestitismus zu verstehen ist: *Transvestitismus ist ein abnormer Trieb, das andere Geschlecht, besonders in Kleidung und Gebaren, nachzuahmen. Transvestiten sind bisweilen homosexuell.*[63]

Der Transvestitismus ist mit Transsexualität eng verbunden, neben der äußeren und psychischen Identifizierung mit dem anderen Geschlecht geht es häufig um die Identifizierung auf sexueller Ebene, bis hin zu operativen Veränderungen.

63   HERDERS Lexikon

Während homosexuelle Personen das aus biblischer Sicht natürliche, heterosexuelle[64] Verlangen zum anderen Geschlecht nicht haben und sich stattdessen zum gleichen Geschlecht hingezogen fühlen, und diesen Trieb hauptsächlich sexuell ausleben[65], gehen die Transvestiten weiter und wechseln ihre volle Geschlechtsidentität, d.h. auch ihr Persönlichkeitsbewusstsein.

Es ist unumstritten, dass Gott mit der Aussage in 5Mo 22,5 den Transvestitismus einschließt und diesen verbietet. Allerdings darf dieses Verbot nicht auf die Transvestiten beschränkt werden: In 5Mo 22,5 spricht der Herr nicht vom „abnormen Trieb" auf dem sexuellen Gebiet, sondern er setzt das Verbot viel früher an. Er sagt, dass Männer und Frauen bereits durch das Beachten der geschlechtsspezifischen Kleidung ihr vom Schöpfer gegebenes Geschlecht (bzw. ihre Rolle) bewahren sollen. Gott spricht hier vom Achten auf die von ihm gegebenen Grenzen (Ordnung) zwischen den Geschlechtern. Und das gilt **nicht nur** für Transvestiten.

Das Tragen der geschlechtstypischen Kleidung des anderen Geschlechts kann aus unterschiedlicher Motivation geschehen. Zum Beispiel:

• Weil jemand sich sexuell und psychisch mit dem anderen Geschlecht identifiziert. Dieses trifft auf die Transvestiten zu.

• Oder weil jemand sich damit dem anderen Geschlecht gleichstellen möchte. Dieses trifft auf die Feministen zu.

• Oder weil es bequemer ist, üblich ist und die äußeren Unterschiede nicht von Bedeutung erscheinen. Dieses trifft auf die heute vom Feminismus veränderte Gesellschaft zu.

Obwohl die Motivation ganz verschieden ist, ist das Ergebnis in allen drei Fällen gleich. Gottes Gebot wird in allen drei Fällen übertreten.

---

64 Die Bibel beschreibt das Verlangen zum anderen Geschlecht als natürlich, d.h. von Gott gegeben (vgl. 1Mo 2,24;3,16) und das sexuelle Verlangen zum gleichen Geschlecht als „widernatürlich" (Röm 1,26-27).

65 Das Ausleben der Homosexualität in einer Lebenspartnerschaft wie in einer Ehe, die alle Lebensbereiche umfasst, ist unter den Homosexuellen eher selten. Häufiger sind es Sex-Clubs oder kurze Zweier-Beziehungen mit häufigem Wechsel.

3.2.3 Welche Unterschiede hatten die Gewänder von Männern und Frauen damals und warum kann es heute auf Rock und Hose bezogen werden?

Antwort: Wie schon [...] festgestellt, geht es Gott, dem Herrn, um das Beachten der geschlechtstypischen Kleidung und das Bewahren der Unterschiede zwischen den Männern und Frauen. Mit dem Verbot in 5Mo 22,5 setzt der Herr voraus, dass es zwischen der männlichen und weiblichen Kleidung einen Unterschied gibt – und dieser soll beachtet werden.

Gott benennt keine Kleidungsstücke, wohl um damit sein Gebot für alle Kulturen anwendbar zu machen. Und in jeder Kultur müssen Männer und Frauen, die nach dem Willen des Herrn leben wollen, prüfen, wie sie in ihrer Situation den Willen Gottes in Bezug auf Männer- und Frauenkleidung ausleben können.

Ein Blick in die Kultur des AT zeigt, wie dieses Gebot damals ausgelebt wurde.

Es gab Kleidungsstücke, die bei Männern *und* Frauen erwähnt werden:

kuttonet	Hemd, Unterhemd (2Mo 12,11; 2Kö 4,29)
kuttonet passim	Spezialkleidung (1Mo 37,3.23.32; 2Sam 13,18-19)
sadin	Unterhemd (Jes 3,23; Ri 14,12; Spr 31,24)
simla	Mantel (Tuch mit Ärmelausschnitt, war gleichzeitig eine nächtliche Decke, vgl. 2Mo 12,34; 22,25-26; 5Mo 24,13; Ri 8,25; 2Kö 4,39; Hag 2,12; Mt 24,18; Mk 10,50)

Bestimmte Kleider (Oberkleider) finden sich nur bei Männern:

ezor	Hüftschurz (übliches Kleidungsstück aus Fell oder Stoff, vgl. 2Kö 1,8; Jes 5,27; Hes 23,15; Sach 13,4; Mt 3,4)
adderet	Mantel, Umhang (Jos 7,21.24; 1Kö 19,13; 2Kö 2,13; Jona 3,6)
meil	Mantel (ein Oberkleid, das bei starker Entrüstung zerrissen wurde, vgl. 1Sam 18,4; 2,19; 15,27; 28,14; Esra 9,3; Hiob 1,20; 2,12)
migbbrot	Kopfbund (2Mo 28,40; 3Mo 8,13); leinene Haube (für Priester, vgl. Hes. 44,18)
sarbal	Hose (Beinkleider, bei Priestern erwähnt, vgl. 2Mo 28,42; 3Mo 16,4; Dan 3,21.27, wörtl. Hose)

Und bestimmte Kleider (Oberkleider) finden sich nur bei Frauen:

mitpachat	Schleier, Schleppe (eine Frau ohne Schleppe galt als entblößt; vgl. Jes. 3,23; Ruth 3,15; Jes 47,2; Nah 3,5)
per	Haube (Jes. 3,20)

Die Überlieferung[66] nennt weitere Unterschiede wie Farbe, Stoffart, Länge der Gewänder usw., die für Männer und Frauen unterschiedlich waren.

Fazit: Es gab also bestimmte Kleidungsstücke, die von Männern und Frauen getragen wurden. Es waren hauptsächlich Unterkleider. (Auch diese Kleider sind durchaus dem Geschlecht entsprechend unterschiedlich gewesen, z.B. in der Länge und Farbe.) Zu der Oberbekleidung gehörten Kleidungsstücke, die nur Männer trugen, und es gab Kleidungsstücke, die nur von Frauen getragen wurden. So war z.B. eine Frau durch die Schleppe, die von Kopf bis Fuß ging und damit den ganzen Körper bedeckte, als Frau immer zu erkennen. Dieses Kleidungsstück wurde von den Frauen in der Öffentlichkeit ständig getragen. Damit gab die jüdische Kleidung immer deutlich zu erkennen, ob es ein Mann oder eine Frau ist.

Auch zur Zeit des NT, wo die griechische und römische Kultur dominierte, gab es zwischen der Frauen- und Männerbekleidung grundsätzliche Unterschiede. Es waren ebenfalls die Gewänder, die überwiegend getragen wurden, aber sie waren für Männer und Frauen unterschiedlich. So trugen z.B. die Männer eine „Toga" (ein Überwurf, dessen Zipfel nur an der linken Schulter befestigt wurden), es galt als schändlich, wenn eine Frau sich eine „Toga" anlegte.[67] Frauen dagegen bekleideten sich über der Tunika mit einer „Palla" (Überwurf für Frauen, in der Regel über den Kopf getragen).[68]

Ähnlich müsste es auch heute in unserer Kultur in der Bekleidung von Männern und Frauen für alle eindeutige geschlechtstypische Unterschiede geben, um dem Willen des Herrn zu entsprechen.

Die Unterschiede zwischen Frauen- und Männerkleidung, wie z.B. in der Farbe und im Stoff, sind heute nicht mehr gegeben. Der Unterschied in der Form ist nicht grundsätzlich und kaum zu bemerken, damit verhindert die heute übliche Kleidung eine Gleichmachung zwischen Männern und Frauen nicht.

Die Hose ist als ausschließlich männliches Kleidungsstück bereits seit dem 1. Jahrtausend v. Chr. bekannt und stellt wie kein anderes Kleidungsstück seit etwa 1000 Jahren weltweit den Unterschied von Mann und Frau dar.[69] Mit keinem anderen Kleidungsstück wurde

---

66 Großes Bibellexikon Brockhaus/Brunnen
67 Geo Epoche „Das Römische Imperium", ISBN 357019292X
68 Markaurel „Die Römische Frau"
69 Gundula Wolter „Die Verpackung des männlichen Geschlechts", Jonas Verlag; (vgl. auch Da 3,21.27)

das männliche Geschlecht so stark identifiziert wie mit der Hose. Deshalb wird der „Kampf um die Hose" als „Geschlechterkampf" bezeichnet.[70]

Ein Historiker schreibt dazu: „… *immer wieder [wurden] interessante Parallelen zwischen der Geschichte der Emanzipation und der Hose als Bekleidungsstück der Frauen aufgedeckt".*[71]

Zwei Gründe, warum für unsere Kultur die vom Herrn gebotene unterschiedliche Bekleidung für Männer und Frauen sich am besten durch Hose und Rock erfüllen lässt:

a) Die Hose ist nach wie vor, auch wenn der „Hosenkampf" seit mehreren Jahren der Vergangenheit angehört, ein Symbol für den Mann. In dem von der Emanzipationsbewegung ausgelösten und nun seit etwa 200 Jahren andauernden „Geschlechterkampf" ist die Frauenhose ein Statussymbol für die Gleichstellung von Frau und Mann.

b) Alle anderen Unterschiede in der Bekleidung von Mann und Frau machen keine eindeutige Aussage über ihr Geschlecht (außer bei körperbetonter Kleidung, aber diese kann aus sittlichen Gründen für Christen nicht in Frage kommen). Blick auf die WC-Symbole zeigt: Der Rock steht immer noch für die Frau.

(An dieser Stelle enden die Ausführungen von Franz Peters.)

---

70 Gundula Wolter „Die Verpackung des männlichen Geschlechts", Jonas Verlag
71 Prof. Hermann Bausinger „Wer hat wann die Hosen an?", Tübinger Vereinigung für Volkskunde

3.3 Einwände aufgrund unterschiedlicher Auffassungen unter den Christen

3.3.1 Es gibt unter den Christen so viele verschiedene Ansichten in Bezug auf Äußerlichkeiten – daher kann man nicht sagen, dass die Bibel etwas Eindeutiges zu diesem Thema zu sagen hat. Wenn es Gott so wichtig wäre, würde er es in seinem Wort doch unmissverständlich ausdrücken.

Dass es unter den Christen viele verschiedene Ansichten gibt bezüglich dessen, welches Äußere angebracht sei (und auch bezüglich dessen, ob es überhaupt wichtig ist, darauf zu achten), ist leider wahr. Es ist jedoch nicht richtig, daraus abzuleiten, dass gegensätzliche Auslegungen der Heiligen Schrift gleichermaßen richtig sein können, denn Gottes Mitteilungen sind nicht mehrdeutig. Dennoch ist es nicht richtig anzunehmen, dass alle wichtigen Wahrheiten der Heiligen Schrift gleichermaßen einfach zu verstehen sind. Wenn das so wäre, hätte Petrus niemals über Paulus schreiben können (2Pe 3,16): *„... wie auch in allen Briefen, wenn er in ihnen von diesen Dingen redet, **von denen einige schwer zu verstehen sind**, die die Unwissenden und Unbefestigten **verdrehen**, wie auch die übrigen Schriften, zu ihrem eigenen Verderben."*

Aus dieser Aussage können wir entnehmen, dass schon zur Zeit der ersten Gemeinde die Briefe des Paulus für Christen „schwer zu verstehen" waren. Wir sollten daher nicht dem Trugschluss erliegen: *„Alles, was Gott mir sagen will, muss er so deutlich sagen, dass ich es gar nicht missverstehen kann."* Wenn das schon für die ersten Christen galt – wie viel mehr für uns, die wir die Bibel nicht mehr in ihrer Originalsprache lesen können.

Petrus sagt (2Pe 1,20): *„Dabei sollt ihr vor allem das erkennen, dass keine Weissagung der Schrift von eigenmächtiger Deutung ist."* Petrus spricht hier hauptsächlich davon, dass die menschlichen Verfasser der Heiligen Schrift ihre Niederschrift nicht aus „eigener Deutung", sondern auf Antrieb des Heiligen Geistes geschrieben haben. Aus diesem Grund dürfen wir uns darauf verlassen wie auf ein Licht in der Finsternis (vgl. V. 19-21). Zugleich kann seine Aussage aber auch so interpretiert werden, dass es uns ebenfalls nicht überlassen ist, wie wir die Heilige Schrift auslegen: Wir dürfen es nicht eigenmächtig tun! Menge übersetzt diesen Vers darum so: *„Dabei müsst ihr euch vor allem (oder: von vornherein) darüber klar sein, dass keine Weissagung der Schrift eine eigenmächtige Deutung zulässt..."*

Beide Interpretationen sind richtig und ergänzen sich: Eben weil es sich um das inspirierte Wort Gottes handelt, welches von den Propheten nicht „eigenmächtig" geschrieben worden ist, darf es auch nicht „eigenmächtig" (also nach eigenem Belieben) gedeutet werden.

Das ändert aber immer noch nichts an der Tatsache, dass manchmal verschiedene Christen unabhängig voneinander die Bibel studieren und zu gegensätzlichen Ergebnissen kommen. Das betrifft nicht nur die Frage der Äußerlichkeiten, sondern auch viele andere Fragen, wie zum Beispiel die Frage, ob ein Wiedergeborener wieder vom Glauben abfallen und verloren gehen kann, ob ein Christ als Soldat in einer Armee dienen kann, ob der Mensch einen freien Willen hat oder ob alles vorher von Gott bestimmt worden ist, ob der Herr Jesus vor, während oder nach der Trübsalszeit kommt u.v.a.m..

Es gibt eine Fülle von Fragen, die von verschiedenen Christen unterschiedlich beantwortet werden. Manche dieser Meinungsverschiedenheiten haben für das praktische Leben weniger Bedeutung und werden daher nicht so häufig zum Streitthema. Wenn beispielsweise jemand denkt, der Herr Jesus würde vor der Trübsalszeit wiederkommen und ein anderer denkt, er käme mittendrin, so lässt sich über diesen Unterschied leicht hinwegsehen. Wenn es aber um unser Äußeres geht, ist der Unterschied im wahrsten Sinne des Wortes „nicht zu übersehen".

Es wird nun der Einwand erhoben, dass eine Frage, die von aufrichtigen Christen, die beim Bibelstudium ehrlich nach dem Willen Gottes fragen, unterschiedlich beantwortet wird, gar nicht so wichtig sein kann. Oft wird in diesem Zusammenhang das Wort „heilsnotwendig" verwendet und man meint: „Ist eine Lehre heilsnotwendig, so ist sie wichtig; ist sie nicht heilsnotwendig, ist sie nicht wichtig." **Doch genau von dieser Denkstruktur müssen wir uns innerlich lösen! Unser Heil ist Jesus Christus – ER ganz allein!** All unser Forschen und Trachten nach der richtigen Erkenntnis des Willens Gottes für unser Leben hier auf Erden *muss* ein Ausdruck unserer Dankbarkeit für sein Erlösungswerk in Christus sein – sonst hat es keinen Wert.[72] Wenn wir nach dem Willen Gottes forschen und ihn

---

72 Es gibt streng genommen nur eine einzige „heilsnotwendige" Lehre (Apg 16,31): *„Glaube an den Herrn Jesus, und du wirst errettet werden..."*. Zum Glauben gehört allerdings neben dem Vertrauen auch das Gehorchen.

umsetzen, um vor Gott etwas besser da stehen zu wollen, betreiben wir Werksgerechtigkeit. Tun wir es aber aus der Dankbarkeit für seine Liebe heraus – so gibt es keine einzige „unwichtige Lehre", denn alles, was unser himmlischer Vater uns zu sagen hat, ist wichtig.

Wir sollen also darauf bedacht sein, Gottes Willen zu erkennen und zu erfüllen – dürfen uns aber keine falschen Hoffnungen darauf aufbauen, sondern müssen so denken, wie N. L. Graf von Zinzendorf und C. Gregor es in einem wunderbaren Lied zum Ausdruck gebracht haben:

Christi Blut und Gerechtigkeit,
das ist mein Schmuck und Ehrenkleid,
damit will ich vor Gott bestehn,
wenn ich zum Himmel werd eingehn.

Und würd ich durch des Herrn Verdienst
auch noch so treu in seinem Dienst,
gewönn den Sieg dem Bösen ab
und sündigte nicht bis ins Grab, ...

... so will ich, wenn ich zu ihm komm',
nicht denken mehr an gut und fromm,
sondern: Da kommt ein Sünder
her, der gern fürs Lösgeld selig wär.

Es ist gar keine Frage: Wir sollen darum ringen, den Willen Gottes in allen Bereichen unseres Lebens zu erkennen und zu tun. Wir sollen nach einem durch und durch geheiligten Leben streben – und dabei doch wissen, dass unser Heil nicht von unserer eigenen Gerechtigkeit abhängt, sondern einzig und allein in Jesus Christus gegründet ist: „*Christi Blut und Gerechtigkeit – allein mein Schmuck und Ehrenkleid!*" Es gibt nichts Besseres, was wir Gott vorweisen könnten, als durch das Blut seines Sohnes gereinigt worden zu sein. Alle unsere Mühe um einen gerechten Wandel fügt dem nichts hinzu. Sie ist lediglich ein Ausdruck unserer Dankbarkeit – und wird nur als solcher von Gott geschätzt.

Diese Betrachtung führt uns nun unweigerlich zum nächsten Einwand:

3.3.2 Es gibt viele Christen, die es mit ihrem Äußeren „nicht so eng" sehen, die aber trotzdem ein gesegnetes und auch sehr vorbildliches Leben führen (zumindest in anderen Bereichen). Dann kann das Äußere Gott doch nicht wichtig sein.

Dieser Einwand erfordert eine differenzierte Betrachtung:

a) Verschiedene Ansichten unter Christen sollten die Einheit nicht zerstören

Wenn aufrichtige Christen es mit den Äußerlichkeiten anders sehen, als wir es in diesem Buch ausgeführt haben, so mag das unterschiedliche Gründe haben. Zum Ersten müssen ja auch wir selbst unsere Ausführungen mit den Worten des Paulus der prüfenden Untersuchung des Lesers stellen (1Th 5,20-21): *„Die Weissagung verachtet nicht! Prüft alles, das Gute behaltet!"* Verachte nicht die „Weissagung" bzw. diese Auslegung – aber prüfe sie, ob sie wirklich schriftgemäß ist. Prüfe bitte *nicht*, ob sie dir persönlich gefällt, sondern prüfe anhand der Heiligen Schrift und der dargelegten Fakten. Sei bereit, dich durch das Wort Gottes korrigieren zu lassen.

Zum Zweiten muss auch jeder anders denkende Christ seine Haltung gegenüber verschiedenen Lebensbereichen anhand der Heiligen Schrift prüfen lassen. Dabei müssen wir uns alle dessen bewusst sein, dass wir unterschiedliche Vorprägungen haben. Unsere Vorprägung sitzt uns beim Bibellesen oft auf der Nase wie eine farbige Brille und färbt unser Verständnis. Manchmal sind wir so von unserem „mitgebrachten Vorverständnis" geblendet, dass uns erst die Sichtweise eines anderen Christen den klaren Blick auf einen Bibeltext oder einen biblischen Zusammenhang verschafft. Wir brauchen uns gegenseitig, um das Wort Gottes richtig zu verstehen.

Wir sollten daher die Vielfalt der Sichtweisen unter bibeltreuen Christen (sofern diese aufrichtig um das richtige Verständnis der Heiligen Schrift bemüht sind) zunächst einmal schätzen lernen, einander ernst nehmen und einander zuhören. Jeder von uns hat seine Schwerpunkte, die ihm wichtig sind – aber auch seine Unterlassungen, für die er blind ist. Daher sind wir darauf angewiesen, einander zu „ermahnen", einander die Augen zu öffnen für unsere Fehler – aber auch einander anzuerkennen für unsere Fortschritte und unsere Liebe und unseren Eifer im Werk des Herrn.

Paulus fand selbst bei den fleischlichen Korinthern noch genug Gründe, um sie zu loben[73], Gott für sie zu danken[74] und darauf zu vertrauen, dass Gott auch sie weiter führen und befestigen wird[75]. So müssen auch wir einander stets in Liebe annehmen und das Gute voneinander lernen – aber wir dürfen keineswegs gleichgültig gegenüber der biblischen Lehre sein und die Fehler der anderen gut heißen. Was aber auch nicht heißt, dass wir unsere Unterschiede stets betonen und darauf „herumreiten" sollen, bis wir verstritten sind und die „Perle" unserer Verbundenheit „vor die Säue" werfen (Mt 7,6), d.h., der Welt um uns herum Anlass geben, über uns zu spotten.

An der Liebe untereinander – die allen Meinungsverschiedenheiten zum Trotz eine Verbundenheit schafft – soll die Welt erkennen, dass wir Jesu Jünger sind (vgl. Joh 13,35). Wir sollten stets bedenken, dass das, was uns verbindet, doch viel mehr ist, als das, was uns trennt (Eph 4,2-6): *„... mit aller Demut und Sanftmut, mit Langmut, einander ertragend in Liebe, euch befleißigend, die **Einheit des Geistes** zu bewahren in dem Band des Friedens. Da ist **ein** Leib und **ein** Geist, wie ihr auch berufen worden seid in **einer** Hoffnung eurer Berufung. **Ein** Herr, **ein** Glaube, **eine** Taufe, **ein** Gott und Vater aller, der über allen und durch alle und in uns allen ist."*

Die siebenfache Einheit, von der Paulus hier spricht, ist ein kostbares Gut, das es zu „bewahren" gilt. Wir müssen die Einheit nicht erst „herstellen", das hat Gott getan: *„**Ein** Leib und **ein** Geist...[etc.]"* Wir sollen uns „befleißigen", diese von Gott geschaffene Einheit zu bewahren „in dem Band des Friedens", indem wir einander „mit aller Demut und Sanftmut" begegnen, einander „ertragend in Liebe". Die Liebe macht es möglich, die von Gott geschaffene Einheit des Geistes in einer friedvollen Verbundenheit zu bewahren – und das trotz der bestehenden Meinungsverschiedenheiten.

Unsere Diskussion um das richtige Verständnis der Heiligen Schrift soll uns nicht voneinander trennen. Sie wird es auch nicht

---

73 Vgl. 1Kor 3,1-3; 11,2; 2Kor 9,1-4
74 Vgl. 1Kor 1,4-7
75 Vgl. 1Kor 1,8-9

tun, wenn wir aufrichtig bemüht sind, diese „Einheit des Geistes" zu bewahren und einander in wahrer „Demut und Sanftmut" begegnen.

b) Auch Vorbilder machen Fehler

Wenn ein Christ sehr vorbildlich in der Liebe und im Eifer für den Herrn ist, so sollen wir ihn darin nachahmen – aber nicht denken, dass *alles*, was er tut, deswegen auch richtig ist. *„Prüft alles, das Gute behaltet!"*

Es ist eine sehr schlechte Ausrede, eine biblische Ermahnung abzuweisen mit der Begründung: *„Aber andere machen es auch nicht und sind trotzdem gute Christen!"* Unsere Überzeugung sollte allein auf der Heiligen Schrift gegründet sein.

Was würde denn aus uns werden, wenn wir von allen „guten Christen" ihre „schlechten Seiten" nachahmen würden?

Was wird aus einem wirtschaftlichen Unternehmen, wenn es alle Schwachpunkte seiner Mitbewerber in seine eigenen Produkte einbaut? Es wird keine gute Ware herstellen können. Stattdessen versucht jeder Unternehmer, die Fehler der anderen zu vermeiden und von ihren Errungenschaften zu lernen. Ebenso sollten auch wir uns untereinander in Liebe annehmen und im Lichte der Bibel unterscheiden, was wir nachahmen und was wir meiden sollten.

c) Das neutestamentliche Verständnis vom „geistlichen Segen"

Es liegt eine große Gefahr in dem Denken: *„Dieser Christ tut dieses oder jenes nicht und ist trotzdem gesegnet, also kommt es Gott nicht darauf an!"* Dieses Denken zeigt nämlich, dass wir die volle und befreiende Botschaft des Evangeliums noch nicht vollends ergriffen haben. Gott hat uns in Christus geliebt, als wir noch seine Feinde waren (vgl. Röm 5,8). Er hat uns in Christus *„gesegnet mit jedem geistlichen Segen in den himmlischen Regionen"* (Eph 1,3) – und das zu einem Zeitpunkt, da wir noch gar nichts weiter getan haben, als nur unser Vertrauen auf ihn zu setzen.

Wenn wir wirklich daran glauben, dass wir „in Christus" mit „jedem geistlichen Segen in den himmlischen Regionen" gesegnet worden sind, so muss uns bewusst sein, dass es keinen himmlischen Segen mehr gibt, den Gott uns noch geben könnte. *In Christus* haben wir bereits seinen ganzen Segen des Himmels erhalten. Mehr als Christus kann Gott uns nicht geben, weil wir in Christus bereits seine gesamte Fülle erhalten haben (vgl. Kol 2,9-10). Und je mehr wir mit Christus verbunden sind, desto mehr erfahren wir die Realität dieser himmlischen Segnungen in unserem Leben, sei es in guten oder in schlechten Zeiten (vgl. Phil 3,8-10). **Aber wir können uns (durch unsere Heiligung)** *keinen* **weiteren Segen mehr verdienen, weil wir alle Segnungen bereits aus Gnaden erhalten haben!**

Wir müssen uns daher zwei befreiende Grundwahrheiten des Evangeliums fest ins Gedächtnis einbrennen:

1. **Gottes Liebe zu mir ist** *nicht* **abhängig von meiner Heiligung,** sie ist einzig und allein in seinem Wesen und in seinem Entschluss begründet.

2. **Gottes himmlischen Segen empfange ich** *nicht***, weil ich etwas leiste,** sondern ich habe ihn bereits in vollem Maße erhalten, weil ich mein Vertrauen auf Christus gesetzt habe.

Diese Wahrheiten sollten wir ohne „Wenn" und „Aber" glauben und lehren, denn sie sind für einen geistlichen Menschen der Antrieb für ein geheiligtes Leben. Ein geheiligtes Leben ist nämlich die einzige logisch richtige Reaktion auf solch große Barmherzigkeit und eine so hohe Berufung (vgl. Röm 12,1-2; Gal 2,20; Eph 4,1; Phil 1,21; Kol 3,1-3; 1Pe 1,12-15; 2Pe 1,3-5; 1Joh 2,1-3; 3,1-3).

Keineswegs geben diese Wahrheiten einen Grund dazu, zu denken, ein Christ dürfe weiterhin in der Sünde leben (vgl. Röm 6,1ff und 6,14ff).

d) Vorsicht vor falschen Erwartungen des „irdischen Segens"!

Für unseren Gehorsam dürfen wir *keinen* Anspruch auf irdischen Segen erheben, wie es im Alten Testament (unter dem Gesetz) schon eher denkbar gewesen wäre (vgl. 5Mo 28). Es ist zwar richtig, dass, wenn wir unser Leben nach Gottes Geboten einrichten, unser Leben ganz „automatisch" in Bahnen gelenkt wird, die zu einem gelungenen Leben führen. Wir werden dann vor manchem Fluch der Sünde bewahrt bleiben, dennoch haben wir keine Garantie auf die Erfüllung aller unserer Wünsche.

Wenn wir zum Beispiel unsere Ehe nach Gottes Willen gestalten, wird die Folge sein, dass wir vor vielen Problemen bewahrt werden, die über Menschen kommen, die ihre Ehe (oder gar Lebensgemeinschaft) nach eigenem Gutdünken führen. Sicherlich könnte man das auch als eine Art „Segen" bezeichnen, der ganz natürlich aus dem Gehorsam gegenüber Gottes Geboten erfolgt. Und natürlich wird Gott unsere Treue und unseren Gehorsam, der aus Liebe zu ihm geschieht, in irgendeiner Weise belohnen – spätestens wenn wir vor seinem Richterstuhl stehen (2Kor 5,10). Aber das heißt nicht, dass uns in diesem Leben alle Probleme und Nöte erspart bleiben, oder dass wir uns an einer langjährigen Ehe ohne Krankheit und ohne frühzeitigen Tod eines Partners erfreuen können.

Wenn ein lediger Mensch Gottes Geboten folgt, wird er ebenfalls durch seinen gottesfürchtigen Lebensstil vor vielen Nöten, Verirrungen und selbst verschuldeten Schmerzen bewahrt bleiben. Natürlich liegt auch für ihn ein „Segen" im Befolgen der Gebote Gottes. Aber Gott kann ihn dennoch durch viele Nöte führen. Wir haben nämlich keine Zusage von Gott, dass wir überhaupt einen Partner fürs Leben finden werden, wenn wir im Gehorsam leben. Dafür zeigt uns das Wort Gottes aber wiederum andere Wege auf, wie wir auch ohne Ehepartner ein „gesegnetes" Leben führen können, wenn dies der Weg Gottes für uns ist (vgl. Mt 19,12; 1Kor 7,6-8.32-34).

Gehorsam ist nicht etwa der Preis, den wir für die Erfüllung unserer Wünsche bezahlen müssen, sondern ein Ausdruck unserer Anerkennung Gottes als unseren souveränen Herrscher. (Wer Gott den Gehorsam verweigert, erkennt seine Herrschaft nicht an und lehnt damit seine Gottheit ab.) Gehorsam ist fernerhin ein Ausdruck unserer Liebe und unserer Dankbarkeit für die Erlösung. Und Gott erwartet von uns, dass wir ihm für unsere Erlösung dankbar sind. Undankbarkeit für Gottes Gaben ist eine der Ursünden des Menschen (vgl. Röm 1,21). Und für die Erlösung durch Jesus Christus undankbar zu sein, ist eine Schmähung der größten Liebestat Gottes.

Manche gläubigen Mädchen geraten, wenn sie älter werden und immer noch allein sind, unter einen inneren (und manchmal leider auch äußeren) Druck, indem sie sich Vorwürfe machen: „Ich lebe im Gehorsam und die Folge ist *nicht*, dass Gott mich mit einem guten Ehepartner segnet. Was habe ich falsch gemacht, dass Gott mich allein bleiben lässt?" Dahinter steckt das Denken: „Wenn Gott mich nicht mit einem Partner ‚segnet', dann bin ich ihm wohl nicht gut genug. Ich muss wohl was falsch machen, dass er mich so straft..." Diese Gedanken entsprechen wohl dem Leistungsdenken dieser Welt – aber nicht dem Evangelium Gottes, das uns von jeglichem Leistungszwang befreit.

Unser Gehorsam kann uns – wie wir bereits gesehen haben – sogar in Verfolgung und Not stürzen. Es kann unter bestimmten Umständen sogar passieren, dass wir unser Leben lang ledig bleiben müssen, nicht obwohl, sondern gerade *weil* wir Gott gehorsam sind. Das ändert nichts daran, dass er uns liebt und uns in Christus mit jeder himmlischen Segnung gesegnet hat.

Christus hat seinen Nachfolgern nirgends irdischen Segen, glückliches Leben, einen Ehepartner, eine angenehme und gut bezahlte Arbeitsstelle, Wohlergehen und Freiheit von inneren oder äußeren Bedrängnissen verheißen, wenn sie ihm gehorsam sind, wohl aber Ängste, Nöte und Verfolgungen (vgl. Mt 5,11-12; 10,22).

Es kommt vor, dass Mädchen im Blick auf Kleidung oder Schmuck die Hoffnung haben, dass Gott sie dafür belohnen wird, wenn sie ihm in dieser Hinsicht treu sind und die biblischen Maßstäbe befolgen. Als „Lohn" erwarten sie einen guten Ehemann. Doch dann wundern sie sich, wenn die anderen Mädchen zuerst heiraten und offensichtlich begehrter sind. Sie geraten ins Wanken und fragen sich, ob es sich denn wirklich lohnen würde, Gottes Maßstäbe zu befolgen. Denn scheinbar „segnet" Gott diejenigen mehr, die es mit diesen Werten nicht so eng sehen...

Andere wiederum denken, Gott müsste es ihnen innerlich besser gehen lassen, wenn sie ihm gehorsam sind. Wenn sie dann eine Zeit lang bestimmte Gebote in die Tat umsetzen und es ihnen immer noch nicht besser geht, schließen sie daraus, dass sie wieder damit aufhören könnten...

Doch zeigen diese Denkweisen nicht wiederum, dass wir meinen, uns bei Gott etwas „verdienen" zu können? Dass Gott uns schuldig wäre, uns ein angenehmes Leben und Erfüllung unserer Wünsche zu schenken, wenn wir eines seiner Gebote erfüllen? Dass Gott überhaupt schuldig sei, unseren Gehorsam zu belohnen?

Gott erwartet von uns Gehorsam, *sogar wenn* dieser uns in Schwierigkeiten bringt. Aber er will den *Gehorsam aus Liebe* – nicht aus einer kaufmännischen Berechnung heraus, nach dem Motto: „Wenn ich Gott gehorche, erfüllt er meine Wünsche." Dieser „Handel" geht nicht auf! **Gott bestimmt selbst darüber, wann er unseren Gehorsam „spürbar" belohnt und wann er ihn auf eine harte Probe stellt. Beides ändert nichts an seiner Liebe zu uns (vgl. Röm 8,35-39).**

Das Buch Hiob zeigt uns sehr anschaulich, dass es einem gerechten Menschen sowohl innerlich als auch äußerlich sehr schlecht ergehen kann – und das ohne jegliche nachvollziehbare Erklärung. Es kann zwar sein, dass Gott uns aufgrund unserer Sünde in Nöte bringt, um uns wach zu rütteln und zu ihm zurückzuziehen. Es kann aber ebenso passieren, dass er genau dasselbe tut, nicht weil wir etwas falsch gemacht haben, sondern einfach nur, um auf die Probe zu stellen, ob unser Gehorsam „kalkuliert" ist oder wirklich aus der Anerkennung seiner Gottheit heraus geschieht. Denn erst wenn wir durch große Schwierigkeiten gehen müssen, erweist sich, ob wir Gott gehorchen *damit* es uns gut geht – oder *einfach nur weil er Gott* ist und ihm unsere Liebe, unsere Anbetung, unser Dank und Gehorsam in jeder Lebenslage gebührt.

In jedem Fall dürfen wir uns aber von ihm geliebt wissen und sollten nicht daran zweifeln, dass er das Beste für uns bereit hält (vgl. Röm 8,28).

Wenn es uns aber gut geht, wir uns guter Gesundheit erfreuen, ein schönes Haus bewohnen und gutes Einkommen haben, wenn wir mit unseren Mitmenschen im Frieden leben und uns anderer irdischer Segnungen (aus Gnaden) erfreuen dürfen – dann sollten wir umso mehr Gott dankbar dafür sein, da wir wissen, dass er uns all das nicht im Geringsten schuldig ist. Wir sollten nicht meinen, dass er uns diesen „Segen" schenkt, weil wir ein besonders vorbildliches Leben führen. Ein solches Denken mindert unsere Dankbarkeit und fördert unseren Stolz vor Gott und unsere Überheblichkeit gegenüber unseren Mitmenschen, denen es nicht so gut geht wie uns.

Zudem sollten wir prüfen, ob wir überhaupt im Gehorsam leben, oder ob unser Wohlstand nicht vielleicht sogar die Folge eines kompromissvollen Lebensstils ist (vgl. Lk 6,26; 2Tim 3,12).

e) „Segen" bzw. Erfolg im geistlichen Dienst ist kein Beweis für Treue

Was nun den „geistlichen Segen" im Werk des Herrn betrifft, müssen wir ebenfalls sagen, dass Gott unsere Arbeit nicht deswegen mit Erfolg[76] krönt, weil wir *alles* richtig machen, sondern *obwohl* wir un-

---

76 Wenn wir vom „Segen" in einem geistlichen Dienst reden, meinen wir meistens, dass

vollkommen sind und Fehler machen. Nicht selten weisen Menschen, die Gott in seinem Reich am wirkungsvollsten gebraucht, auf einem anderen Gebiet die gravierendsten Fehler auf. Dafür müssen sie sich selbst vor Gott verantworten (vgl. Röm 14,4), auch wenn Gott sie trotz ihrer Fehler gebraucht, und ihrer Arbeit Frucht schenkt.

Es ist nicht immer die Treue des Arbeiters, die über den Erfolg bzw. „Segen" seiner Arbeit entscheidet. Jeremia predigte vierzig Jahre treu und ergeben, ohne dass das Volk Israel Buße tat. Wenn sein Dienst scheinbar nicht viel bewirkt hat und seine Predigt vom Volk abgewiesen wurde, ist das noch lange kein Anzeichen dafür, dass er etwas verkehrt gemacht hat. Der Prophet Jona dagegen war ungehorsam und tat seinen Dienst in Ninive äußerst widerwillig und nur, weil Gott ihn auf übernatürliche Weise dazu „gezwungen" hatte. Seine kurze und äußerst lieblose Predigt hatte aber unerhörten Erfolg: Die ganze heidnische Stadt tat Buße in Staub und Asche. Der Erfolg seines Dienstes ist kein Beweis für seine Treue.

Natürlich kann es sein, dass wir selbst Gott im Wege stehen, weil wir uns nicht ganz auf ihn verlassen oder uns ihm nicht vorbehaltslos ausliefern. Dennoch ist es völlig verkehrt, aus dem Erfolg, den Gott einem seiner Diener schenkt, abzuleiten, dass alles, was das „gesegnete" Bodenpersonal Gottes hier auf Erden tut, automatisch richtig ist. Denn (um es noch einmal auf den Punkt zu bringen): Gott segnet uns nicht, weil wir perfekt sind, sondern er tut es allen unseren Mängeln zum Trotz! Er gibt uns *zuerst* seinen ganzen himmlischen Segen in Christus, erwartet *dann*, dass wir ihm aus Dankbarkeit und Liebe gehorchen – und verspricht *schließlich* sogar, unsere Treue in der Ewigkeit zu belohnen (vgl. 2Kor 5,10). Ihm sei Lob und Dank dafür!

---

der Dienst Frucht bringt und unsere Arbeit die gewünschte Wirkung erzielt, also Erfolg hat. (Am Rande bemerkt: In unserem Sprachgebrauch hat das Wort „Segen" einen sehr allgemeinen Charakter angenommen und wir verwenden es häufig anders, als es im Neuen Testament üblich ist.)

3.4 Frage bezüglich unserer Verantwortung für die verlorene Welt

3.4.1 Paulus sagt: „Ich bin den Juden ein Jude und den Griechen ein Grieche geworden", um sie für den Herrn zu gewinnen. Müssen wir uns nicht auch im Äußeren der Gesellschaft anpassen, um „möglichst viele" zu gewinnen?

Die Bibelstelle, um die es hier geht, steht in 1Kor 9,19-23:

„Denn obwohl ich frei bin von allen, habe ich mich doch allen zum Knecht gemacht, um desto mehr Menschen zu gewinnen. Den Juden bin ich wie ein Jude geworden, damit ich die Juden gewinne; denen, die unter dem Gesetz sind, bin ich geworden, als wäre ich unter dem Gesetz, damit ich die unter dem Gesetz gewinne; denen, die ohne Gesetz sind, bin ich geworden, als wäre ich ohne Gesetz – obwohl ich vor Gott nicht ohne Gesetz bin, sondern Christus gesetzmäßig unterworfen –, damit ich die gewinne, die ohne Gesetz sind. Den Schwachen bin ich wie ein Schwacher geworden, damit ich die Schwachen gewinne; ich bin allen alles geworden, damit ich auf alle Weise etliche rette. Dies aber tue ich um des Evangeliums willen, um an ihm teilzuhaben."

In dem gesamten Kapitel 9 legt Paulus dar, wie er auf sein gutes Recht verzichtet, um so dem Evangelium besser dienen zu können:

- Er verzichtet auf leibliche Verpflegung seitens der Missionsgemeinde (V. 4).
- Er verzichtet auf eine Ehe (V. 5).
- Er verzichtet auf finanzielle Vergeltung seiner geistlichen Tätigkeit (V. 6-18).

Auch in den zitierten Versen (19-23) spricht Paulus vom Verzicht auf eigene Vorlieben zu Gunsten des Evangeliums:

- Obwohl er ein freier Mann ist, stellt er sich freiwillig in den Dienst des Evangeliums, um andere Menschen zu gewinnen. Er macht sich ihnen damit gewisserweise zum Sklaven. (V. 19)
- Den Juden (die das alttestamentliche Gesetz hoch achten) ist er wie ein Jude geworden. D.h., er hält auch solche alttestamentliche Vorschriften ein, die er nicht einhalten müsste. Um den Zugang zu den Juden nicht zu verlieren, verzichtet er auf seine Freiheit. (V. 20)
- Den Heiden (Menschen „ohne Gesetz") ist er geworden wie einer

„ohne Gesetz". Anders als die Juden, die die Gesellschaft von Heiden meiden, geht Paulus in heidnische Häuser und hat Umgang mit ihnen. Er erwartet von ihnen nicht, dass sie Juden werden. Er kommt ihnen entgegen und verzichtet auf alle unnötigen Barrieren. (V. 21)

Wenn Paulus sagt, er sei geworden wie einer „ohne Gesetz", so fügt er an dieser Stelle doch hinzu (V. 21): *„obwohl ich vor Gott nicht ohne Gesetz bin, sondern Christus gesetzmäßig unterworfen"*. Das bedeutet, dass selbst dort, wo Paulus sich den Heiden gewisserweise „angepasst" hat, er doch darauf geachtet hat, nichts zu tun, was dem Willen Gottes zuwider gewesen wäre.

Paulus beschreibt damit einen geistlichen Balance-Akt: Einerseits ist er danach bestrebt, keine unnötigen Barrieren aufzubauen, welche den Menschen den Zugang zum Evangelium versperren könnten, andererseits ist er darum bemüht, gegen kein Gesetz Gottes zu verstoßen. Er hat Gemeinschaft mit Heiden – aber er nimmt nicht teil an ihren Sünden.

Das ist tatsächlich etwas, was wir von Paulus lernen müssen. Zuallererst muss unsere Haltung stimmen: Geht es mir wirklich darum, die anderen Menschen für Christus zu gewinnen? Ist mir das Evangelium so wichtig, dass ich bereit bin, dafür auf mein gutes Recht und auf meine Bequemlichkeit zu verzichten? Bedeutet eine (äußerliche) Anpassung an meine Mitmenschen mir Verzicht – oder ist es mir ein willkommenes Alibi zu einer Freiheit, die ich schon lange genießen wollte?

Wenn die Motivation stimmt, sollen wir bei aller Anpassung an unsere Mitmenschen darauf achten, Gottes Geboten treu zu sein. Was die Menschen an uns sehen müssen, ist ein geheiligtes Leben – sonst werden wir ihnen bald nichts mehr zu sagen haben. Sich ihnen äußerlich anzupassen, aber nicht um ihre Rettung bemüht zu sein, wird das Gegenteil bewirken, nämlich die Verweltlichung der Gemeinde und nicht die Rettung der Verlorenen.

Daniel Herrmann, ein französischer Missionar, erzählt in einem Vortrag[77] von seinen ersten Versuchen, Menschen mit dem Evangelium zu konfrontieren. Damals noch recht jung, ging er in eine

---

77 „Christsein, eine Herausforderung! – Wie kann ich meine Überzeugungen ausleben und den Kontakt mit den Mitmenschen behalten?", Ton-Aufnahme vom 21.10.2006

Kneipe, machte dort Musik und versuchte, den Menschen von Jesus zu erzählen. Er sagt (mit seinem starken französischen Akzent):

„Als jung Bekehrter hab ich gedacht, ich muss so, wenn ich Leute erreichen will, die in der Welt sind, da muss ich ein wenig sein wie sie – sonst haben sie einen Schock, wenn sie mich treffen, gell. Also muss ich versuchen, so zu leben wie sie, dass sie mich akzeptieren können. Und zu dieser Zeit hatte ich lange Haare [...] und habe gedacht, das haut gut [...], wenn man so reingeht und etwas weitergeben will. Und als ich sang, so an einem Abend und Zeugnis gegeben habe [...] und dann kam mal am Ende von so einem Abend, es war schon fast Mitternacht, als ich dann noch einen Kaffee getrunken habe in diesem Raum und dann rausgegangen bin, da kam so ein Mädchen, das so ein ‚leichtes Leben‘ hatte [...], da kam sie zu mir und hat so gemacht an meinen Haaren und hat gesagt: ‚Das passt ja gar nicht zu dir! Du hast ja einen anderen Meister, warum bist du so?‘ Das war für mich ein richtiger Schock zuerst, gell. Hab gedacht, Mensch, ich versuch alles, dass ich zu den Leuten komm, gell, und wenn ich‘s so gut versuche, dann wollen sie gar nicht, dass ich so bin! Und das wurde mir dann ganz klar, als mir dann ein anderer gesagt hat: ‚Weißt du, was wir erwarten von denen, die Jesus haben? Wir erwarten, dass sie anders sind!‘“

Die verlorenen Menschen wollen in einem Christen nicht ein Spiegelbild von sich selber sehen – sondern ein Spiegelbild des Herrn Jesus, der ebenfalls die Gemeinschaft der Sünder (aus Liebe) suchte, jedoch ohne dabei etwas von seiner Heiligkeit einzubüßen. Die Menschen wollten einen deutlichen Kontrast erkennen zwischen den Verlorenen und den Geretteten.

Daher gilt auch für uns: Habe die verlorenen Menschen lieb und suche Gemeinschaft mit ihnen. Erwarte nicht, dass sie anfangen, sich so zu kleiden, wie du es tust. Schaue durch ihre Hüllen hindurch auf die verlorene Seele, die zuerst erlöst werden muss. Denn allein dadurch, dass du dich ihnen anpasst, wird sich kein einziger bekehren, ganz im Gegenteil könnten sie in der Meinung bestätigt werden, dass sie keiner Erlösung bedürfen.

Deine Andersartigkeit – sofern sie wirklich aus voller Überzeugung kommt – wird gar nicht so problematisch sein, wenn die Menschen sich von dir geliebt und angenommen wissen, wenn sie merken, dass du sie nicht verachtest und nicht meidest, sondern dass dir wirklich etwas an ihrer Gemeinschaft liegt. Denke daran, dass gerade das Äußere ein wichtiges „Balkongeländer" darstellt, eine Schranke, die moralische Werte vor dem Einsturz bewahrt – und dass unsere Gesellschaft gerade diese Schranken wieder braucht. Wir sind es den Menschen um uns herum schuldig, „Salz und Licht" zu sein und ihnen die Heiligkeit Gottes in seiner Liebe vorzuleben. Und gerade deshalb darf sich das „bewahrende Balkongeländer" nicht in einen trennenden Zaun verwandeln – in eine Mauer, die uns von unseren Mitmenschen trennt, sodass wir die Gemeinschaft mit ihnen meiden. Anders gesagt: Wir stehen in Gefahr, uns selbst durch unsere Andersartigkeit von unseren Mitmenschen zu isolieren und ihnen damit das Licht des Evangeliums vorzuenthalten.

Um dieser Gefahr nicht zu erliegen, müssen wir uns nach Gemeinschaft mit unseren Mitmenschen ausstrecken, indem *wir* anfangen, „Brücken" zu bauen und Kontakte zu knüpfen. Wenn ein Mensch anfängt, sein Herz für den Herrn Jesus zu öffnen, ist sein Äußeres noch immer so, wie es in dieser verlorenen Welt üblich ist. Hier ist nun viel Verständnis, Liebe und Geduld gefragt, oder um es mit Worten des erfahrenen Pioniermissionars und Gemeindegründers Daniel Herrmann auf den Punkt zu bringen:

> „Die Gemeinde Jesu muss lernen, diese Menschen so zu lieben und zu empfangen wie sie sind, und wenn sich die Menschen bekehren, ihnen die Zeit geben, um das geistliche Leben zu entdecken im Herzen, und die neue andere Ethik anzunehmen im Wachstum des Glaubens.
>
> So musste oft zwischen Verlorenen und Gemeinde eine Brücke da sein in der persönlichen Beziehung, persönliches Bibellesen... und ein Begleiten in den Gottesdienst mit Erklärung der historischen Geschichte der Gemeinde. Gott schenke uns viel Weisheit, um zu wissen, wie wir voller Liebe sein können mit den Verlorenen und voller Liebe mit den Gläubigen."

Bibelstellenverzeichnis

Fettdruck deutet darauf hin, dass die genannte Bibelstelle im angegebenen Abschnitt zentral behandelt wird.

1Sam 2,19	3.2.3	Spr 5,15-19	2.1.17
1Sam 15,27	3.2.3	Spr 6,16-19	1.1.6(.5)
1Sam 18,4	3.2.3	**Spr 7,10**	**2.1.5**
1Sam 28,14	3.2.3	Spr 11,1.20; 12,22	1.1.6(.5)
		Spr 15,8.9.26	1.1.6(.5)
2Sam 1,10	2.1.6	Spr 16,5; 17,15	1.1.6(.5)
2Sam 1,24	2.1.7	Spr 20,10.23	1.1.6(.5)
2Sam 10,4-5	2.1.7	Spr 28,9	1.1.6(.5)
2Sam 12,20	2.1.3	Spr 31,24	3.2.3
2Sam 12,30	2.1.6		
2Sam 13,18.19	2.1.7; 3.2.3	Pred 12,7	1.2.1
2Sam 14,2	2.1.7		
		Hl 6,4-7; 7,2-6	2.1.17
1Kö 19,13	3.2.3		
1Kö 22,10.30	2.1.7	**Jes 3**	**2.1.16**; 2.1.17
		Jes 3,20.23; 47,2	3.2.3
2Kö 1,8	2.2.1; 3.2.3	Jes 5,27	3.2.3
2Kö 2,13	3.2.3		
2Kö 4,29.39	3.2.3	Jer 4,5.30	2.1.17
2Kö 9,13	2.1.7		
2Kö 9,30	2.1.17	**Hes 16**	**2.1.18**; 2.2; 2.2.9
		Hes 16,39	2.1.16
1Chr 20,2	2.1.6	Hes 23,15	3.2.3
		Hes 23,25-26	2.1.16
2Chr 9,4	2.1.7	Hes 23,40	2.1.17
2Chr 9,20	2.1.18	Hes 42; 44	2.1.10
2Chr 23,11	2.1.6	Hes 44,18	3.2.3
Esr 3,10	2.1.7	Dan 3,21.27	3.2.3
Esr 9,3	3.2.3	Dan 5,7.16.29	2.1.7
		Dan 5,29	2.1.6
Neh 9,1	2.1.7		
		Jona 3,5	2.1.7
Est 6,8-11	2.1.7	Jona 3,6	3.2.3
Est 8,15	2.1.7		
		Nah 3,5	3.2.3
Hiob 1,20; 2,12	3.2.3		
		Hag 2,12	3.2.3
Ps 35,13	2.1.7		
Ps 45,13-14	2.1.7	Sach 13,4	2.2.1; 3.2.3
Spr 3,32	1.1.6(.5)	Mal 3,23	2.2.1

Mt 3,4	2.2.1; 3.2.3	Joh 4,24	1.2.1
Mt 5,11-12	3.3.2.d	Joh 12,31	1.1.2.d
Mt 5,13	2.1.14.d	Joh 13,35	S. 9; 3.3.2
Mt 5,17-19	1.1.3; 1.1.6;	Joh 14,21	2.1.14.f
	1.1.6(.5)	Joh 14,26	2.1.12
Mt 5,17-20	2.1.14.f	Joh 14,30	1.1.2.d
Mt 5,31-32	2.1.14.f	Joh 16,11	1.1.2.d
Mt 6,19.21	1.1.4; 2.2	Joh 16,12-15	1.1.4
Mt 5,28	2.1.5	Joh 19,2-3	2.2.6
Mt 6,19	2.2.2; 2.2.7	Joh 19,23	2.2.7
Mt 6,24-33	2.2.3	Joh 21,1b-7	2.2.5
Mt 7,6	3.3.2		
Mt 8,20	2.2.1; 2.2.9.e	Apg 2,41	1.2.1
Mt 10,5-8	2.2.3; 2.2.4	Apg 11,26	1.1
Mt 10,9-10	2.2.4	Apg 15	3.1.1
Mt 10,22	3.3.2.d	Apg 16,3	1.1.4
Mt 11,8.14	2.2.1	Apg 19,35.36	2.2.9.a
Mt 15,9	2.1.14.f	Apg 20,31	1.1.2.c Fußnote
Mt 17,10-12	2.2.1		
Mt 19,12	3.3.2.d	Röm 1,21	3.3.2.d
Mt 21,7-8	2.1.7	Röm 2,25-29	3.1.1
Mt 23,4.23	2.1.14.f	Röm 3,23	1.1.3
Mt 24,18	3.2.3	Röm 7,7	1.1.3
		Röm 6	3.3.2.c
Mk 1,6	2.2.1	Röm 6,11.13b	1.1.2.c
Mk 5,15	2.2.5	Röm 6,19b	1.1.5
Mk 7,9ff	2.1.14.f	Röm 8,35-39	3.3.2.d
Mk 10,50	3.2.3	Röm 12,1-2	1.1.2; 1.2.4
Mk 11,7-8	2.1.7	Röm 12,1-2	1.1.6(.2); 3.3.2.c
Mk 15,24	2.2.7	Röm 12,3	1.1.2.d
		Röm 14,4	3.3.2.e
Lk 1,6	2.1.11	Röm 14,15.20	2.2.9.b
Lk 1,17	2.2.1	Röm 14,21.21	2.1.5; 2.2.9.b
Lk 6,26	3.3.2.d	Röm 13,1-7	1.1.6(.1)
Lk 8,27.35	2.2.5	Röm 15,4	1.1.3
Lk 9,58	2.2.1; 2.2.9.e	Röm 15,7	S. 9
Lk 12,21-31	2.2.3		
Lk 15,22	2.1.7	1Kor 3,1-9	3.3.2.a Fußnote
Lk 16,1-19.25b	2.2.6	1Kor 7,6-8.32-34	3.3.2.d
Lk 19,35-36	2.1.7	1Kor 7,19	1.1.4
		1Kor 9,19-23	3.4.1
Joh 1,23	2.2.1	1Kor 11,2-16	2.2.8; 3.3.2.a Fn.

Literaturverzeichnis

- *Elberfelder Studienbibel:* R. Brockhaus; Textstand Nr. 21; 5. Auflage 2008

- *Herbert Jantzen:* „Das Neue Testament und die Psalmen in deutscher Fassung"; 2. Auflage 2009; Verlag Friedensbote; ISBN 978-3-937032-40-5

- *Gaebelein* und *MacDonald:* „Kommentar zur ganzen Bibel", Textfassung von der Software „CleVer", CLV Bielefeld

- *L. v. Padberg:* „Feminismus", ISBN 3-87857-201-8, Verlag und Schriftenmission der Ev. Gesellschaft, Wuppertal

Literaturempfehlung

- *Elizabeth Rice Handford,* „Die Sprache deiner Kleider" (CMV 30888)